教育部人文社会科学研究项目基金资助，项目名称：生殖自由与公共利益的博弈——生殖医疗技术应用的法律规制；项目号：09YJC820122

生殖自由与公共利益的博弈
——生殖医疗技术应用的法律规制

SHENGZHI ZIYOU YU GONGGONG LIYI DE BOYI

SHENGZHI YILIAO JISHU YINGYONG DE FAL　GUIZHI

周　平◎著

中国社会科学出版社

图书在版编目(CIP)数据

生殖自由与公共利益的博弈——生殖医疗技术应用的法律规制／周平著.
北京:中国社会科学出版社,2015.1
ISBN 978 - 7 - 5161 - 4854 - 9

Ⅰ.①生… Ⅱ.①周… Ⅲ.①生育 - 社会问题 - 研究 Ⅳ.①C923

中国版本图书馆 CIP 数据核字(2014)第 222580 号

出 版 人	赵剑英
责任编辑	任 明
责任校对	董晓月
责任印制	何 艳

出　　版	中国社会科学出版社
社　　址	北京鼓楼西大街甲 158 号 (邮编 100720)
网　　址	http://www.csspw.cn
	中文域名:中国社科网　　010 - 64070619
发 行 部	010 - 84083685
门 市 部	010 - 84029450
经　　销	新华书店及其他书店

印刷装订	北京市兴怀印刷厂
版　　次	2015 年 1 月第 1 版
印　　次	2015 年 1 月第 1 次印刷

开　　本	710 × 1000　1/16
印　　张	14.75
插　　页	2
字　　数	249 千字
定　　价	58.00 元

凡购买中国社会科学出版社图书,如有质量问题请与本社联系调换
电话:010 - 84083683

目　　录

第一章　生殖医疗技术应用规制的原理分析 ……………………（1）

　第一节　生殖医疗技术发展简述 …………………………………（1）

　　一　助孕技术简介 ……………………………………………（2）

　　二　代孕技术简介 ……………………………………………（5）

　　三　孕检技术简介 ……………………………………………（7）

　　四　节育技术简介 ……………………………………………（8）

　第二节　生殖医疗技术与生殖自由 ……………………………（8）

　　一　生殖自由概述 ……………………………………………（8）

　　二　生殖医疗技术对生殖自由的影响 ……………………（11）

　　三　生殖自由对生殖医疗技术的影响 ……………………（22）

　第三节　生殖医疗技术与公共利益 ……………………………（24）

　　一　生殖医疗技术与经济 …………………………………（25）

　　二　生殖医疗技术与文化 …………………………………（30）

　　三　生殖医疗技术与法律 …………………………………（35）

　第四节　生殖医疗技术的规制原理 ……………………………（38）

　　一　医疗需要原则 …………………………………………（40）

　　二　负担衡量原则 …………………………………………（42）

　　三　少数主义原则 …………………………………………（45）

　　四　权利均衡原则 …………………………………………（47）

第二章　助育技术应用的法律规制 ………………………………（49）

　第一节　生命遗传物质位格的法律规制 ………………………（50）

　　一　生命遗传物质概述 ……………………………………（50）

　　二　配子的法律地位界定 …………………………………（52）

　　三　准胚胎的法律地位厘定 ………………………………（53）

　　四　胚胎与胎儿的法律地位确定 …………………………（56）

　第二节　生命遗传物质流转的法律规制 ………………………（56）

　　一　生命遗传物质捐献的法律规制 ………………………（56）

二　生命遗传物质交易的法律干预 ……………………………（60）

三　死者生命遗传物质提取的法律应对 …………………………（67）

第三节　生命遗传物质使用的法律规制 ………………………（71）

一　生命遗传物质使用原则——医疗需要 ……………………（71）

二　生命遗传物质使用对象——不育人群 ……………………（72）

三　生命遗传物质使用程序——医疗机构提取、培育、植入 ……（86）

第四节　应用助孕技术所生婴儿的法律地位 …………………（92）

一　助孕生殖中确立亲子关系的准则 …………………………（92）

二　已婚夫妇使用人工生殖技术生育婴儿的地位 ……………（96）

三　单身妇女使用人工生殖技术生育婴儿的地位 …………（102）

第三章　代孕技术应用的法律规制 ……………………………（104）

第一节　代孕技术应用的法例与学说 …………………………（104）

一　代孕技术概述 ………………………………………………（104）

二　代孕技术应用的相关法例 …………………………………（105）

三　代孕技术应用的学理争议 …………………………………（108）

第二节　代孕技术应用的法律选择——禁止还是开放 ………（112）

一　应否允许代孕技术使用的衡量标准 ………………………（112）

二　反对代孕技术应用的不合理性 ……………………………（113）

三　禁止代孕技术应用的危害性 ………………………………（116）

四　有限开放代孕技术使用的合理性 …………………………（118）

第三节　代孕技术开放的法律尺度——有偿还是无偿 ………（123）

一　有偿代孕与剥削 ……………………………………………（124）

二　剥削的互利与自愿 …………………………………………（125）

三　有限开放有偿代孕的合理性 ………………………………（126）

第四节　代孕技术应用的制度设计 ……………………………（129）

一　委托方资格限制 ……………………………………………（129）

二　代孕者条件要求 ……………………………………………（130）

三　允许代孕的类型 ……………………………………………（132）

四　代孕协议的政府监管 ………………………………………（133）

五　代孕协议的强制力 …………………………………………（133）

第四章　孕检技术应用的法律规制 ……………………………（135）

第一节　孕检技术概述 …………………………………………（135）

　　　一　孕检技术的历史发展 ……………………………………（135）

　　　二　孕检技术的主要类型 ……………………………………（140）

　　第二节　孕检技术应用的意义 …………………………………（144）

　　　一　孕检技术应用的理论基础 ………………………………（144）

　　　二　孕检技术应用的社会功能 ………………………………（146）

　　第三节　孕检的强制与免费 ……………………………………（148）

　　　一　孕检应否强制 ……………………………………………（148）

　　　二　孕检应否免费 ……………………………………………（154）

　　　三　强制免费孕检的实施 ……………………………………（156）

　　第四节　出生缺陷的风险负担 …………………………………（157）

　　　一　出生缺陷风险负担问题的提出 …………………………（158）

　　　二　出生缺陷风险负担的法例与学说 ………………………（159）

　　　三　出生缺陷风险负担问题的分析 …………………………（162）

　　　四　出生缺陷风险负担问题的解决 …………………………（166）

第五章　节育技术应用的法律规制 ………………………………（170）

　　第一节　节育技术概述 …………………………………………（170）

　　　一　节育技术应用的历史发展 ………………………………（170）

　　　二　节育技术应用的理论基础 ………………………………（184）

　　第二节　节育技术研究应用中的性别公正问题 ………………（192）

　　　一　节育技术研究应用中的性别失衡现象 …………………（193）

　　　二　节育技术研究应用性别失衡的原因分析 ………………（195）

　　　三　重建节育技术应用中的性别公正 ………………………（200）

　　第三节　未成年人节育的权利探讨 ……………………………（205）

　　　一　未成年人节育问题的提出 ………………………………（205）

　　　二　未成年人节育问题的分析 ………………………………（207）

　　　三　未成年人节育的法律规制 ………………………………（211）

　　第四节　弱智群体应用绝育技术的规制 ………………………（216）

　　　一　强制绝育问题的提出 ……………………………………（216）

　　　二　强制绝育合理性分析 ……………………………………（217）

　　　三　强制绝育的制度设计 ……………………………………（218）

主要参考文献 ………………………………………………………（221）

后记 …………………………………………………………………（230）

理性的计划生殖对于理性的生物来说乃是自然的。

——［英］弗莱彻①

第一章　生殖医疗技术应用规制的原理分析

第一节　生殖医疗技术发展简述

在人类生活中，生殖一直是与物质生产同等重要的一项神圣活动。在生存危机消除后，生殖在某些情况下甚至成为首要的任务，占据着人类活动的重心。人类对生殖的关注和对生育控制的渴望随着社会的发展而日益彰显。"人类生殖成为人的干预对象是因为人类的生物状况对人强加了一些事实性限制，而人要实现某些目标和计划，只有部分地通过现有的生物学手段进行。"② 事实表明，一方面，现代人不孕不育的发生率一直在上升。据国内外的一些相关数据显示，患有不孕不育疾病的夫妇为数不少。有的数据表明每十对夫妇就有一对不育，也有的数据表示每五对夫妇就有一对不育。由于调查的时期和对象不同，所得的结论存在差异，但是不育问题逐渐加剧似乎是不争的事实。这种现象通常被归结为现代社会环境污染加剧、现代人生活方式的改变及其精神压力增大等因素。另一方面，人们希望摆脱性交—怀孕的链条，能够自由地控制生育。对各种干预生育进程的手段的探索和应用，如助孕、助育技术，孕检技术，堕胎、避孕等节

① 弗莱彻（J. Fletcher）：《遗传控制的伦理学方面》，《新英格兰医学杂志》285（1971 年 9 月 30 日），第 776—783 页；转引自［美］恩格尔哈特《生命伦理学基础》，北京大学出版社 2006 年版，第 274 页。

② ［美］H. T. 恩格尔哈特：《生命伦理学基础》，范瑞平译，北京大学出版社 2006 年版，第 274 页。

育技术的发展和广泛应用，正表明了人们在这一问题上的决心。一些正在被研究的技术如克隆人、人造子宫等，进一步显示了人类在生殖问题上的雄心或者说野心。正如恩格斯所云，实际需要比十所大学更能促进科技发展。人们控制生育的愿望促进了生殖医疗技术的发展。现代突飞猛进的辅助生殖技术为那些不能够通过自然方式生育自己孩子的人带来了希望，使他们拥有自己亲生儿女的梦想有望成为现实；也使得不想生育的人们获得更多手段来避免不想要的孩子。人们在控制生育问题上获得了更多技术便利和选择保障。虽然生殖技术仍不能让人随心所欲，但不可否认的是，现阶段在生殖领域，人类获得了前所未有的自由。

一　助孕技术简介

生殖在各个不同的文化背景下，通常都被赋予了积极的意义。在地广人稀、社会生产力水平低下的情况下，主张人口增殖始终是古代中国人口思想的主流。[①] 实际上这也是古代世界人口思想的主流，鼓励人口增殖、多生多育是古希腊、古罗马时代生育观念的主流。[②] 历史上，生育是婚姻的重要价值之一，是已婚夫妇的"历史使命"。对已婚者而言，不育往往被视为一种不健康或非常态的形态，他们不得不承受痛苦，妇女则首当其冲。在一些国家，生孩子仍是妇女的义务，不能生孩子会成为丈夫虐待妻子或离婚的借口。然而离婚虽然某些时候可以解决夫妻的问题——譬如只存在一方不育的情形时；但却并不能从根本上解决个体的不育问题。因而人们一直在探索生育的奥秘，力求对此加以矫正。为达此目的，文化、制度提供各种激励，而最终的解决方案则有赖于人们在技术上孜孜不倦的追求。

中国古代，人们就探索各种助孕的方法。"祖国医学重视求嗣种子，认为孕育乃人伦之本，王化之基，其历史悠远，典籍汗牛，上可溯至夏商西周，下迄于今近，基本形成了一套完整的思想体系。"[③] 中医对优生学的贡献，体现在婚配、种子、胎教、临盆等各各方面。在婚配方面，中医注重婚前查疾、近亲不婚、适龄晚婚；在性生活方面，强调房事有节，应期交合；在受孕后，有早期诊断、综合调护、劣胎绝之等。[④] 有些方法在

---

① 杨发祥：《当代中国计划生育史研究》，博士学位论文，浙江大学，2003年，23页。
② 齐晓安：《西方生育文化发展研究》，《人口学刊》2006年第2期。
③ 樊友平、杨宗孟：《中医孕育思想史略》，《国医论坛》1988年第4期。
④ 张克尘：《论中医对优生学的贡献》，《恩施医专学报》1991年第1期。

今天看来似乎并不怎么科学，却广为流传，至今依然存在一定的影响，表明了人们渴求生育的强烈愿望——如食物致生、食物致孕的民间风俗就是其一。例如，古人迷信瓜瓞延绵之说，因一些瓜果多子、易繁殖的特性，使人们相信食用此类食物有助于生育繁殖。学者考证指出，湖南衡城地区尚存此俗，每至中秋节，"凡席丰履厚之家，娶妇数年不育者，则亲友举行送瓜。……妇得瓜后，即剖食之。俗传此事最验云"。贵州亦有此俗，瓜偷来之后，"用锣鼓送至无子之妇人家。受瓜之人，须请送瓜之人，食一顿月饼，然后将瓜放在床上，伴睡一夜。次日清晨，将瓜煮而食之，以谓自此可以怀孕也"①。而另外一些方法，其中不乏科学因素，例如中医对不孕不育很早开始涉及，并形成许多成方。中医学对男性不育症的诊治源远流长，针对女性不孕方也有三百多种，依据症候类型不同，分别治疗。

国外对生殖的研究也很早就已开始。作为欧洲文明的发源地，希腊很早就开始了生殖方面的探索。文献记载的一种祭仪——"爱留西斯祭仪"——显然是想通过巫术仪式来求得土地的丰产和居民的兴旺。一段诗歌记录了此种认识："最初，人们尝试用魔咒/来使大地丰产/来使家禽牲畜不受摧残/来使幼小者降生时平平安安。"② 到了希波克拉底学派时期，已经出现了胚胎学的研究著作，著作者建议观察者每天打破一个鸡蛋，去观察孵化的进程。③ 亚里士多德更是否认了那种认为父亲才是唯一真正的亲体，母亲只是婴儿营养和处所提供者的观点，指出母体对生殖也有贡献，并且认为母亲供给了活跃的男性因素形成所必须的物质。他把胚胎看作一个自动机制，一经推动，就自动进行。④ 而英国学者哈维在1651年出版的《动物的生殖》一书，则被认为是自亚里士多德以后"胚胎学上贡献最大的一部著作"⑤。当然，当代的助孕技术是建立在更为科学的现代胚胎学基础上的。自哈维之后，冯·贝尔指出细胞的增殖与分裂是一

---

① 徐华龙：《论瓜神话》，载《神话新论》，上海文艺出版社1987年版，第334页。
② ［英］W. C. 皮尔丹：《科学史及其与哲学和宗教的关系》，李珩译，广西师范大学出版社2001年版，扉页。
③ 同上书，第26页。
④ 同上书，第31页。
⑤ 同上书，第116页。

切胚胎发展的共同进程，从而创立了现代胚胎学。[①]

但是真正就功效而言，现代的人工辅助生殖技术才是不孕的克星。辅助生育技术（assisted reproductive techniques，ART），是妇产科学、泌尿科学、遗传学及分子生物学等学科交叉发展的一门新技术，是一项涉及对卵母细胞、精子及胚胎的操作以提高生育能力或改善妊娠结局的一种技术。这些技术采取了较之以前显著不同的方式，极大地提高了不孕症的治疗概率。

人工授精是辅助生育技术的一部分。广义的 ART 包括体内人工授精技术和体外人工授精技术，后者俗称试管婴儿。人工授精（artificial insemination，AI），根据注射精子途径不同分为经阴道授精（intravaginal insemination，IVI）、经宫颈授精（intracervical insemination，ICI）、经子宫授精（intrauterine insemination，IUI）、经输卵管授精（intratubal insemination，ITI）、经卵泡授精（intrafollicular insemination，IFI）和经腹腔授精（intraperitoneal insemination，IPI）。体外受精胚胎移植（in vitro fertilization-embryo transfer，IVF-ET）即所谓的第一代试管婴儿技术，单精子卵浆内注射（intra cytoplasmic sperm injection ICSI）是所谓的第二代试管婴儿技术、胚胎种植前诊断（PGD），以及在此基础上派生演化的各种新技术是所谓的第三代试管婴儿技术。体外受精—胚胎移植及单精子卵胞浆内注射已成为不孕症的有效治疗方法。[②] 人工授精按精子来源不同分为使用丈夫精子人工授精（artificial insemination with husband's sperm，AIH）或使用供精者精子人工授精（atificial insemination by donor，AID）。采用丈夫精液人工授精，主要适用于男性尿道裂、顽固性不射精、严重早泄、逆向射精，或心理或生理的因素导致的阳痿，以及女性宫颈狭窄、宫颈黏液过分黏稠，精子不能穿过等情况。采用供精者精液人工授精，则主要适用于男方患无精子症，携带不良遗传因素（白化病、家庭性黑蒙性痴呆症等），男女双方有特殊血型（如 Rh 因子不合）等。

体内人工授精是指通过非性交方式将精液放入女性生殖道内，以达到受孕目的的一种技术。体内人工授精历史悠久。早在 1790 年 John

①　［英］W. C. 皮尔丹：《科学史及其与哲学和宗教的关系》，李珩译，广西师范大学出版社 2001 年版，第 250—251 页。

②　谢涛、郑剑兰：《体外受精—胚胎移植与单精子卵胞浆内注射受孕双胎妊娠并发症及结局的比较》，《中国优生与遗传杂志》2013 年第 6 期。

Hunter 为严重尿道下裂患者实行丈夫精液人工授精取得成功。1870 年，美国医生杜莱姆首先将人工授精用于临床治疗不育症，但未取得完全成功。1884 年美国费城杰斐逊医学院的医生潘库斯特（Pancoast）首次施行非配偶间的人工授精。两年后，美国纽约州医院首次进行经腹腔内人工授精并获得成功。1890 年迪金森（Dickinson RL）开展供精人工授精的临床治疗，但当时没有开始广泛使用。迪金森在 19 世纪实施这一实验，引起轩然大波，招致宗教界及其他人士的攻击。1953 年，谢尔曼（J. K. Sherman）和伯琦（R. H. Burge）联合发表了题为"人类冷冻精子的生育能力"一文，带来了人工生殖技术突破性的发展。1954 年 Bunge 实行首例冷冻精子人工授精成功。在我国，中国湖南医学院于 1983 年用冷藏精液人工授精成功。

体外人工授精（In vitro fertilization，缩写 IVF），是将卵子与精子取出，在人为操作下进行体外受精，并培养成胚胎，再将胚胎植回母体内，整个过程真正在试管内的时间只有 2—6 天而已。以目前的技术，尚无法在体外将胚胎培养至足月。利用体外受精技术生产出来的婴儿称为试管婴儿（Test tube baby）。1978 年 7 月 25 日世界上首例经体外受精胚胎移植（in vitro fertilization – embryo transfer，IVF – ET）形成的试管婴儿——路易斯·布朗（Louise Brown）的诞生为人类生殖的自我调控树立了新的里程碑。1988 年北京医科大学第三医院张丽珠教授首先辅助成功我国第一例体外授精试管婴儿，同年在湖南医科大学也成功诞生一例赠胚胎的试管婴儿。我国台湾则在 1985 年于台北石牌荣总诞生出台湾本土第一位试管婴儿。香港在 1986 年于养和医院诞生出香港本土第一位试管婴儿。

目前，世界上人工授精已相当普遍。据估计，美国每年约有 5000—10000 名人工授精的婴儿诞生。而 1996 年伊安·维尔穆特领导的研究小组，运用细胞核移植技术创造出的克隆羊"多莉"，更让人们对无性生殖十分期待。

二　代孕技术简介

代孕是人类辅助生殖技术的一种，指"用现代医疗技术将丈夫的精子注入自愿代理妻子怀孕者的体内受精，或将人工授精培育成功的受精卵或胚胎移植入自愿代理妻子怀孕者的体内怀孕，待生育后由妻子以亲生母亲的身份抚养"①。牛津英文词典对代孕（Surrogate）一词的定义是："取代他人位置或身份的人，取代者。"代孕时，需要将受精卵子植入孕母子宫，由孕母替他人完成"十月怀胎一朝分娩"的过程，俗称"借腹生子"。

在技术不甚发达的古代，不育夫妇要得到子女，除了收养，还可以借腹生子。"不孝有三，无后为大。""七出"的第一条事由就是"无子"。不能生育在当时虽然不能通过技术方式得以补救，但却存在社会性的制度可以救济。不育妇女可以通过替丈夫纳妾，通过妾生育来获得子女。妾在古代一直扮演生育机器的角色。在明代的律法中就有这样的明文规定：凡男子年满四十而无后嗣者，得纳妾。除了众所周知的妻妾制度，中国古代还有"典妻"制度。何谓"典妻"？"典妻"又称"承典婚""借肚皮""租肚子"等，指的就是借妻生子，为旧社会买卖婚姻派生出来的临时婚姻形式，与现代社会"借腹生子"有着不少相似之处。"典妻"萌芽出现在南北朝时期。此项制度从诞生起，历经汉、唐、宋、元、明、清，直至民国时期没落。②

国外也存在类似的制度。《希伯来圣经·创世记》中记载，由于拉结无法生育，她为了和姐姐利亚竞争，就将自己的侍女辟拉送给丈夫雅各为妾，当辟拉生下两个儿子时，欣喜的拉结为他们起名为但和拿弗他利，教育他们，他们的后裔构成了后来的两个以色列支派。③ 这则圣经故事说明代孕制度历史悠久。

现代允许代孕的各国都要求代孕必须通过"人类辅助生殖技术"实施，不涉及性关系。妇女代孕时需植入他人的受精卵子，或进行人工授精，因而它是属于人工生殖技术的一种。代孕一般分为四种：一为精子、卵子均来自夫妻双方，仅仅借用代孕者的子宫。二为卵子由妻子提供，经异质人工授精后通过胚胎移植由代孕者生育。三是胚胎由捐献者提供，通过人工移植手术植入代孕母体内，由代孕者生育。前三种方式都是完全代孕。四是精子来自丈夫，卵子由代孕者提供，经体外受精（试管婴儿）

① 陈明侠：《亲子法基本问题研究》，载梁慧星主编《民商法论丛》（第6卷），法律出版社1997年版，第6页。
② 徐海燕：《略论中国古代典妻婚俗及其产生根源》，《沈阳师范大学学报》2005年第4期。
③ 南宫梅芳：《圣经·创世记中的女性始祖》，《国际关系学院学报》2010年第2期。

后，或人工体内授精后，由代孕者怀孕生育。这种属于"局部代孕"。现在据说英国科学家已经发明了让男人代孕的技术。

代孕在技术上而言，并不是一种独立的生殖方式，其特殊之处在于代孕的社会性。代孕是一种新的观念，新的趋势。在现今社会里人类文明高度发达，但仍有许多不孕夫妇无法拥有自己的小孩。随着人工生殖科技的迅速发展，20 世纪 70 年代以来，欧美各国陆续开始有人委托代理孕母怀孕生子，以完成生儿育女的愿望，代孕在国外一些地方已经成为了解决不孕症的一种临床选择。

三　孕检技术简介

为达到优生优育的目标，在孕妇怀孕前和怀孕后进行必要监控是人们一直以来的愿望。中医主张孕妇要调节心情、饮食适度、起居有常、谨慎用药。[①] 潘光旦在 1924 年写作《西化东渐及中国之优生问题》的时候，不仅论证传统的无后为大不孝、女子无才是德、婚姻父母做主、科举取士具有优生的价值，称它们亦不无功德可言、尚不无抵偿之影响。就是娶妾制度和对于妇女节烈贞操的要求，在他看来，从优生学的角度考虑也不是完全没有可取之处的。[②] 自然，古代的医疗技术远不及现代医疗技术在此方面提供的助力大。

现代医疗技术的发展，则使得这种监控无所不至。随着基因技术的飞速发展和医学水平的不断提高，通过产前医学检查预先判断胎儿出生后是否会带有先天缺陷成为可能，这对人们似乎是一个福音。目前常规的检查包括孕前和孕期检查。孕前检查是指夫妻准备生育之前到医院进行身体检查，以保证生育出健康的婴儿，从而实现优生。孕期检查内容包括针对母体的化验以确定适孕性，怀孕中期则增加较多针对胎儿的检查，观察胎儿生长发育情况。

中国是世界上的人口大国，也是出生缺陷和残疾高发国家。据全国出生缺陷监测数据显示，我国每年约有 20 万—30 多万肉眼可见的先天畸形儿出生，加上出生后数月和数年才显现出来的缺陷，先天残疾儿童每年出生高达 80 万—120 万，约占每年出生人口总数的 4%—6%。在我国 2002

---

① 王光辉、王琦等：《中医与优生》，《云南中医药杂志》2007 年第 1 期。

② 蒋功成：《既非鲜花，也非毒果——论优生学在近代中国传播与发展的特殊性》，《自然辩证法研究》2010 年第 10 期。

年一项针对105个县的相关调查显示产前检查率为91.5%，但早期孕检率不高，仅为40.4%，有8.5%的妇女没有做过产前检查，产前检查中发现14.8%的孕妇有异常情况。[①] 孕检技术的研究和应用对于提高人口素质的作用不言而喻。

四　节育技术简介

节育是节制生育的简称，此类技术包括避孕、绝育和堕胎三大类。绝育有时也被作为避孕的一种方式，但是鉴于其手术产生性及相对不可逆性，本书还是分别进行论述。

避孕就是避免受孕，即在不影响性生活和身体健康的前提下，运用现代医学的科学方法，干扰或阻止受孕条件中的任何一个环节，以达到在一定时期内阻止受孕的目的。虽然世界历史上人口增殖是主流思想，但是几乎在每个社会中都不同程度地存在着控制人口的愿望和做法。

绝育是一种永久性的节育。它是人为地阻断精子与卵子相遇的通道，达到永久性节育目的的一类方法。如中国古代对男性的阉割和女性的幽闭之刑，都是导致绝育的刑罚，通常作为惩罚措施出现。

堕胎则往往是对避孕失败的补救。古代中国人也积累了许多有关堕胎的知识。西方的堕胎历史则在宗教与世俗的争论，权利与犯罪的冲突中徘徊。现代堕胎则已成为较为常规的医疗处置，但仍面临种种道德的拷问。

第二节　生殖医疗技术与生殖自由

一　生殖自由概述

（一）生育的含义

何谓生育？生，在《高级汉语词典》中作如下解释："甲骨文字形，上面是初生的草木，下面是地面或土壤。'生'是汉字部首之一。本义：草木从土里生长出来；滋长……"育，在该词典中作如下解释："甲骨文字形，像妇女生孩子。上为'母'及头上的装饰，下为倒着的'子'。"

---

① 段平、王歌欣、王晓莉：《105个项目县妇女产前保健现况分析》，《中国公共卫生》2002年第2期。

育还演化出了养育、教育的含义，"育，养子使作善也。——《说文》"。费孝通先生在他的著作《生育制度》一书中，就将"生育制度"界定为有关求偶、结婚、生殖、抚育的各种人类活动的有组织的体系。① 这是一个对"生育"非常宽泛的界定，但是与民众对生育一词的通常理解并不一致。"生育"一词本意，通常有两种解释：一是指"生长，养育"；二是指"妇女受孕，十月怀胎和生产的全过程"②。现在，生育一词通常有两种理解：一是指"妇女受孕，十月怀胎和生产的全过程"，亦即"生孩子"③；二是指既生且育，"生为生孩子"，"育"则主要指对出生的孩子抚养教育而言，即诗经中所说的"既生既育"。

而在立法层面，抚养孩子由婚姻法等调整，法律也明确其为"抚养义务"而非权利。因此可以说法律意义上的生育仅仅是"生孩子"的相关事项。对生育的语义理解，中外法学是存在共识的，如《牛津法律大辞典》将生育解释为"妇女受孕、十月怀胎和生产的全过程"，即"生孩子"。④ 美国对生育权一词，较为常用的表述是 procreative right 或者 reproductive right。Procreative 和 reproductive 两者都有指涉生育或繁衍之意。然而以后者使用较多，如《布莱克法律词典》就只有 reproductive right 而无 procreative right。本书多使用生殖自由代替生育自由的通俗称谓。

（二）生殖自由的内涵

1. 法律渊源

何谓生殖自由，我国《宪法》对此无直接规定，仅仅规定了公民的计划生育义务。现行《宪法》第 25 条规定："国家推行计划生育，使人口的增长同经济和社会发展计划相适应。"该法第 49 条规定："夫妻双方有实行计划生育的义务。"生育自由首次在法律中出现是在 1992 年颁布的《妇女权益保障法》，该法第 47 条规定："妇女有按照有关规定生育子女的权利，也有不生育的自由。"2002 年《人口与计划生育法》第 17 条规定："公民有生育的权利。"学者普遍认为这是立法对主体生殖自由之确认。

2. 法理溯源

自由源于拉丁语 labertas，原意是从被束缚中解放出来，这也是自由

---

① ［美］费孝通：《乡土中国　生育制度》，北京大学出版社 1998 年版，第 100 页。
② 《辞海》，上海辞书出版社 1979 年版，第 107 页。
③ 吕叔湘主编：《现代汉语词典》，商务印书馆 2002 年版，第 1131 页。
④ ［英］戴维·沃克主编：《牛津法律大辞典》，光明日报出版社 1988 年版，第 55 页。

之神的名字。在《法学阶梯》中，自由的定义是：做一切想做之事的自然权利，以受法律禁止和强力阻碍为限。① 这个定义既彰显了自由的内容——做一切想做之事；也划定了自由的界限——法律禁止；进而指出了自由的基础——无强力阻碍。此处的强力包括自然力之约束。关于前两点，已有文献充分论述。如 1789 年法国《人权宣言》第四条中，将自由的定义为"自由即有权做一切无害于他人的任何事情"。孟德斯鸠也在其《法律的精神》一书中明确指出"自由不是无限制的自由，自由是一种能做法律许可的任何事的权利"。而第三点，则可借助生殖自由与生殖技术间的关系加以证明。

3. 性质辨析

生育是种族延续、社会继替的基础，是文化传承的基石。种族的延续依赖于人口的生殖。社会的继替也需要维持最低限度的人口繁殖。"和个人生活攸关的是社会结构的完整，在这生死参差的人类社会的完整，就得维持最低限度的人口。"② 这些都已经得到学者的论证。而文化的传承也离不开人口的继替。中国文化之所以能够延续千年，一些"新儒家"人物是这样来解释的："中国这个民族文化之所以能久，则由于中国人之各种永久的思想。"③ 体现在生活中，就是基于对种族灭绝的恐惧而萌生的生殖崇拜。李银河说："在我看来，求久的思想就是出于一种原始的恐惧，即种族灭绝的恐惧。这种求久的思想和生殖崇拜的观念，是人类最原始的冲动。"④ 也正是因为看重人口生殖，强调"传人"，"保种"和生殖崇拜，我们的民族得以延续下来。虽然李银河认为"现在这个目标已经达成（保种），而且过分地达成了（人口爆炸）"⑤，但是相较于其他已经因为种族灭绝或凋零而没落的古文明，也不得不承认此种理念的实践理性。

生育虽然重要，但是当人们无力摆脱"性交—生殖"的自然链条拘束，也不得不受制于社会要求繁殖的种种制度时，生殖与其说是一种自由

① ［意］彼得罗·彭梵德：《罗马法教科书》，黄风译，中国政法大学出版社 1998 年版，第 31—32 页。

② 费孝通：《乡土中国　生育制度》，北京大学出版社 1998 年版，第 115 页。

③ 牟宗三等：《为中国文化敬告世界人士宣言》，见刘志琴编《文化危机与展望》，中国青年出版社 1989 年版，第 67 页。

④ 李银河：《生育与村落文化———爷之孙》，文化艺术出版社 2003 年版，第 204 页。

⑤ 同上。

或权利，还不如说是一种义务。生殖从义务转化为权利，首先要摆脱社会基于繁殖人口的迫切要求而设计的种种生育制度——此类制度使生育成为义务而非权利；其次要摆脱自然力对生育的约束，使人们能够跳出"性交—生殖"的自然囹圄。

在制度上，将生育由义务转化为权利，需要社会具备一个客观的条件，即社会更替不会受到个人生育意愿的影响，简单地说是社会人口具备一个较大的、能够满足社会更替的基数。这在世界范围内是已经具备了的。实际上我们看到节制生育的主张往往是在人类繁衍数量较大或过大时提出的，而最初作为妇女权利的生育权提出背景也是世界人口膨胀。除此以外，一国的经济、文化、宗教、习俗等也会影响法律对待生育的态度。

而在技术层面，生育从权利转化为义务就要求人们能够掌握足以使其掌控生殖的技术力量，摆脱自然的禁锢。而生殖技术无疑在此扮演着至关重要的角色。生育的性质、生殖自由的内容与界限都要受到其影响甚至决定。一般认为，权利在根本上可看作一种选择的自由。"每一项行为权都是可选择的权利，因为权利主体不仅有资格去做而且有资格不去做他有权做的事。"① 在生育本身不能控制的条件下，生育即使能够成为法律上的权利，其权利也是不彻底的，甚至是虚幻的。只有在生育本身成为科技可控制的活动之时，才有真正意义上的生育权可言。

二　生殖医疗技术对生殖自由的影响

（一）　生殖医疗技术发展催生了生殖自由的权利

生殖从义务转化为权利是生殖技术催生的结果。在进入现代社会之前，世界各国都存在着控制生殖的思想和实践。但在缺乏有效控制生育的技术手段之前，人们对于生育控制都是无能为力的。

1. 传统社会人们控制生殖的愿望缺乏有效的技术支撑

中国古代虽然一直以鼓励人口繁殖，提倡多子多福的思想为主流，但也早有不少思想家反对人口增长过多过快，部分思想家、政治家甚至提出了减少人口的主张。先秦时期的老子和韩非，明清时期的徐光启、冯梦龙和洪亮吉等，都积极主张控制人口增长。但在缺乏有效控制生育的技术手

---

① ［英］A. J. M. 米尔恩：《人的权利与人的多样性——人权哲学》，夏勇、张志铭译，中国大百科全书出版社1995年版，第115页。

段之前，人们对于生育控制是无能为力的，他们能够提供的方法也往往是原始、简单、不甚有效的，有的则是血腥的、违反人性的。例如，为了解决人口过剩，洪亮吉认为不外乎有"天地调剂法"和"君相调剂法"两种。前者，借助自然灾害和疫病流行来减少人口；后者，由政府通过发展生产，移民开荒，减轻赋税，反对奢侈浪费，抑制兼并和赈济贫困等来减轻人口增长过快的压力。但洪亮吉也悲观地意识到，无论是前者还是后者，都有很大局限性，都无法解决这一矛盾。"然民之遭水旱、疾疫而不幸者，不过十之一、二矣"；"治平之久，君相亦不能使人不生，而君相之所以为民计者，亦不过此前数法也。……此吾所以为治平之民虑也。"①

欧洲在工业革命前，已经有了自愿限制生育的迹象。从 18 世纪初开始，欧洲人口激增，从 1800 年的 1.87 亿增加到 1913 年的 4.68 亿。与此同时，工业革命使整个欧洲劳动力过剩，人口面临前所未有的压力，大量人口离开欧洲。1801 年到 1900 年，一个世纪共有 2750 万人离开欧洲，占同期新增人口的 12.3%。在人口过多繁殖成为社会负担的情况下，生育节制主义便有了广泛的群众基础。但是由于当时没有像今天这样品种齐全、功能齐备、安全可靠的避孕药具，人们只能靠控制结婚，限制性生活，强迫堕胎，溺杀女婴，以及妇女生了小孩以后与丈夫分居一至二年等办法，来限制生育，达到控制人口增长的目的。②

2. 近代科技在生殖控制方面的成就为生育控制提供了技术支撑

近代科学技术特别是解剖医学的发展，为发明和生产现代方式的避孕药具提供了必不可少的理论基础和科学指导，为家庭避孕提供了物质前提。针对欧洲人口形势，托马斯·罗伯特·马尔萨斯提出人口过剩的观点。弗朗西斯·卜雷斯（Francis Place）提倡使用最新避孕手段节制生育。52 岁的卜雷斯在他最小的儿子出生后不久，在伦敦和英格兰北部广为散发了一系列众所周知的魔鬼似的传单，表示不同意晚婚，指责"道德抑制"是神学禁欲主义，主张不限制性生活而采取避孕措施，号召工人和上流社会已婚夫妇们使用性交中断法和阴道隔膜进行避孕，发动了一场大众避孕宣传运动。1822 年，卜雷斯著《人口论之引证》，认为道德抑制违背人的本性，提出用机械方法避孕，成为现代避孕的最早提倡者。当时另

① 《意言·治平篇》，转引自杨发祥《当代中国计划生育史研究》，博士学位论文，浙江大学，2003 年，第 23 页。
② 杨子慧：《计划生育在中国》，辽宁人民出版社 1987 年版，第 3 页。

一位社会改革派人物卡莱尔（Car111e）写了一本《妇女须知》，详细阐述了避孕的理论和方法。

英国避孕运动的影响波及美国，是通过罗伯特·达勒·欧文（Robert Dale Owen）完成的。欧文24岁时从英国去新大陆，1831年出版《道德生理学》（亦即《人口论摘要》）小册子。该书讨论了阴道隔膜、避孕套、性交中断法，使美国舆论界大哗。而这本书之所以重要，还主要在于它影响了一位美国人查理·诺尔顿（Charles Knowlton）。1832年，诺尔顿在一片反对声中，匿名出版了《哲学的果实》一书，从医学的角度论述节育，建议人们性交后使用冲洗剂以避孕，并开出了避孕冲洗剂处方。卜雷斯和诺尔顿都有一些门徒，播下的种子在19世纪开花结果，在较大的圈子里传播避孕生根发芽。①

19世纪初，英国的民众开始使用化学方法和机械方法来避孕。1823年，英国开始介绍和推广海绵堵塞法和阴道冲洗法。1831年开始推广阴道灌洗器。1830年以后，法国流行用安全期和体外排精法避孕，导致生育率逐渐下降。1838年德国人弗雷德里克·阿道夫·威尔德发明了子宫帽，1844年制造了橡皮避孕套。同一时期，门幸加博士发明了阴道隔膜。② 节育思想的传播，节育技术的发明和推广以及节育服务机构的设立，使欧美各国要求节育指导的人数日渐增多。19世纪以后，其他欧美各国的生育率都有不同程度的下降。

3. 女权运动与生殖控制技术的结合催生了生育权

近现代医学在生殖技术方面的实质性进展，催生了生殖自由的权利主张。生育权这一概念最早出现于19世纪后期，是伴随着西方女权主义运动而提出的，并且起初仅仅作为妇女专有的权利。当时女权主义者要求享有"自愿成为母亲"的权利，即对生育控制的要求，其本质是当事人的自我决定和自由选择的权利。当时女权主义者对生育权的界定是：妇女有权决定是否生育、何时生育和怎样生育。他们并且将生育问题与妇女在政治、经济上的解放运动联系在一起。生育权在相当长的时期内都是作为妇女的特殊权利来寻求社会承认和保障的。如著名的女权运动人士玛格丽特·桑格夫人，天天面对孕妇的痛苦和不受她们欢迎的孩子，她深感节育

_____

① ［美］M. 薄兹、［英］P. 施尔曼：《社会与生育》，张世文译，天津人民出版社1991年版，第377页

② 陈功：《家庭革命》，中国社会科学出版社2000年版，第268—269页。

是妇女的切身需要。1913年，桑格夫人放弃了护士工作，献身于教育妇女避孕的工作，使她们得以逃脱非意愿怀孕带来的痛苦和违法堕胎带来的医疗和法律危险。她主张妇女有权摆脱非意愿怀孕，保护妇女免于因生育过多而导致健康状况恶化，让妇女有权控制自己的命运，从而创立了美国计划生育运动的理论基础。她首先从关心妇女儿童健康的角度出发，提出了把节育作为"妇女解放"的手段的新观点，影响深远。桑格夫人因公开抵制和抗议禁止避孕的法律而受到教会、医生、报界的谴责，并多次被捕入狱。她几经磨难仍坚持倡导节育，得到妇女们的广泛响应和支持，美国法律部门也不得不作出让步。

　　联系生殖技术迅猛发展，特别是节育技术突破性的进步与女权主义者提出"自愿成为母亲"的主张的时间，我们可以发现两者几乎是同步的。没有技术的支持，任何对生育控制的权利主张都是空中楼阁；没有节育技术的进步，妇女想要"自愿成为母亲"的主张也是难以实现的，生育将继续受到"性交—生殖"链条的禁锢。而生殖技术的发展为打开这一禁锢提供了可能，为生育权利化提供了技术上的支撑。正如法国著名女权主义社会活动家西蒙娜·德·波伏瓦（Simōne de Beauvior）所言："如果说工具技术使男性能够超越对自然的依赖的话，那么，借助于堕胎和避孕来控制生育则提供了女性超越自然的潜在可能。"① 各种避孕技术为男性和女性控制自己的生育行为，决定自主生育提供了很大的自由，但是意外怀孕的结果往往还是要由妇女来最终直接承受。因此妇女对堕胎的要求就随之而生。结合以更为直接有效的外科手术式的堕胎，才得以确保妇女生育自主。而各种限制堕胎的法律则阻止妇女得到此种便利。因此，妇女为了自身利益，就势必提出"自愿成为母亲"的权利主张。正是技术提供的种种支撑才为妇女"自愿成为母亲"提供了坚实的物质基础。基于这样的认识，我们可以说，正是生殖技术的进步催生了作为权利的生殖自由。

（二）生殖医疗技术进步演变了生殖自由的性质

　　生育权在学术界存在几种不同的认识：一是妇女生育权说。认为生育权是指女人对生育、避孕，包括堕胎控制的权利。这种学说认为生育权主要是指妇女享有的权利，包括已婚妇女和单身妇女。二是夫妻生育权说。

---

　　① ［英］韦恩·莫里森：《法理学：从古希腊到后现代》，李桂林等译，武汉大学出版社2003年版，第524页。

认为生育权是指公民的一项基本权利，是基于合法婚姻基础而产生的，夫妻双方有权决定是否生育子女延续后代，包括生育的自由与不生育的自由，是在夫妻合意的前提下行使的一项基本权利。这种观点认为在生育权的共有中，夫妻的地位是绝对的平等的，要求夫妻在处分生育权时必须共同商量，协商一致，私自作出的处分行为是不合法的。这种学说认为生育权只能是合法夫妻才享有的权利，具有法定性和专属性，属于身份权。未婚生育及婚外性关系导致的生育被认为是不合法的。三是人格权说。认为生育权是自然人在法律允许的范围内自主决定生育或不生育子女的权利。该学说将生育权分为自然生育时期的生育权——选择生育或不生育的权利和人工生殖技术出现后的生育权，其内涵扩展到生育方式的选择权。这种学说突破了前三种学说的生育权主体的限制，同时也直面了目前人工生殖技术对传统生育权的挑战。

　　而对生育权的性质认识一定程度上是受生殖技术发展阶段性的影响。譬如早期对于胎儿诞生的错误认识使古希腊人认为生育是男子的原因，女子在其中没有贡献。而近现代生殖技术的不断进步，对传统的生育概念、生殖模式冲击重重，进而引起了对生育权的种种不同解读。

　　1. 配偶生育权的基础是传统的婚内自然生殖

　　配偶生育权则是建立在历史上长期存在的婚内生育制度之上的。婚内生育是指夫妇在合法的婚姻关系内通过两性结合孕育后代。与之相对应的是婚外生育。原始社会时代的婚外生育就是建立在低生产力水平下的"群婚"制度之上的。在原始社会，人类在两性关系上没有任何限制，"每个女子属于每个男子，同样，每个男子也属于每个女子"[①]。而婚姻制度出现后，婚内生育是法律和习俗认可的常态，因而民众观念将生育权视为配偶权利。

　　2. 妇女生育权的技术基础主要是现代节育技术

　　近代早期的生命医学发展，特别是避孕和堕胎技术的发展，使人们意识到了女性对于生育所具有的控制力量，进而提出了作为妇女权利的生育权主张。妇女生育权的提出，是19世纪女权主义运动的一个部分。出现这种提法是有其特殊的历史背景和原因的。女性服从于男性，生儿育女是女性的天职这种观念在人类文化中的影响是如此的强烈，以致很多启蒙思

---

　　① 《马克思恩格斯选集》第4卷，人民出版社1972年版，第26页。

想家都不能幸免。例如卢梭在《爱弥儿》中就直言不讳地说："两性之间相互的义务不是也不可能是绝对相等的，如果妇女们在这个问题上抱怨男子做得不公平的话，那是不对的；这种不平等现象绝不是人为的，或者说，至少不是由于人们的偏见造成的。它是合理的。在两性当中，大自然既然是委她以生男育女的责任，她就应当负责给对方抚育孩子。"① 女权主义运动兴起后，以生育权利化为武器，大大地改变了这种传统的观念，她们逐渐认识到："妇女解放，充分参加公共事务活动，必然要求她们有控制生育和性活动的自由。"② 法国著名女权主义社会活动家波伏瓦在其著作《第二性》一书中指出，生育是男女不平等的核心问题；在这一领域中——因为她们对生育结果没有任何选择——女性表现了她们的无能为力、她们的被动性、她们不能控制，只因她们的存在条件。她说："母性毕竟是使妇女成为奴隶的最便捷方法。我不是说每一个做母亲的妇女都自动成为奴隶——可以有某些生存方式使母性不等于奴隶，但现代的母性仍然万变不离其宗。只要人们仍然认为妇女的主要工作便是养育小孩，妇女便不会投身政治、科技。进一步说，她们便不会怀疑男人的优越性。……我们几乎不可能告诉她们养育孩子是她们的神圣义务。"③ "现代美国妇女运动之母"贝蒂·弗里丹提出，在现代社会中，有效的避孕手段可以在很大程度上控制生育，使妇女除了做贤妻良母之外，还可以发挥更多的社会作用。因此，当代美国妇女运动第一阶段的一个重要目标是，"争取权利控制我们自己的生育过程，即由妇女自己决定何时生育，是否生育，以及生多少个孩子"④。后来的女权主义者提出更为系统的生育权主张。生育权代表对生育控制的要求（即节育权），主要指妇女有"不生育权"，以实现对生育进行自我决定和自由选择。其含义包括妇女有权决定是否生育、何时生育和怎样生育，将生育问题与妇女在政治、经济上的解放运动联系在一起。

尽管人们已经认识到男性在生育过程中的作用，古希腊人甚至一度掩耳盗铃地否认女性在生育中的价值，但不可否认的是妇女所承担的特殊职

① ［法］卢梭：《爱弥儿》，魏肇基译，商务印书馆1985年版，第76页。

② 谭兢嫦、信春鹰：《英汉妇女与法律词汇释义》，中国对外翻译出版公司1995年版，第261页。

③ ［法］波伏娃：《给女人讨个说法》，牧原编，华龄出版社1995年版，第263页。

④ 简·A. 莫尔斯：《美国妇女运动的杰出战士：贝蒂·弗里丹访谈录》，《交流》1995年第3期。

能是男性难以取代的。从卵子受精、十月怀胎到一朝分娩,这不仅给女性增加了巨大的生理和心理负担,甚至还会带来生命危险。不仅如此,妇女的生育过程还直接影响着胎儿的健康发育与安全。因此提出妇女生育权是有其时代合理性的。

3. 个体生育权的基础是现代生殖技术

作为妇女生育权的提法虽然有一定的合理性,然而它否认了男性在生育方面的自由,因而也有其明显不足。1942 年的"斯金纳诉俄克拉荷马"(Skinner v Oklahoma) 案是美国生育权的一个里程碑。在此案中,斯托恩大法官(Chief Justice Stone)利用"自由"的广义概念,针对俄克拉荷马州的一项法案(此法案容许对被判处三次盗窃罪的人进行绝育),认定强制绝育是"对人类自由的侵犯"(invasion of personal liberty),道格拉斯(Douglas) 法官认为,"俄克拉荷马州剥夺了个人的权利,而这种权利是种族不灭的基础——生育后代的权利"①。"斯金纳诉俄克拉荷马"案确认了生育能力不被侵犯的权利,同时也确认了一个人的生育能力的基本价值,引起了广泛关注,被看作生育权的一个里程碑,也是生育权作为自然人而非仅仅是妇女权利的一个有力判例。

现代的生命科学揭示了男女在生育中都具有不可或缺的地位。但现代生殖技术也使得任何一个主体的生育都不再绝对地依赖某个特定的异性。相反,科技提供了诸多可能,使得个体的生殖成为可能。一名妇女可以依靠人工授精技术独自生殖,而不是必须找个生育伙伴。一名男子也可以借助代理孕母成为父亲,而不是必须找个妻子或女友。这就在技术上为作为人权和人格权的生育权提供了支撑。

4. 个体生育权的确立突破了婚内生育的传统

作为个体生育权的确认还意味着婚内生育不再是唯一的生育方式,合法的非婚生育也称为可能。而现代意义上的婚外生育,除了基于婚外性交行为的生育,从遗传学角度讲,它还包括已婚人士通过捐精、捐卵、代孕、克隆等方式生育及单身人士借助人工辅助生殖技术的生育行为。人工授精方法的问世,使社会面临伦理道德及文化方面的挑战。生育,这项长期以来只是一对男女相互同意并作出决定而进行的私人化的复杂活动,现在却可以通过"制造"的手段进行。生育的当事人——男女双方可以相

① See Skinner v. Oklahoma, 316 U. S. 535 (1942).

互隔离，而其他中介的第三者——如捐献精液者、妊娠期怀胎的代理母亲、医生及其他志愿者却可以介入这项活动。这不能不给以往的家庭伦理带来一系列难解之题。1949 年，人类发现精子可以冷冻保存，再供使用，妇女可以像输用别人的血一样采用非丈夫的人提供的精子来生育。1980 年，美国首创"试管婴儿门诊"。近年来，又有不少遗传学家倡导利用精子库进行生殖质量选拔，"产生"优质的人类。胚胎体外培养的技术也越来越发达。

尽管人们对婚外生育还存在较大的伦理分歧，但不可回避的现实是，婚外生育正在由被全面否定到逐渐被一些人接受直至被越来越多的人所认可。婚外生育不仅受到了不育夫妇的欢迎，一些思想观念前卫、具有反传统精神的未婚女性，也表现了对此的肯定和认同。据美兰德公司 2001 年在北京、上海、广州、成都等大都市的调查，有 10.6% 的未婚女性"不结婚，但希望生一个孩子"。还有一些已婚者希望找"代孕母亲"借腹生子，这其中有因生理或疾病无法怀孕者，也有为保持身材苗条避免妊娠痛苦的大款夫人以及为集中精力开拓事业但又不想做"丁克家庭"的白领阶层。① 在"吉林省人口与计划生育条例规定：达到法定婚龄决定终生不再结婚并无子女的妇女可以采取医学辅助手段生育一个子女。请问您如何看待这一规定？"的调查中，支持的人有 55.41%，另有 14.93% 的人表示"无所谓"。② 婚姻制度在法律上也面临越来越多的挑战，在北欧，如丹麦，同居被认为是婚姻可接受的替代形式，荷兰第一个承认同性婚姻，法律对此也予以充分保护。建立在婚姻制度之上的婚内生育传统因而面临诸多挑战。配偶生育权的提法因此遭受质疑。个体在生育方面越来越多的自由促使了生育人格权的提出。

5. 克隆技术的发展为个体生殖打开了一扇未知的门

克隆羊"多莉"诞生后，克隆猴子也取得成功，这预示着人们可以利用动物的一个组织细胞，像翻录磁带或复印文件一样，大量生产出完全相同的生命体。从技术上讲，每个人都有细胞，只要具备卵母细胞和代孕母亲，人们就可以有自己的遗传后代了。克隆生育同正常生育（或叫配子生育）的唯一差别是，父亲或母亲同其克隆子女遗传的血统是 100%，

---

① 安云风：《科技时代性伦理问题的新向度》，《首都师范大学学报》2002 年第 1 期。
② 《调查：您会以怎样的眼光看待"非婚妈妈"？》，2007 年 4 月 21 日，新浪网，http：// cul. book. sina. com. cn/s/2002 - 11 - 13/20862. html。

而不是50%，因为人体细胞包含一个人的全部基因，而一枚卵子或精子细胞仅仅含有一半基因。克隆技术的诞生标志着人类男女不育症历史的结束。任何人都能生养后代。无性繁殖甚至细胞克隆技术仍在研究试验之中，这些现代医疗技术手段，切断了生育与性行为之间的纽带，打破了传统观念上的生育关系与遗传关系合为一体的生育规律，也改变了婚内生育的社会传统。可以说，此项技术一旦成熟，个体生育权就有了更加坚实的基础，生殖将更加自由。

（三）生殖医疗技术发达拓展了生殖自由的界限

生殖技术的不断发展拓展了生育自由的范畴。生育自由包括人是否生育的决定权及如何生育或不生育的选择权。生殖技术的发展不断扩展着生育主体的选择范围，充实着生育自由的内涵。

1. 生育与否决定

生育自由包括人是否生育的决定权及如何生育或不生育的选择权。然而在缺乏现代生殖辅助技术的漫长社会，此项权利因为缺乏技术支持而显得非常虚幻。早期的女权主义者提出"自愿成为母亲"的生育主张，其着重追求的还是避孕和堕胎的自由。因为当时的技术也只是能够提供避孕和堕胎的一些支持。而现代技术的发展，则提供了更多生殖自决的可能，生育权的内涵也得到了极大的扩展。除了传统的生育与否的决定权，还发展出了以下诸多生育权能。

2. 生育方式选择

它是指自然人有权自由选择生育方式进行生殖的权利。所谓生育方式主要包括自然生育和人工生育两种基本形式。现代社会随着人工生殖技术的发展，生育已经不再只依靠传统的两性之间的性结合来完成，这就实现了生育方式的多样化。人工授精技术使得那些患有直接不育症的家庭可以孕育后代，为许多家庭带来了欢乐，于民有利，应与推广。当然这项技术所引起的法律问题也引起了广泛的关注。其中有一点就是当事人尤其是那些明明可以自然生育而却仍然选择人工授精技术的当事人，是否有权利及依据何种权利得以获得选择这项生育技术？对此仍有许多值得探讨之处。随着人工授精技术的发展，现代社会中还出现了一种新现象。这就是"代孕母亲"。所谓代孕母亲就是指将他人的精子和卵子结合而形成的胚胎植入自己的体内，以使之孕育成熟，直至最终分娩出婴儿，这种情况在外国比较多见，在我国也发生过。它的出现主要适应于那些男方和女方可以实现精子与卵子的结合从而形成胚胎但女方身体状况却不能满足怀孕条件的家庭的需要。代孕母亲和想要生育的男女双方往往达成协议，即由代孕母亲提供适宜的胚胎孕育环境直至胚胎发育成熟，待分娩后再将婴儿交给该男女双方，同时由男女双方付出相应的报酬给代孕母亲。赞成者认为此种协议是双方自愿达成的，又不侵犯他人和社会的利益，同时也不违背公平原则，于双方均有利，因此法律不应该予以禁止。在这个过程中，男女双方作出这种法律行为的权利依据应是生育方式选择权，因为选择他人帮助自己孕育胚胎，从广义上说也是一种生育方式的选择。反对者则认为此种行为违反公序良俗、人性尊严，应予以禁止。

3. 生育伙伴选择

除无性生殖外，有性生殖都是男性的精子和女性的卵子结合形成受精卵、胚胎发育成熟后从子宫中娩出。没有男性（直接的或间接的）配合（通过性交提供精子或通过非性交方式提供精子），女性就不可能生育孩子，同样，没有女性（直接的或间接的）配合（通过性交提供卵子和子宫或通过非性交方式提供卵子和子宫），男性也不可能生育孩子。因此，作为生育权主体的个人选择同谁生育、同谁的配子（精子或卵子）结合，或作为生育权主体的夫妇借用谁的精子或卵子及子宫替代自己的配偶是一种自由选择权。这种自由选择权在以生育为目的的传统的和自然的生育方式中即选择丈夫或妻子的权利，但在人类辅助生育技术出现后，性行为、婚姻和生育三者分离，个人生育的关系合作伙伴不一定是丈夫或妻子，夫妇生育也有可能借助他人"帮助"。

4. 生育环境选择

生殖技术的发展使得自然人可以选择在何种社会环境中生育。他可以自由选择婚内生育或婚外生育，选择作单亲父母甚至同性恋人士。当然此项权利客观存在的限制较多，受到一国法律、文化、宗教等社会观念的影响，但就技术层面却是毫无障碍的。

5. 生育时间选择

自然人可以选择何时怀孕和分娩。怀孕和生育将孕育产生新的生命，会给母体或相关人员带来生理和心理的影响，给个人式家庭或夫妇式家庭增加新的成员，产生新的社会关系，进而影响生育者本人和他人的工作、生活方式的变化，因此，选择何时怀孕十分重要。怀孕时间的选择关系怀孕者及其生育关系伙伴的工作和生活，关系将要出生的孩子的出生质量。

生育时间与怀孕时间关联较大，自然生育条件下，怀孕280天即可足月生育，但随着科技的发展，生育时间也可人为地适当进行调节。生育间隔也属于生育时间的调节，每个孩子出生时间决定了他们之间的出生间隔。

6. 生育数量的选择

在自然生育方式下，若精子可以完全满足妇女怀孕生育的需要，育龄妇女若不加节制，可生育近20胎，同样男子视生育伙伴的多少最多也可生育几十位子女。生育数量的多少取决于生育胎数和每胎生育的人数。在人类辅助生殖技术条件下，每胎生育孩子的数量不再是"听天由命"，而是可以进行调节的。

7. 生育子女性状选择

自然人可以选择生育怎样的孩子，包括性别、基因构造、父母所想要的特点等。在传统自然生育方式下，人们虽然对生育的孩子的性别、个性特点等有偏好，也可能采取一些传统的无科学依据的办法，但囿于技术的局限而终难以完全如愿。随着人类辅助生殖技术的发展，通过采取一些人为的技术方法，选择孩子的性别、单双胞胎或多胞胎、基因构造等从技术上是可行的。

8. 生育信息知情

生育知情权是指生育权主体对与自身生育相关的信息所具有的了解知晓的权利。《世界人口行动计划》中确定："所有夫妇和个人都有自由负责任地决定生育孩子数量和生育间隔并为此获得信息、教育和手段的基本权利"，《进一步执行（世界人口行动计划）的建议》指出："各国政府应刻不容缓地普遍提供关于达成所希望的子女人数的资料、教育和方法，帮助夫妇和个人获得他们所期望数目的子女。计划生育资料、教育和方法应包括所有医学上认可的、适当的计划生育办法，包括自然的计划生育，以确保民众能够根据变动中的个人和文化价值作出自主自由的选择。应特别注意人口中处于最脆弱地位和最不易接触到的人群。"其他相关国际文件中也有类似表述。生育知情权是一项基础性权利，其实现情况直接影响其他生育权的行使和实现。不知情就不能判断或不能正确判断，就不能或不能正确作出生育与否、何时生育、用何种方式生育和生育调节等生育行动。生育知情权是实现其他生育权的前提和基础。生育知情权的义务主体一般为生育关系伙伴、医疗卫生机构、政府相关部门等。生育关系伙伴一般应将自身身体和生理情况、生育意愿、生育机能、避孕节育方式等怀孕、生育及节育状况告知对方；医疗卫生机构应将相关医学检查结果、医院相关处置措施及其风险、医生建议等医疗单位应知或应作出的有关生育的信息告知怀孕、生育、节育者及其生育伙伴。政府相关部门应将生育的相关法律法规和政策告知生育主体。

9. 节育方式选择

自然人决定不生育时，仍存在选择以何种节育方式的自由。主体若不节欲（节制性生活），需要采取避孕节育措施。至于采取何种避孕节育措施，取决于个人或夫妻的生理特点，对避孕节育措施的认识程度、喜好等。节育方法有许多种，目前大致有避孕、绝育、人工流产（节育的补救措施）三大类。避孕是在保持正常性生活的情况下，采取可逆的、化学或物理方法杜绝精子与卵子的结合，从而达到不育的目的。绝育是指使个人或夫妇在正常性生活的情况下，人为地永久断绝生育能力，是阻断精子和卵子相结合的永久性节育措施，目前常用的方法有输卵管或输精管结扎手术、粘堵术、栓堵术及输卵管夹、输精管夹、输卵管伞套术等。人工流产是指用手术或药物这些人工的方法终止妊娠，俗称堕胎，它很早便是防止婴儿出生的办法，但一直面临技术、道德乃至宗教派别的争议。

三　生殖自由对生殖医疗技术的影响

（一）生殖自由限制生殖技术的实际应用

生殖自由，正如其他任何法律所许可的自由一样，并非不受限制，而是有较为明确的法律界限。生殖自由本身的限制势必制约生殖技术的实际应用。例如在坚持婚内生育制度的法域，单身者使用人工授精、代孕母亲等技术时往往会受到限制。而在倡导生命价值，特别是注重胎儿权益保护的法域，节育技术不被提倡，晚期的堕胎往往受到限制。这些限制又多与公共利益关联，后文将会对此展开讨论，此处不再赘述。

（二）生殖自由指导生殖技术的发展方向

尽管传统观念一直认为，技术，包括辅助生殖技术本身是中性的，它本身并无善恶之分。爱因斯坦曾指出："科学是一种强有力的工具。怎样用它，究竟是给人类带来幸福还是灾难，全取决于人自己，而不取决于工具。"[①]但是高科技的飞速发展对人类自身的价值观、伦理观提出了挑战，科学技术

---

① 爱因斯坦：《爱因斯坦文集》第三卷，许良英等译，商务印书馆1979年版，第56页。

成果可以用于善的方面，也有可能用于恶的方面，监督机制的建立是必不可少的，社会监督机制是防止新技术被误用的有效措施。应该看到，人类有能力制定正确的监督机制，有能力限制甚至抵消新技术被滥用所造成的恶果。① 刘长秋据此推论，尽管辅助生殖技术存在被滥用以致给整个人类社会造成危害的可能性，但人们不能因为辅助生殖技术存在被滥用的可能而因噎废食，从伦理上否定其存在的正当性。否则，我们将会否定一切科技进步的成果——因为任何科学技术的进步都会带来一定的负面效应，客观上都存在被滥用以致危害人类社会的可能。因此，辅助生殖行为本质上并不违背人类伦理，反而应当受到伦理的肯定与认可，尤其是在被用于治疗不孕不育的情况下。②

这种科学上的乐观主义是可以信赖的吗？它是建立在可靠的事实基础上的，还是更多地体现为人们的一厢情愿？近来的研究对这种传统观点提出了质疑：

技术本身是不包含任何价值的吗？答案并非绝对肯定。一些技术本身包含着重大的道德判断，譬如克隆人技术、人兽杂交繁殖研究等。对于大多数人而言，他们很难认可人兽杂交技术的研究或应用是合乎伦理的。而人们对克隆技术也莫衷一是。许多国家都有禁止克隆的立法，这表明在立法者眼中，克隆本身绝非中性无害的技术。

另一些技术虽然自身不存在道德上的善恶之分，但是它的使用却会产生影响，带来道德标准的变化。例如产前检查技术，由于此类技术的发展，使得妇女在怀孕后进行产检成为一项道德义务，不进行产前检查的妇女往往会被视为不负责任的准母亲。这种技术构造了新的行为规范。

技术总是可控的吗？乐观主义者坚持认为与技术相关的"恶"是一个应用导致的问题，而非技术本身的问题；并且这些问题是可以通过技术应用控制加以避免的。他们因此反对对技术本身进行任何限制。事实确实如此吗？《寂静的春天》一书表明这种乐观多少有些盲目。因为杀虫剂而灭绝的物种无法复活，因此给生态环境造成的损害也恢复困难。

恩格尔哈特说："在带有沉重的伦理学和政治学外罩的科学争论中，或在带有重要的科学焦点的伦理学争论中，人们都会看到事实与价值纠缠

---

① 赵功民：《遗传学的发展及其社会伦理问题的思考》，《北京工业大学学报》（社会科学版）2002年第1期。

② 刘长秋：《人类辅助生殖技术的刑法学思考》，《东方法学》2008年第2期。

在一起的关注。""生命伦理学争议中的大多数关键问题都具有这类复杂性。"[1] 他举例说在人工流产中人们所用的"已能存活的胎儿"这一术语，就不是一个纯事实。医学的发展使得胎儿"已能存活"的时间不断前移。正是因为生殖技术应用带来的伦理性争议以及一些技术本身内涵的巨大价值争议，使得人们对此类技术很难完全放任市场运行而不予干预。因此，以适度的生殖自由引导生殖技术的发展，确有必要。

综上所述，我们看到正是由于生殖技术的发展，拓展了生育自由的内容，使人类在此获得了空前的自主空间。但是其本身的应用、发展也需要受到生殖自由价值的引导。

第三节　生殖医疗技术与公共利益

生育是个人命运攸关的大事，也是社会传承延续的要素。自然人的生育行为既受到个体意志的影响，也要面临社会的种种干预。"从历史角度考察人类漫长的生存与发展过程，无疑会领略到不同的社会条件下，影响人们生育的文化、经济和政治力量的差异。"[2]

有人说，生物技术代表着我们最甜蜜的希望，同时也代表着我们最隐秘的恐惧。生殖医疗技术则尤其如此。一方面，它作为一种新的工具和手段，使得人类的生殖意愿达到几乎随心所欲的状态，显得如此甜蜜诱人；另一方面，由于操作的失误或技术的滥用，可能产生对人类极具危害的后果。生物技术所引起的疑虑对社会伦理现有价值观和秩序及规则是一种强有力的冲击，而这种冲击和挑战远远超过历史上任何其他高科技革命给人类带来的困惑，对人的生活也产生了巨大甚至是颠覆性的影响。就如同希腊神话中的普罗米修斯给人类带来了光明，但也打开了潘多拉盒子把魔鬼和灾难带到了人间。[3]

科学是把双刃剑。2000 年 8 月 5 日，江泽民在北戴河会见六位诺贝尔奖得主时说："科学技术极大地提高了人类控制自然和人自身的能力，

---

① ［美］恩格尔哈特：《生命伦理学基础》，范瑞平译，北京大学出版社 2006 年版，第 222 页。

② 佟新：《人口社会学》，北京大学出版社 2000 年版，第 92 页。

③ 赵功民：《遗传学的发展及其社会伦理问题的思考》，《北京工业大学学报》（社会科学版）2002 年第 1 期。

但是，科学技术在运用于社会时所遇到的问题也越来越突出。……信息科学和生命科学的发展，提出了涉及人自身尊严、健康、遗传以及生态安全和环境保护等伦理问题，引起人们的高度关注。在21世纪，科技伦理问题将越来越突出。"[①] 高科技带来的各种问题，正受到科学家、社会学家等各方面的重视。

一　生殖医疗技术与经济

人类社会的发展历史表明，物质资料的生产与人口本身的生产是社会生产的两个重要方面。经济发展和人口增长是两个不同的过程，各自有自身的特点和规律，但是二者之间存在着密切联系，相互影响，相互制约，形成人类社会的两大基本生产。经济发展为生育问题的解决提供了良好的物质基础，适宜的人口繁衍为经济发展提供了不竭的动力。两者的良性互动使其相得益彰。反之过度或稀少的人口生产，延缓经济发展，造成社会经济的停滞甚至破坏，阻碍社会进步。

人口数量及质量与经济发展之间存在一种微妙的关系。适量的较高素质的人口对经济发展有明显的促进作用。而人口过多、过少或者素质低则成为制约经济发展的瓶颈。只有二者密切配合，才能最终解决人口问题和发展问题，促进人口现代化，加速社会文明进步。

（一）　生殖对经济的制约促使生殖医疗技术的发展

长期以来，由于人们对人口、资源、环境与发展的相互依存关系缺乏足够的认识和重视，人口无限制的增长，导致生物圈遭到难以承受的干扰和破坏，生态危机严重，人口与资源、环境的矛盾日益尖锐。现在，社会和个体都日益认识到生殖的经济意义，因而社会的政策和个体的行为势必就会因此发生变化。

当人们意识到人口与经济间的这种相互关系，就会有控制人口以影响经济的要求。而就各国、各地区具体而言，人口问题则具有多样性。例如发达国家多有人口生产太少之虞；欠发达国家地区则有人口爆炸的危险。这也是由经济规律支配的结果。强制性的或指导性的家庭生育政策，在各国均存在，表明了社会干预生育的愿望。

---

① 赵功民：《遗传学的发展及其社会伦理问题的思考》，《北京工业大学学报》（社会科学版）2002年第1期。

　　曾经只是有远见的人们的意识，现在却几乎成为共识：如果人类要生存下去，就必须实行可持续发展的战略，兼顾后代利益。全球人口呈加速增长的现实，使可持续发展成为当下举世瞩目的全球性问题。如何有效控制人口增长，成为 20 世纪以来人类的重要课题。

　　如今，生育行为的经济分析已成为个体进行生育行为的一个重要判断因素。张本飞在《生育行为的经济解释》一文中对个体生育行为进行了经济学阐述。[①] 他利用贝克尔经济模型对此加以分析，指出欠发达国家，其情形类似于传统农业社会。传统的农业社会处于维生经济条件之下，多生一个小孩的耗费极少。而且农村孩子在很小的时候就参加家务劳动和简单的农业生产，这些正值的劳动收入可以部分抵消生育孩子的成本。因而在传统的农业社会，孩子数量的边际成本极低。对孩子质量投资中最为重要的一部分是教育投资。由于在传统的农业社会，教育还未形成规模经济，从而会导致高昂的教育成本。读书人只有"学而优则仕"这一条路，因而支付了高昂教育成本的人极可能处于"知识性失业"（因为考上官做的毕竟是少数），教育投资的风险极大。同时由于传统农业技术层次低，生产力水平低下，这使得体力在农业生产活动中具有举足轻重的作用，从而强化了生育孩子的数量和性别偏好，同时降低了对孩子质量的期望。在收入增加后，如果对孩子的考虑与对耐用消费品的考虑类似，对孩子所增加的大部分支出将会用于提高孩子的质量方面。而对孩子的数量的需求恐怕不会增加，即便增加其幅度也不会很大。由于人们关心的主要是孩子的质量，这样，孩子数量可能会减少。这就很好地解释了发达国家及发展中国家在工业化进程中，随着人们收入水平的提高，出生率反而降低这一现象。

　　而控制人口出生率的措施，最直接的、非常有效的选择，无疑是采用科学有效地生育控制技术。传统社会为达此目的，往往只能采取一些社会性的政策，如鼓励早婚早育或晚婚晚育，鼓励寡妇改嫁或限制寡妇改嫁、宣传节欲或纵欲等。在古代，生育控制困难，除了经济方面的因素，还有一个原因，就是生殖医疗技术不发达。生育控制的技术手段有限，且多不可靠；普通民众获得这些技术、药物的成本也比较高，因而生育成了性交不可避免的一个结果。溺婴往往成为避孕和堕胎失败的一种补救方式。而

---

　　① 张本飞：《生育行为的经济解释》，硕士学位论文，华中科技大学，2004 年，第 31—39 页。

不育者为生育求神拜佛，求医问药，不惜千金求取生子秘方，却往往也不能如愿。这些方式其效果或者不甚理想，或以牺牲个体健康利益、婚姻自由、性利益甚至婴儿生命为代价，难以避免"收之桑榆、失之东隅"的遗憾。人们为了控制生育，如避孕、堕胎、超生等而不惜触犯律法，倾家荡产甚至甘冒牢狱之灾。而现代生殖技术的诸多应用却能兼顾二者，确属上上之选。中国政府由于强大的控制人口的政策愿望，促使中国的节育技术世界领先。个体的或群体的控制生育的利益驱动，才会促进生殖技术的不断发展。这些客观上都促使了生殖医疗技术的发展。

（二）　生殖与经济间的关系影响着生殖医疗技术的发展方向

相对于经济发展的需要，人口存在适量、过剩和缺乏三种状态。当一个社会中，人口数量与经济发展相协调时，人们就缺乏发展生殖技术的内在驱动。反之，当这个关系不相均衡时，社会就有了发展相应技术的动力。今天，生殖医疗技术日益发达，其在人口控制方面有显著的作用。就其功能而言，有助育的技术，也有节育的技术。鉴于经济发展对人口数量的要求，不同的现实会促使各国政府形成不同的政策，或注重助育技术的发展应用，或倾向于节育技术的研究实践。

当一个社会存在人口过剩问题时，节制生育的技术就会得到优先发展。近现代社会，就世界范围而言，人口数量显然存在"过剩"的问题。19 世纪以来，随着工业革命的进程和科学技术的迅猛发展，人类的物质文化生活得以进一步丰富，人类自身也进入高速发展阶段。从 1900 到 1970 年，世界人口由 16 亿迅速增加到 36 亿，平均每年递增 1.16%。1999 年 10 月 12 日联合国宣布世界人口已达到 60 亿。[①]

美国人口数据局在华盛顿公布的《2005 年世界人口数据表》报告中证实说，在主要发达国家，大多数妇女选择只生 1 个孩子或者不生育后代，这标志着西欧和美国人口数量正在下降。然而，在大多数发展中国家，每位妇女平均生育 3～7 个子女，因此造成了全球人口数的总体增长。[②] 这一报告也印证了人口国情决定人口政策取舍的推论，多数国家的法律与其国情是相互对应的。

我们看到，在最早实现工业化的欧洲，最先凸显了人口过剩的问题。

---

① 查瑞传、胡伟略、翟振武：《人口学百年》，北京出版社 1999 年版，第 1 页。

② 《美国公布最新世界人口报告》，2007 年 9 月 4 日，http：//www. huzhoujsw. gov. cn/news/News_ View. asp？NewsID = 161。

而避孕、堕胎等近现代的节制生育的医疗技术，也兴起于欧洲。针对欧洲人口形势，马尔萨斯提出人口过剩的观点。弗朗西斯·卜雷斯（Francis Place）提倡使用最新避孕手段节制生育。罗伯特·达勒·欧文（Robert Dale Owen）从英国去新大陆，完成了英国避孕运动在美国的传播。多数发展中国家认为自己的人口增长太快，实行降低生育率的计划生育政策，"计划生育的范围不断扩大，居住在不发达国家的60%以上的夫妇现在实行计划生育，而在1960年代仅为10%"[①]。再如我国，当政府意识到我国人口过多时，实行计划生育政策，最优先发展和普及的仍是绝育、避孕、堕胎等技术。

反之，当社会上存在人口缺乏问题时，助育技术就会得到优先发展；节育、绝育技术会被限制使用。对堕胎问题的政策可以看作一个分水岭。限制堕胎的国家其人口压力通常较小或为负；而放任堕胎的国家其人口增长压力通常较大，多为人口增长迅速的发展中国家。而认为人口增长慢的国家更倾向于制定政策，鼓励生育，限制堕胎。以法国为例，在法国，由于人口增长缓慢，禁止流产的法律也就相对实行很久。1810年，拿破仑法典规定，堕胎为谋杀罪，堕胎妇女要受到审判。20世纪初，法国又重申禁止堕胎的法令。直到1967年法国政府才对该法规作出修改，但仍然禁止鼓吹避孕或反对生育繁殖的宣传。[②] 在欧美，生殖技术研究的重心早已不再是避孕堕胎，而是人工授精、产前筛检、代理孕母、人造子宫等助孕助育技术。

在我国，老龄化这一急剧的人口转变，可能带来诸多不利的人口后果：在宏观层面上，劳动年龄人口减少将削弱社会人力资本的存量，并降低劳动生产率；导致人口老龄化并带来养老和社会保障开支负担急剧上升；老年人口增长带来庞大的健康和保健需求，并引起保健支出成本的大幅度上升。在微观层面上，则导致家庭规模缩小，给老年照护带来极大困难。越来越多的国家将生育率的急剧下降以及由此导致的人口老龄化和总人口规模缩减视作一场社会危机，认为其可能危害到社会发展的基础。[③]这样一种人口问题的质变，也必将会影响生殖技术的发展方向。以节制生

---

① 联合国人口与发展委员会：《2002年世界人口监测简要报告：生殖权利和生殖健康，特别是人体免疫机能丧失病毒/后天免疫机能丧失综合征》（艾滋病毒/艾滋病），第22页。

② 黄丁全：《医疗·法律与生命伦理》，法律出版社2004年版，第423页。

③ 涂肇庆：《生育转型、性别平等与香港生育政策选择》，《人口研究》2006年第3期。

育的生殖技术居于主导地位的格局今后必将演变为节制生育技术和帮助生育技术平分秋色甚至助育技术担当主角的模式。

（三）生殖医疗技术的产业化构成经济的重要一环

不仅如此，生殖医疗技术的发展，使其自身也具备了产业化的趋势。专门生产生殖药品、器械的厂家，已经成为一个不可忽视的经济力量。笔者在中国制造网上，以"生殖"为题，搜索出 309 个公司；"网络 114"网站上输入"避孕器械"企业搜索，随便就搜索出 41 个企业名单；输入"避孕药品"搜索，搜出了 15 个企业名称。这应该只是冰山一角，但是反映出了生殖药品、器械生产产业化的现实。

甚至提供生殖技术服务的医疗单位和个人（如代孕者）也有产业化的趋势。卫生部 2007 年 5 月 31 日发文指出，人类辅助生殖技术和人类精子库属于限制性应用的高新卫生技术，各省级卫生行政部门要采取切实措施，严禁此项技术的商业化和产业化。卫生部下发通知强调，各地应依据辖区卫生发展规划、人群结构和育龄人口数量、不育症患者发病率和经济发展水平以及医疗机构的等级、性质、技术、设备等条件，制定人类辅助生殖技术和人类精子库设置规划，严格控制新开展此项技术的机构数量。此文件颁发的背景就是我国人类辅助生殖技术和人类精子库技术已经具备一定规模，但仍不足以满足潜在的巨大市场需求。在利益驱动下，一些地区和机构不顾条件盲目进行筹建；一些未经批准的机构违规开展此类技术；代孕及买卖配子、合子和胚胎等违规行为偶有发生，存在商业化的倾向。

由于各国生殖技术使用政策的歧义，催生了为实现生殖目的而出现的生殖观光业。观光医疗在欧美国家已盛行十余年，目前单单美国一国每年有 50 万人出国就医。每年观光医疗的消费金额高达 400 亿美金。我国台湾地区则宣传当地最适合全球华人来台进行观光医疗，而其主推的项目之一就是生殖医疗。日本甚至颁发医疗签证。[①] 意大利议会于 2008 年 12 月制定了"人工受孕法"，规定人工受孕只适用于生育期内的夫妻，用于受孕的精子和卵子只能来自他们自己，不得接受第三者捐献。[②] 一些不孕夫

①《日本开始发放医疗签证 赴日体检观光游成时尚》，2011 年 12 月 15 日，http://www.wysotc.com/info/show.asp?id=703。

②《意大利"人工受孕法"引起社会纷争》，2011 年 12 月 15 日，http://www.birthhealth.com/yunqian/shouyun/24479.html。

妇因此考虑出国生殖。英国宽松的人工生殖政策，使其早已成为欧洲代孕的基地。

二　生殖医疗技术与文化

文化作为人类的存在方式，必然蕴含在人们的生产生活之中，文化的核心内容是人们把自己所发现、所发明和所创造的物质的和精神的文明成果体现于自身生活所呈现出来的价值，它表现为一个民族以至国家的精神状态和生活方式。① 我国著名社会学家费孝通先生早年也曾经说过，早起的人们在打扫庭院，一言一行的寻常应对中都有着文化的投影。文化对我们人类的影响实在称得上是巨大而深远的。

（一）生殖行为本身具有丰富的文化内涵

生殖文化是人类文化链条中的重要一环。传统生殖文化既包含着朴素的生殖崇拜文化，也蕴含着理性的生育控制理念。

生殖崇拜观念对中国文化、中国人口的深刻影响似乎从一开始就证明了人口与文化的血脉相连。女性因为生育价值的被肯定而登上历史舞台，由此也就有了开天辟地的母系社会。人口的变化总是离不开一定的文化背景，人口的发展也总是有特定的文化因缘。文化是人们生活的样态，不同时代的人有不同的生活样态，也就有了不同的文化。具体到生殖领域，人们对"生育文化"概念的理解不同，但是对其本质的认识是大体是一致的，生育文化是指人类在婚育繁衍、生存、发展中逐步形成的婚育习俗和生育观念，这不仅包括与生育有关的观念形态和物态层面，还有与之相伴随的制度规范和组织方式。② 它随着社会经济的发展而发展，随着社会制度、生存环境的变化而变化。

人类自身的生产历史表明，生育文化是一定社会生产力水平、生产生活方式特别是人口再生产方式的反映。生育文化作为意识形态又对决定其产生的人口再生产有指导作用，进而与物质资料生产一道推动着社会的文明进步。在世界各地各民族人口漫长的历史过程中，由于人们对人的数量、质量、结构、性别以及人与人、人与自然、人与社会的关系的不同认识形成了形态各异、丰富多彩的生育文化，反过来指导现实的

---

① 高全印：《中国文化纲要》，厦门大学出版社 1999 年版，第 7 页。
② 杨来胜：《生育文化涵义及其特征新解》，《西北人口》2002 年第 2 期。

人口生产。

在人类文化的起源之中，古老的原始生殖崇拜有着十分重要的地位。传统的生育文化视生育为人的义务，"供给新的社会分子是生育制度的任务"①。长期以来，大多数社会采取鼓励生育的政策。历代不少统治者采取种种措施来增加人口，如制定法令加减税负、降低婚龄、强制婚育等。古希腊阿那克特力皇帝时期，无子女的婚姻可以解除。② 中华生育文化源远流长，主张人口增殖始终是我国古代人口思想的主流。在中国传统生育文化中，儒家强调生育是为了"上以嗣宗庙，下以继后世"；传宗接代、兴旺家族，是为了迎合"不孝有三，无后为大"的社会人伦观念。多子多福、重男轻女等思想是其主要特征。道教在贵生重育的思想基础上，形成了独具特色的生育文化。它认为两性结合组成家庭生儿育女是人类社会得以生存的基本前提，主张人口的增长要适度、知和。从天道自然、阴阳平衡的立场出发，主张男女平等，男女数要保持在一定的动态平衡之中，反对在生育上的性别偏好、反对歧视妇女和任意残杀女婴。③ 中国的儒、佛、道及伊斯兰教都宣扬敬畏和珍惜生命，反对杀生，生命的诞生不再只是自然的过程和神的恩赐，而具有社会的文化含义。

在西方，传统的生育文化与东方殊途同归。古希腊、罗马的上层社会的妇女是不允许工作的，这些妇女最重要的角色被限定了，"妻子的唯一功能就是繁育后代"。公元3—4世纪教皇列奥强调结婚必须生儿育女。神父圣奥古斯丁认为，没有生育意向使婚姻成为罪行；积极干预生育是把新房变成妓院；夫妻用不育药避孕不是因婚姻而结合，而是因通奸而结合。④

与生殖崇拜的文化一样，生育控制的文化也源远流长。与生育相伴的堕胎、溺婴习俗，虽一度备受谴责，却屡禁不止。欧洲的马尔萨斯、中国的韩非、徐天启等早早提出了人口控制的主张。早在宋元以来，江南地区就已有人在实行堕胎。在清代，妇女堕胎在民间屡禁不止，劝而不绝，但

---

① 费孝通：《乡土中国　生育制度》，北京大学出版社1998年版，第115页。
② 杨发祥：《当代中国计划生育史研究》，博士学位论文，浙江大学，2003年，第23页。
③ 宇汝松：《道教生育文化论》，《宗教学研究》2003年第4期。
④ ［美］理查德·A.波斯纳：《超越法律》，苏力译，中国政法大学出版社2001年版，第399页。

遗憾的是，它为主流思想所不容，将此一概归之于过错，以致本应介入的医生，许多也望而却步。当时的堕胎行为只是为道德所不容，法律中并没有禁止性的规定。在堕胎中，非婚女子占有相当的比重，非婚受孕即属男女奸情，不但伦理不容，还可能牵涉到官司。所以，当时的私下药物堕胎在民间非常流行。中药避孕法、堕胎法也是形形色色，不一而足。[①] 但在主张人口繁衍的法域，由于宗教等文化的影响，生育控制的行为可能被赋予负面的文化价值，受到压制。如避孕堕胎等都曾受到限制，许多国家一度甚至禁止堕胎行为，将堕胎行为规定为一种犯罪，如美国刑法中就有堕胎罪的规定。

19 世纪中后期，随着社会经济结构的变迁，文明的发展，生殖技术的进步，生育成了可以选择的问题，生育由义务演变为权利。生育权利意识特别是女性生育权意识逐渐觉醒。由于社会保障制度的发展，人权意识的复苏，"养儿防老"的观念在弱化，甚至出现了"不育文化"。美国1973 年的"罗伊诉韦德案"中，布莱克孟（Blackmum）大法官运用妊娠三阶段的理论作出了使堕胎行为合法化的判决。[②] 但罗案至今已过 30 多年，美国社会依旧因堕胎而分裂，反对堕胎合法化的生命派和支持堕胎的选择派的争论仍在继续。[③] 伴随着生育权利化的进程，生育文化也呈现出多元化的价值。传统生育文化与现代生育文化的交互与转型，生育观念的碰撞与更新，加剧了生育权冲突。

（二）生殖文化影响生殖医疗技术的发展和应用

生育文化蕴含着特定的价值观，服务于这一价值的技术得以堂而皇之地发展；而背离此价值观的技术，则成为旁学末流，只能偷偷摸摸地存在。在人类历史上，主流的生育文化强调生殖的积极意义，提倡人口的繁衍，反对节育、避孕等行为。因此助育的技术得到肯定，节育的技术受到打压。

在东方，巴比伦的汉谟拉比法典（Hammurabi）中规定"殴打妇女，以致使其丧失胎儿者，根据她的地位课取罚款"，印度的摩奴法典

---

① 郭松义：《清代男女生育行为的考察》，《中国史研究》2006 年第 2 期。

② ［美］阿丽塔·L. 艾伦《美国的隐私法学说 判例与立法》，中国民主法制出版社 2004 年版，第 373 页。

③ 方流芳：《罗伊判例：关于司法和政治分界的争辩——堕胎和美国宪法第 14 修正案的司法解释》，《比较法研究》1994 年第 1 期。

（Manu）有"以剑击人而杀害胎儿者处……"，皆属于伤害罪的形式。助育方面功绩卓著的中国医师会得到诸如"送子观音"之类的美誉；但是一个积极帮助妇女避孕堕胎的中国古代医师则可能被诬为"杏林败类"、无德医师。《阅微草堂笔记》第192则记载了一个故事，有老媪向医生买堕胎药，"医者大骇，峻拒之"。半年后，医生有一天梦到被冥府抓去了，说有人诉他杀人。"至则一披发女子，项勒红巾，泣陈乞药不与状。"这个医生说："药医活人，岂敢杀人以渔利。汝自以奸败，于我何有？"这个女子认为："我乞药时，孕未成形，倘得堕之，我可不死，是破一无知之血块，而全一待尽之命也。既不得药，不能不产，以致子遭扼杀，受诸痛苦，我亦见逼而就缢，是汝欲全一命，反戕两命矣。罪不归汝，反归谁乎？"冥官喟然曰："汝所言，酌乎时势；彼所执者，则理也。宋以来固执一理，而不揆事势之利害，独此人也哉。"这个笔记显示了开明的士大夫对堕胎理义的反思和一定程度的认可，也反映了本应在此大有作为的医师囿于文化的禁锢而在此类事件中的道德挣扎。

在西方，以堕胎为例，它是备受争议的一种行为，正反两方面的意见争论非常激烈。西方国家普遍信仰的基督宗教谴责堕胎的历史由来已久。当今西方世界，凡天主教势力占优势的国家，堕胎都属非法，如爱尔兰、意大利、西班牙以及一些拉美国家。[①] 伊斯兰教也有反对随意堕胎的道德观和宗教观。我国的本土宗教道教也反对堕胎，认为胎儿也属人的生命，享有灵性。[②] 佛教严格禁止堕胎，视堕胎同等于杀人。佛教的"不杀生"戒将从受精卵发育至胚胎乃至婴儿的过程，区分为"似人"（以受精卵在子宫内着床起算，至49九日）与"人"（着床后49日以后）两个阶段。但不论是杀害"似人"或"人"，都属于杀人的重罪。[③] 不过，犹太教根据他们的《犹太圣法》（Halakha）经传中提到，胎儿在头部或身体的大部分未离开母体之前，被视为生命的一部分，而非独立的个体，因而堕胎并非谋杀。宗教信仰指导教徒行为。在回答"宗教对自己是否重要"这一问题时，68%的女性给予肯定的回答，而男性有49%的人作了肯定性

---

① 段琦：《西方教会的堕胎之争》，《世界宗教文化》1996年第3期。

② 方舟：《宗教与堕胎权》，《中国民族报》2010年11月23日第005版。

③ 释慧敏：《佛教之生命伦理观——以复制人与胚胎干细胞为例》，《中华佛学学报》2007年第15期。

答复。① "女性宗教信仰程度是预测和判断其堕胎立场的最关键的因素。"②

通过宗教典籍和法典获得认可的主流文化最终切实地影响生殖技术的发展。节育的行为多被视为违法,相应的发展和使用此类技术也就被限制,而促进人口繁殖的技术则被提倡。所以古代保胎育儿的医学在各地都得以发展,而堕胎避孕的技术则只能偷偷摸摸地存在。妇产科的医师会接到孕产妇家属馈赠锦旗和真诚谢意,堕胎诊所的医师则可能面临围攻和丧命的风险。幸运的是随着文化变迁,堕胎法律经常改变。

(三) 生殖医疗技术的发展促进生殖文化转型

生殖技术作为一种物质基础,它的发展势必也会带来作为上层建筑的生育文化的变革。

生殖技术对生育文化的冲击集中体现在两个方面:人口增殖与婚内生育。

1. 生殖技术对人口增殖文化的影响

我国几千年传统人口思想的主流是增殖人口。为了更快地增加人口,历史上形成早婚多育的思想,这在长期自给自足的小农经济社会中,有着显而易见的理由,但是从比较长的时期范围观察,过度增殖人口带来了严重问题。

其实过度增殖的原因除了思想观念的影响,更重要的是受到技术手段限制——民众缺乏安全便捷的避孕节育技术支持。于是对于作为性交的不总是受欢迎的产物——怀孕,也只能被无奈地接受。以致波斯纳说生育是对性交的征税,可谓一语中的。而现代的各种避孕节育堕胎技术手段的成熟和普及,使得人们在控制生育上获得了极大的自由,因而控制了人口的过度繁殖。现在无论多么年轻蒙昧的少女,在怀孕后都知道可以选择堕胎来避免不想要的生育,这都要归功于节育技术的发展和普及。

2. 生殖技术对婚内生育文化的影响

费孝通先生在《生育制度》一书中论证了婚姻是为生育抚育而设计的一项制度,用以确保将出生的生命在未来能够得到双系的抚育而得以成长。婚内生育也是文明社会人类生育的常态。但是捐精、捐卵、代理孕育

---

① Albert L. Winseman. Religion and Gender: A Congregation Divide [J]. Gallup Poll Tuesadr Briiefings (December 3, 10, and 17, 2003).

② Elizabeth Adell Cook. Between Two Absolutes: Public Opinion and the Politics of Abortion [M]. Boulder. CO: Westview. 1992. p. 227.

等技术使用，使得婚内生育被打破，此项技术也因此引起轩然大波。对于人类应否接受人工生殖技术来"生"，反对者如 Walters 与 Singer（1982）、Warnock（1984）等认为这种技术是"非自然的"，指称其危及婚姻制度和人性尊严。支持者如 Michael（1989）、Andrews（1988）等则认为生殖自由和妇女自决的权利赋予了人工生殖正当性和合理性。时至今日，社会对于已婚夫妇利用捐精、捐卵生殖都已接受，并无人再固执前说；人们甚至提出了单身者、同性恋者等利用此项技术进行生育的权利。社会文化转变，由此可见。对于代孕，目前虽然议论纷纷，众说纷纭，但这也正显示了技术对文化的影响，预示着文化转变在即。

三　生殖医疗技术与法律

生育权的法律规制应当顺应经济发展的需要，适应生育文化的变迁。如果一味地固守所谓传统，难免会出现法律与现实的脱节。

（一）生殖医疗技术与婚姻制度

回顾生育发展的历史，生育与婚姻之间的联系实际是进入文明社会才开始的。在漫长的人类进化史上，无婚姻的生育远比婚内生育存在得早，而且久。婚内生育的最主要宗旨无非是确立双系抚育，以保障孩子在一出生时就能获得较好的照顾。

当代生育辅助技术的发展为生育与婚姻的分离提供了技术支撑。过去由于科技水平的限制，生育只有性生活这一种途径。过去意义上的非婚生育，等同于非婚性生活生育。传统的观念认为非婚性生活生育违背社会道德，会破坏正常的婚姻、家庭秩序，容易引发诸多社会问题。现代社会对非婚生育越来越宽容，以前充满批评意味的"非法同居"为更客观的"非婚同居"所替代，就是证明。

而当代生命科学、分子人类学、人类精卵冷藏技术、非配偶人工授精技术以及克隆、转基因、人类基因图组测序等生物技术的突破性进展，对人类传统的生育行为和生育方式形成强大的冲击。在试管婴儿一个又一个诞生之后，更为惊心动魄的无性生育技术、人造子宫技术也已出现。依靠这些日新月异的高科技生物技术，人类的生育行为和生育方式正在发生一系列异变，传统的由男女两性性交生育后代的生育方式"一统天下"的地位已被打破，以现代生物技术为基础的现代医学生育手段已成为人类自然生育方式的重要辅助手段。人们既可以通过婚内性行为实现生育，也可以通过合法合理的手段实现非婚生育。

从现代人的角度来看，双系抚育虽然是较好的，却不是唯一的抚育方式。现代社会已经具备了接纳非婚生育的条件。个人生育权是社会条件允许、国外立法与国际公约承认、民众观念认可、技术上可行的权利。在有些发达的国家和其他一些文化较开化的国家，这种婚内生育方式已经受到了挑战，家庭开始在变异，婚姻关系亦不像过去历史上那样具有刚性，表现出很大的弹性。随之而来的是生育的依托单位，或者说在什么样的婚姻家庭条件下生育，也开始了新的变化。在西方社会，家庭形式的变化日渐迅猛，一些非主流的家庭开始出现，主要有：（1）无子女家庭，也称"丁克"家庭。以美国为例，这一类家庭的数量在1970年的时候达到美国全国家庭总数的37.1%，1990年达到了41.7%。（2）同性恋家庭。据悉，丹麦、荷兰、比利时等几个国家均允许同性恋者注册登记结婚。美国对各州的同性恋家庭进行的一次全面普查，统计数字显示全美的同性恋家庭已接近60万。① （3）非婚同居家庭。如果男女双方选择一辈子不结婚但住在一起共同生活。（4）开放式婚姻。② 这些家庭形式有些完全取消了生育功能，有些虽然没有绝对否定生育，但也淡化了家庭的生育功能。

有的学者现在仍然坚持婚姻包含着生育的承诺，结婚后妻子拒绝和丈夫生育是侵犯了丈夫的生育权。这种观点也许反映了传统观念，但与现实中多元生育文化特别是不育文化是不相符的。我国《人口与计划生育法》规定公民有生育权，吉林省的规章允许单身妇女人工生殖，湖北省的规章许可2014年开始向单身妈妈生育的孩子颁发出生医学证明。这些法律表明，立法者已经正视了生育领域的文化变迁，法律正在谨慎地追随文化前进的步伐。

（二）生殖医疗技术与主体制度

生命科学加剧了人的物化现象，提出了非人类存在的主体性问题。

现代科技的发展使得自然人的生命、身体、生活等都不再是自然而然

---

① 朱海娟：《当代中国生育权研究》，硕士学位论文，南京航空航天大学，2005年，第32页。

② 乔恩·谢泼德和哈文·沃斯指出，开放式婚姻强调的是共同作用，指结合在一起的男女，在不损害各自个性的前提下，互相帮助、互相支持以取得两人之间以及两人与其他人之间关系的密切发展。允许结合的双方接受他人的友谊，甚至与他人发生性关系。但开放式婚姻的倡导者本人也承认，这种制度也许只能在少部分人中实行。见〔美〕阿尔文·托夫勒《未来的冲击》，孟广均等译，新华出版社1996年版，第190—191页。

的了。技术的介入越来越多，人的存在也被打上了越来越多的技术烙印。生殖技术的发展，打破了以往人类自然生育的状况。人工授精、试管婴儿、子宫代孕、器官移植等现代医学技术都对人的主体性提出了挑战。克隆技术更是对法律与伦理提出了一个全新的问题，克隆人的法律与社会地位问题，恐怕是一件令社会学家与法学家都大伤脑筋的事。

生命科学的发展使得遗传物质的问题凸显出来。具有遗传基因的物质已经很难在传统的主客体框架制度内加以妥善地规范。关于受精卵以及胚胎等的法律地位，显然难以在现有的主体或客体范畴内得到妥善的安置。现代分子生物学证明，人的遗传基因与动植物的遗传基因没有根本差别，人的生命现象也是一种物质现象，从而动摇了人与动物的分野。一直安作客体的动物也被一些学者主张作为主体来对待。[①]

现代科技使人们不得不思考，人的本质到底是什么？作为主体立法，法律如何界定"自然人"呢？这可能是需要各领域的学者一起来关注的问题。

（三）生殖医疗技术与人口政策

如前所述，一国的人口状况和政策决定着生殖技术的发展方向。反之，生殖技术也和人口状况一起影响着一国的人口政策。一国的人口状况并非一成不变。我国大力发展节育技术的背景是人口基数太大和增殖过快。当人口状况发生变化时，法律政策也需与时俱进。

现在的状况是节育技术相当发达，人口进入超低生育率时期。所谓超低生育率（lowest low fertility）是指妇女总和生育率低于 1.3 的现象（远远低于保证子代能够完全替代父母一代的更替水平 2.1）。伴随社会经济的发展而发生的生育转型已经被人们广为认知。然而，自 20 世纪 90 年代以来，一股超低生育率的浪潮始于欧洲，并向大部分发达工业国家、部分新发展的工业国家以及发展中国家的城市地区蔓延。据统计，1980—1985 年，德国总和生育率下降到 1.3，成为第一个跨入超低生育水平的国家，到 2004 年生育率低于或等于 1.3 的国家和地区已经增加到 32 个，主要分布在欧洲和亚洲，另外还有 30 多个国家的总和生育率也已经降到了更替水平以下，遍及除非洲大陆以外的所有大洲（PRB，2005）。中国大陆地

---

① 高利红：《动物不是物，是什么？》，载梁慧星主编《民商法论丛》第 20 卷，金桥文化出版（香港）有限公司 2001 年版，第 287—303 页。

区的城市地区、香港、澳门和台湾地区也都已经进入了超低生育率时期。

如果这个判断能够被立法者接受，可以想见，此后我们的人口政策将会改弦易辙。我们的生殖技术发展方向也需作出调整，重点将从节育技术研究转向助育技术开发。

第四节   生殖医疗技术的规制原理①

生殖医疗技术的规制，归根到底是要平衡好生殖医疗技术应用中私人权利与公共利益间的冲突。"科技发展是不问人的生存意义与尊严的，它隐含着无法预料的后果，而且科技不能体现对人类的终极关怀，它无法消除人类与科技的对立和冲突。"② 因此如何面对生殖科技，是我们必须正视的问题。加拿大皇家学会委员会指出，"令人忧虑的是，人们越来越多地谈论自由、自主和个人权利，而对整个社会的责任却日益漠不关心"③。主体利用生殖技术是行使生育权的一种方式。生育权并非一项绝对的权利，一旦与公共利益冲突，就必须在个人的生育自由与社会公共利益之间进行平衡或取舍。我们应秉持何种原则来对此加以配置？

关于权利冲突的配置原则，学者们可谓见仁见智。郭明瑞先生在总结我国权利冲突研究现状的基础上归纳了两大原则：私权优先于公权原则和公共利益优先原则。④ 王肃元先生提出了四项原则：基本权利优先于非基本权利原则、利益衡量原则、平衡原则、公平限制原则。⑤ 由王利明教授主持起草的《中华人民共和国民法典建议稿草案》建议稿第300条规定，不同种类的人格权在行使时发生冲突的，应当以更符合人的基本价值及公共利益为标准确定优先保护顺序。笔者无意对此加以评价。

权利冲突的外因之一在于权利界限不明，如果能够将权利的界限尽可能明确，就会极大地减少权利的冲突。冲突的本质源于主体的利益区分、价值冲突和人性矛盾。笔者曾经提出在对生育权冲突进行立法配置时，应针对上述原因，从利益、价值观和人性等方面考虑。现代立法其实质是一

---

① 此处借鉴了本人前著。周平：《生育与法律：生育权制度解读与冲突配置》，人民出版社2009年版，第30—37页。

② 黄丁全：《医疗法律与生命伦理》，法律出版社2004年版，第10页。

③ ［美］许志伟：《自由、自主、生育权与处境论》，《医学与哲学》2000年第4期。

④ 郭明瑞：《权利冲突的研究现状、基本类型与处理原则》，《法学论坛》2006年第1期。

⑤ 王肃元：《论权利冲突及其配置》，《兰州大学学报》（社会科学版）1999年第1期。

个利益识别、利益选择、利益整合及利益表达的交涉过程。马克思指出："法的利益只有当它是利益的法时才能说话。"① 全面、正确地识别利益，是制定"利益的法"，即符合社会利益客观规律的法的客观要求，唯此法才能够在利益调整中有效地发挥作用。解决社会利益和个人自由间的冲突，要采用立法的手段来完成。立法是对社会利益的确认过程。② 通过立法对各种利益的判断，明确生殖技术使用的界限、划定此过程中各方权利的范围，就是解决冲突的一个重要途径。其在立法上通常就表现为权利限制。实际上，权利限制既是一种事前预防权利冲突的措施，也是冲突发生后解决争议的具体方法。德沃金从权利冲突的角度论证了对权利限制的最正当的或最重要的理由：一个国家可以根据许多的理由取消或者限制权利……这些理由中最重要的理由在于如果涉及的权利不受到限制，那么与之冲突的权利就会受到破坏。当它们发生冲突的时候，政府的任务就是要区别对待。如果政府有理由相信对立的权利中有一方是更为重要的，它就有理由限制另一些权利。③

然而权利限制的标准为何？博登海默认为："人之所以有理由个别地或集体地对其中任何分子的行动自由进行干涉的唯一目的，乃是自行保护。这就是说，对于文明群体中的任一成员，之所以能够施用权力以反对其意志而不失为正当，其唯一的目的就在于防止危害他人。"④ 密尔把社会控制和个人自由之间的界限概括为伤害原则：个人的行为只要不涉及自身以外什么人的利害，个人就不必向社会负责交代；关于对他人利益有害的行为，个人则应当负责交代，并且还应当承受或是社会的或是法律的惩罚，假如社会的意见认为需要用这种或那种惩罚来保护它自己的话。⑤

这一原则也被应用于生育权冲突领域。笔者主张将损害区分为：第一，对孩子的潜在伤害；第二，对他人（除孩子外具体的个体）的潜在伤害；第三，对社会的潜在伤害。其中对社会的伤害可以直接认定是与公共利益冲突，而对孩子和他人的伤害间接地涉及公共利益。

---

① 《马克思恩格斯全集》，人民出版社 1956 年版，第 178 页。

② 刘作翔：《权利冲突的几个理论问题》，《中国法学》2000 年第 2 期。

③ ［美］罗纳德·德沃金：《认真对待权利》，信春鹰等译，中国大百科全书出版社 1998 年版，第 255 页。

④ ［美］博登海默：《法理学——法律哲学与法律方法》，邓正来译，中国政法大学出版社 1991 年版，第 108 页。

⑤ ［英］约翰·密尔：《论自由》，程崇华译，商务印书馆 1959 年版，第 102 页。

笔者认为规制生殖技术应用的立法，要注重以下几项原则：

一　医疗需要原则

辅助生殖的实质是用人工辅助手段替代自然生殖的一部分或全部。也就是说，辅助生殖是打破自然生殖的一种人类繁衍方式。

这样一来，辅助生殖是否具有伦理上的正当性就成为考察辅助生殖技术首先要解决的基本问题。关于该问题，国内外学者存在很大争议。拉姆西（Ramse）等人认为辅助生殖把爱情的地位排除在外，势必会抑制夫妻之间感情的发展，它切断了婚姻与生儿育女之间的联系，把生儿育女变成了配种，并把夫妻之间性的结合分开，将家庭的神圣殿堂变成一个生物实验室，从而破坏了婚姻关系，是有悖人道的。尤其是使用第三者的供精的人工授精，实际上与通奸致孕无异。与此持相反观点的弗莱彻（Fletcher）则认为，婚姻是由爱情培养的人与人的关系，其中起主要作用的不是性的垄断，而是彼此间的爱情和对儿女的照料。对于许多无子女的夫妇，人工授精是促进爱情的行动。[①]

辅助生殖的出现客观上给那些身患不孕不育症的家庭带来了希望，在现代社会中，它已成为治疗不孕不育症患者的一个最重要手段，并同时也成为保持婚姻家庭和谐的一个重要手段。尽管在客观上，辅助生殖技术存在被滥用以致给整个人类社会造成危害的可能性，但辅助生殖技术本身是中性的，它本身并无善恶之分。正如爱因斯坦所指出的："科学是一种强有力的工具。怎样用它，究竟是给人类带来幸福还是灾难，全取决于人自己，而不取决于工具。"[②]

我们不能因为辅助生殖技术存在被滥用的可能而因噎废食，从伦理上否定其存在的正当性。否则，我们将会否定一切科技进步的成果——因为任何科学技术的进步都会带来一定的负面效应，客观上都存在被滥用以致危害人类社会的可能。因此，辅助生殖行为本质上并不违背人类伦理，反而应当受到伦理的肯定与认可，尤其是其在被用于治疗不孕不育的情

---

① 康均心主编：《人类生死与刑事法律改革》，中国人民公安大学出版社 2005 年版，第 65—66 页。

② ［美］爱因斯坦：《爱因斯坦文集》（第 3 卷），许良英等译，商务印书馆 1979 年版，第 56 页。

况下。①

《人类辅助生殖技术管理办法》第三条规定："人类辅助生殖技术的应用应当在医疗机构中进行，以医疗为目的，并符合国家计划生育政策、伦理原则和有关法律规定。"此法明确将辅助生殖技术的应用限制在医疗目的。也即说只有基于医疗需要，才能够使用辅助生殖技术，其他非医疗需要的使用是法律所禁止的。

人工生殖技术的初衷是作为自然生殖之不足的补充或矫正，它是在不得已情况下所实施的医疗行为。因此，本着满足个体愿望和维护社会利益的双重目的，对人工生殖在审核管理上必须给予严格的条件限制，统一规定人工生殖必须具备和应该禁止的各项要件，使其限于一种非常态的有限使用。

实施人工生殖必须满足医学上的适应征，即必须是一方或双方患有不育症经治疗无效或者患有先天性、遗传性疾病不适宜自然生殖，此类技术使用限于对不育者的救治和消极优生。只有符合此条件，并经指定医疗机构检查证明，才能使用人工辅助生殖技术。我国台湾《人工生殖法》规定，夫妻申请接受人工生殖服务须符合以下情形：（1）经依法规定实施检查及评估结果（包括一般心理及生理状况检查、家族病史的检查、有碍生育之疾病的检查等），适合接受人工生殖；（2）夫妻一方经诊断患不孕症，或患主管机关公告之重大遗传性疾病，经由自然生育显有生育异常子女之虞。在自身可以生育的情况下使用代孕技术，就是一种非医疗需要的操作，违背了辅助生殖技术的初衷。2010年初广州一富商，借助试管婴儿技术孕育的8个胚胎竟然全部成功，富商夫妇最终找来两位代孕妈妈，再加上自身共3个子宫，借助试管婴儿技术，采用2+3+3队形在2010年9、10月份前后一个月的时间内先后诞下4男4女八胞胎。② 这是典型的滥用技术。这种对人工技术的滥用，不但有违自然法则，也极容易扭曲人性的价值观，这种行为会伤害社会的既有秩序。

对于医疗需要原则的一个例外是节育技术的使用。节育技术的研发和使用过多是出于社会的而非医疗的需要。在我国实行强制的计划生育政策，节育是法律的要求而不一定是身体健康的需要。在没有实行强制计划

---

① 刘长秋：《人类辅助生殖技术的刑法学思考》，《东方法学》2008年第2期。

② 《广州富豪代孕生下八胞胎》，2012年3月22日 http://news.ifeng.zom/soziety/spezial/babaotai/。

生育的国家，民众也有自己的计划生育主张，因而节育往往是自身基于种种考虑的选择，纯粹医学需要的节育反而只占很小的比例。

在确定医疗需要的大前提下，其他的问题不妨尊重科技的本质特征，借鉴他国的合理做法来进行规制。笔者窃以为，在立法时，以下几点需予以考虑：一是全球协调性原则。即相关立法的标准，应尽可能地追求全球一致，这是由科技本身的特点决定的，因为科技是无国界的，生殖科技也是如此。我国应在研究外国及国际立法的基础上，借鉴他们先进的、科学的做法为我所用。在此前提下，应力求与国际标准的统一，避免因法律制度的歧义而阻碍贸易交往的发展。有些方面，国外已有成功的立法，可供我们研究学习与借鉴。譬如胚胎研究的期限限制、生殖性克隆研究的禁止、非生殖性克隆研究的许可等。二是技术中立性原则。科技本身是一个不断发展的事物，技术也很少有固定的范畴，因此相关的立法必须把握科技的这种特性，在立法时，一方面要做到法律相对的确定性与可预见性，同时要保持技术的中立性、体系的开放性，以便能够赶得上科技的发展。例如美国在制定数字签名法时，各州规定不一，而那些规定了必须采用某种具体技术的立法大都受到了批评。因为它存在至少两种风险。一种是将未成熟的技术规定下来，让民众承担了过多风险；另一种是滞延了及时将成熟技术及早规定下来，从而不能让公众及时收益。我国在制定相关立法时，可以借鉴技术非特定化的方案，不规定采用何种技术及具体的技术标准，而只对应达到的要求加以规定，以保持技术的中立性，避免妨碍技术进步及承受不必要的压力。如不孕者选择使用何种生殖技术、减胎术中应保留几胎，绝育采用何种方法。这些不妨交给个体选择，而不要强行规定必须使用节育环避孕、必须采取结扎方式绝育等。这些既不利于维护主体身体健康和身心自由，也不利于科学技术发展，弊大于利。

二　负担衡量原则

负担衡量是利益衡量的一种方式，只是它不是单纯比较各方权利实现可能带来的利益，而是更注重比较否认各方权利主张可能产生的损害，选择产生较小损害的方式来解决权利冲突。美国法院在大卫诉大卫案（David v Dacid）中发展出了负担衡量原则。[①] 在生殖技术使用问题上，个人

---

① ［美］艾伦·艾德曼、卡洛琳·肯尼迪：《隐私的权利》，吴懿婷译，当代世界出版社2003 年版，第 86 页。

权利和公共利益既有契合也有冲突。立法对此的规制，往往是平衡个人利益和公共利益的结果。

所谓利益衡量或利益平衡（balance of interest），是指在相互冲突的权利和利益之间调和，以达到利益的平衡、实现公平正义。① 利益衡量理论最初是用于解释法官司法的，法官在司法中的利益衡量可说是带着镣铐跳舞，需要依据一定的权利位阶和价值秩序进行判断。例如德国法院在侵犯一般人格权的案件中认为，"不法性必须依靠利益衡量的方法建立在个案判断的基础上"②。现在则认为利益衡量不仅仅是一项司法原则，也是立法原则。③

利益衡量已被诸多学者确认为平衡权利冲突的重要立法原则和裁判方法，并被一些立法所认可。但正如已多有论者提及的那样，功利主义原则最大的不足正在于其不能在每一种情况下都符合正义原则的要求——罗尔斯就明确指出，"根据功利主义原则，就没有理由否认一部分人数额更大的收益能够弥补另一部分人数额更小的损失；或者更进一步说，其也不否认对少数者自由的侵犯能因另一些人的更大收益而被视为正当。然而，至少在人类文明发展到某种合理程度时，多数者利益只在极少数情况下是通过这样的方式满足的"。正如为弥补多数主义（民主集中制）之不足，在学界提出了少数主义原则，强调少数人利益保护。为避免利益衡量原则应用所带来的不正义，在实践中也需运用负担衡量原则来修正。如《葡萄牙民法典》第335条规定，在同等或者类似的权利发生冲突时，受益人必须将自己的权利放弃到同样尊重所有他人之权利而不对他方造成重大损害的程度。④ 负担衡量原则不是对利益衡量原则的颠覆，而只是对以效率为导向的利益衡量原则的充实或修正。

笔者以为，利益衡量原则主要体现效率价值，在经济领域广为应用有其重要意义；而负担衡量原则主要体现公平价值，在人身权领域，公正而非效率是法律更应注重的价值。而人工生殖技术应用中的冲突，与当事人的生育权、私生活权⑤、生命权、健康权等密切相关。在有人工生殖技术

---

① 梁慧星：《自由心证与自由裁量》，中国法制出版社2000年版，第178页。
② 王利明：《人格权法研究》，中国人民大学出版社2005年版，第213页。
③ 张斌：《现代立法中利益衡量基本理论初论》，《国家检察官学院学报》2004年第6期。
④ 同上。
⑤ 徐国栋：《出生与权利——权力冲突》，《东方法学》2009年第2期。

应用的立法规制和司法裁判中，应着重使用负担衡量而非利益衡量原则。

生命的无价性使得涉及生殖的利益衡量可能变成一边倒的难以平衡状态。生育的主张在利益衡量中将会压倒不生育的主张，使得利益衡量失去意义。笔者以为在立法和司法中，用负担衡量的方式解决生育权冲突都是比较适宜的，比一般的利益衡量更为妥帖。一般的利益衡量是通过比较双方的损害和收益来决定取舍的；但是在生育权冲突中可能就不那么妥当。因为如果比较权利行使的积极价值，那么主张生育者的生育权行使往往意味着一条健康鲜活的生命，而基于生命的至高价值，其他任何价值都无法与之对抗；那么衡量的结果可能就是生育的主张永远优先于不生育的主张。执行的结果就是不生育权的沦丧。但是如果仅仅或着重考虑权利行使产生的损害或负担，那么对双方的权利就可能更客观地对待。例如在大卫诉大卫案中，法院判定根据丈夫路易斯的证词和生命经验，他不愿为人父的负担大于妻子玛丽不能捐献准胚胎给其他夫妇的负担，据此支持了丈夫的请求。法院衡量双方负担，认为如果支持玛丽的主张，路易斯就会永久丧失他不为人父的权利，而依据他在离异家庭成长的经历，这将成为他的一个沉重负担，没有可救济的方式。而如果支持路易斯的请求，玛丽虽然暂时失去了成为母亲或使他人为父母的机会（捐赠胚胎），但是理论上她的权利只是暂时实现不能，以后仍有机会实现，她的负担要小于路易斯的负担。而这样解决是比较妥当的，符合权利冲突协调的最小损害规则。

在衡量负担时，笔者以为应把握以下要素：

第一，负担的性质。如果是同类的负担，特别是都是经济负担时，问题可能就简单明了许多。但如果是不同性质的负担，衡量就需要更多因素来决定。高位阶的权利需要给予更多重视。正如查尔斯·泰勒所言，"因为我们是有目的性的存在，因此我们必须辨别不同目标的重要性，然后在此基础上辨别不同自由的重要性"①。

第二，负担的救济。有些负担是可以有效救济的，如经济负担。有些是可以替代补偿的，如一些人身损害。还有些则是无从救济的，如大卫案中丈夫被强迫成为父亲的负担就是无法救济的。无法救济的负担是司法应尽力避免的。

第三，负担的实现可能性，发生的几率。例如在节育措施的选择上，

---

① ［英］F. A. 哈耶克：《自由秩序原理》，邓正来译，三联书店1997年版，第160页。

一些政府部门要求民众采取带环的方式避孕，一些则要求结扎的方式避孕。两者带来的负担是不同的。前者的可逆性较强，导致最终实质不育的负担较小。而后者最终导致不育的风险极高，几乎不具有可逆性。从负担衡量的角度考虑，显然带环的负担小于结扎的负担。

第四，负担是否可归责于对方当事人，对方当事人对负担形成的作用力。如果一方的负担部分是对方的原因造成的，那么这个因素就需要重视，可能成为压倒对方的有力证据。如一起案件中，女方在男方"要结婚就先结扎"的要求下作了结扎手术，丧失了生育能力。这时女方的负担部分的归因于男方的要求。法院最后判决男方需对此承担一定责任。

第五，当事人主张权利的深层动机。例如同样是不想生育，但是一位父亲是基于避免孩子在单亲家庭成长的考虑；而另一位父亲是因为不想负担抚养费的缘故。显然两者应区别对待。

三 少数主义原则

价值判断，归根到底是一种价值观的判断，是对不同的道德观进行评判。博登海默说："先进的法律制度往往倾向于限制价值论推理在司法过程中的适用范围，因为以主观的司法价值偏爱为基础的判决，通常要比以正式或非正式的社会规范为基础的判决表现出更大程度的不确定性和不可预见性。"[1] 但是在立法领域，进行价值判断无疑是所有法律的首要目标，却也是相当艰巨的任务。生育权的冲突中，不乏价值冲突的因素。因此在生育权的冲突配置中，也无法回避价值判断。主流的生育价值观与非主流的生育价值观之间的歧义、冲突势必要在立法中寻求解决的方案。这种主流与非主流的生育价值观冲突在形式上可能会表现为多数人与少数人的冲突。

根据典型的功利主义原则，只要增加的权利之总额大于克减的权利之总额，就应该选择增加多数者权利而牺牲少数者权利。正如许多论述提及的那样，功利主义原则最大的不足在于其不能在每一种情况下都符合正义原则的要求。功利主义的非正义性可以通过一个极端的假设来证明：假如杀死一个无辜的人可以拯救全世界，道德的天平或许会摇摆；但是功利主义的砝码却绝对会选择杀死这个无辜者。假如杀死一个无辜的人可以增加

---

[1] ［美］博登海默：《法理学——法律哲学和法律方法》，邓正来译，中国政法人学出版社1999年版，第504页。

全世界 10% 的福利呢？功利主义也会证明杀死无辜者是正确的，但是正义原则是不会支持这种选择的。因此，对生育权冲突的配置不能简单地通过利益衡量决定，还必须考虑少数主义原则。

何谓少数主义原则？简单说来，即在形式民主制度（即少数服从多数制度）的基础上，为最大限度地体现平等原则而在符合正义要求的范围内尽可能地对少数者权利进行保障的一组原则。[①] 少数主义原则不是作为现有民主原则的替代者面目出现的，而是针对民主原则之如何解决"兼顾少数人利益"问题所提出的一个关于民主原则的补充性原则。

在生育权冲突配置问题上，坚持少数主义原则，既是法律基本价值——公平的体现，也是法律在道德价值判断上保持宽容的要求。在立法上应关注少数群体的利益和权利，在不危及社会秩序的前提下，使他们享有与多数人同等的地位和机会，享有个人选择的自由，是法律基本价值的要求。"作为法律的首要目的的，恰恰是秩序、公平和个人自由这三个基本的价值。"[②] 北美知名生命伦理学家恩格尔哈特在其代表作《生命伦理学的基础》中提出，应以允许原则作为后现代生命伦理学的基础，从而解决道德异乡人（moral stranger）的共处问题。恩氏主张，在一个世俗的多元化的社会中，任何不涉及别人的行动，别人都无权干涉，而涉及别人的行动则必须得到别人的允许。对于道德异乡人，不能适用儒家的教条"己所不欲，勿施与人"；也不能实行基督教的教义"己所欲者，方施于人"；而只能适用允许原则"人所欲者，方施于人"。允许原则作为当代生命伦理学中影响较大的一个学说自然有其积极意义，它促使人们去正视道德多元化的现实、去关注处于不同道德体系的个体们的自主权。我国的差别化的民族生育政策，应该说就是尊重民族群众多元生育文化和不同生育意愿的体现。由于生育的公共性，法律对此不可能完全放任主体随心所欲地行事；差别化的立法基础正是多元化的道德，它体现了立法者对多元道德及不同主体自主选择权利的尊重。

对少数不育人群，少数未婚人群[③]、少数智障人群等，在生育权立法

---

① 黄金兰等：《权利冲突中的少数主义原则》，《北京行政学院学报》2004 年第 5 期。

② ［英］彼得·斯坦、约翰·香德：《西方社会的法律价值》，王献平译，中国人民公安大学出版社 1990 年版，第 3—4 页。

③ 本书所使用的独身者指处于婚姻之外者，包括处于未婚、丧偶、离异、非婚同居等状态的人士。

配置时，不能简单地通过利益衡量，认为这些人是少数，就可以对其权利随便加以限制甚至剥夺。例如在卫生部颁布禁止代孕的规定时，给出的公开理由之一是"真正必须通过代孕才能实现生育的人很少，对此禁止影响不大"。代孕应否允许可以讨论，但是以涉及人数少为由加以禁止显然是站不住脚的，是对少数人权利的践踏。

在法律上认可少数人不同于大多数人的选择，是法律对价值冲突保持宽容的体现。考夫曼曾言："为了能够掌握未来的任务，我们必须对新事物保持开放的态度。此种对于不同的事物与新事物原则上开放的态度，以及研究未知事物的开放态度，吾人称之为宽容。"[①] 有人说过，一名平庸的法官也可以依据法律作出正确的判断；但是最高明的道德家也无法对冲突的道德作出对或错的评判。所以法律应避免轻率的价值判断，而宜保持道德宽容。彼得·斯坦和约翰·香德认为，"在价值体系的另一端，是那些法律所无能为力的内容，例如仁慈、爱，等，基本上属于'超法律'的价值"[②]。在价值判断中，虽然生育与仁慈、爱等关系密切，但是法律所能做的，仍是有限的。在生育权冲突的配置中，所应考虑的主要还是秩序、公平、自由这些基本法律价值。对于超法律的价值，不是法律所能达成的。例如一些学者反对非婚生育，认为一个妇女如果没有能力爱上一个人并与之缔结婚姻，那么能否爱护和照顾好孩子也值得质疑。这里就涉及"爱"，而这属于"超法律"的价值，是法律无能为力的，反驳上述言论者指出即使在婚内生育的孩子，法律也无法保障他一定会获得父爱或母爱。因此在立法中也应尽量避免对超越法律的价值进行评价。

四　权利均衡原则

研究权利冲突的学者认为，限制权利要符合比例原则，也称权利均衡原则。所谓比例原则是指限制权利的行为，其目的和所采取的手段之间必须符合一定的比例。比例原则本身又包含三个次要的原则，即妥当性原则、必要性原则和比例原则。妥当性原则是指一个限制权利行为的手段可以达到限制权利的目的。这个原则是一种目的性原则，即使只有部分程度地达到目的，也可以是妥当的。必要性原则是指在符合妥当性原则后，在

---

① ［德］考夫曼：《法律哲学》，刘幸义等译，法律出版社2004年版，第438页。

② ［英］彼得·斯坦、约翰·香德：《西方社会的法律价值》，王献平译，中国人民公安大学出版社1990年版，第3—4页。

所有能够达到行为目的的方式中，必须选择最少侵害的方法，即在符合行为目的的前提下，行为者应该选择侵害最轻的方法。比例性原则，是指一个限制权利的行为虽然是必要的，但是不能给权利主体带来过度的负担。①

　　生殖自由与公共利益的冲突，其内涵复杂，冲突的配置，也无法一蹴而就。上述立法的原则还需斟酌，更多的任务留给了司法。在权利冲突时，到底何种权利优先，他种权利受限制到何种程度为宜，是需要根据个案衡量的。权利冲突的解决途径中，司法往往具有较立法更为重要的意义。因为如果立法能够完全清晰地分配权利，则权利冲突在理论上将得到最大限度的避免。但诚如拉仑茨所言："司法裁判适用此方法的范围之所以这么大，主要归因于权利之构成要件欠缺清晰的界限。权利也好，原则也好，假使其界限不能一次确定，而毋宁多少是开放的和具有流动性的，其彼此就特别容易发生冲突。因其效力范围无法自始确定，一旦冲突发生，为重建法律和平状态，或者一种权利必须向另一种权利（或有关的利益）让步，或者两者在某一程度上必须各自让步。"② 而这就需要法官在个案裁判中去平衡。

---

① 葛明珍：《权利冲突论》，博士学位论文，中国社科院，2004 年，第 60 页。

② ［德］卡尔·拉仑茨：《法学方法论》，陈爱娥译，商务印书馆 2003 年版，第 313 页。

出生不是一个"自然"，而是一个严格处于法律干预下的"人文"。

——徐国栋

第二章 助育技术应用的法律规制

助孕技术，简而言之就是帮助人怀孕生育的技术，它是人工辅助生殖技术（assisted reproductive technology，ART）的核心内容。有的学者将人工生殖技术直接定义为助育技术，如张伟认为"所谓人工生殖技术，它是指不同于人类传统基于两性性爱的自然生育过程，而是根据生物遗传工程理论，采用人工方法取出精子或卵子，然后用人工方法将精子、受精卵或胚胎注入妇女子宫内，使其受孕的一种新生殖技术"①。助孕技术包括体内人工授精、体外人工授精—移植两大类，其中又可以分解为配子提取技术，即取得精子和卵子的技术，胚胎体外培育技术和配子或胚胎植入手术。

人工授精（Artificial insemination，AI）是较传统和应用历史较长的一项成熟技术，它是指采用人工方法而不是自然交配方法，将精液输入雌性的子宫或子宫颈的受精过程。人工体外授精（In Vitro Fertilization，简称IVF），又称人工授精（artificial fertilization），是指用人工方法将取出的精子和卵子置于含有特定营养液的培养皿中受精，然后待受精卵分裂成有4—8个细胞的早期胚胎后，再植入母体的子宫内着床、妊娠至分娩的一种生殖技术。② 依此方法而生育的子女即被称为"试管婴儿"。从1978年7月25日，世界上第一例试管婴儿成功地降临在英国爱华德医院，至今，短短20多年中，全世界已有25万试管婴儿。从此，这项技术在欧洲及世界范围内展开。1980年6月澳大利亚、1981年12月美国、1983年10月

① 张伟：《人工生育子女法律地位初探——兼议未来克隆人技术引起的法律难题》，《当代法学》2003年第6期。

② 谈大正：《生命法学导论》，上海人民出版社2005年版，第75页。

日本首例试管婴儿诞生。1985 年 4 月我国台湾及 1986 年 12 月香港也出生了试管婴儿。我国大陆地区第 1 例试管婴儿于 1988 年 3 月 10 日诞生。[①] 现在全国经批准开展人类辅助生殖技术和设置人类精子库机构的机构有 356 家。[②]

三十多年来，辅助生殖技术经历了迅速发展，变化显著由 IVF-ET 派生出许多新的人工生殖技术。一是配子提取，特别是卵子提取技术进步。如新式排卵针的诞生，超级排卵方式的改良，经阴道超音波取卵技术的使用；二是体外受精技术的重大突破。如单精子卵细胞浆内显微技术，胚胎植入前遗传学诊断，甚至卵浆置换技术、冻融胚胎移植技术、体外培养技术；三是胚胎植入方式的改变等。

生殖科技日新月异，各项技术已日趋成熟。但是这些技术的应用如何规制，却还留有诸多问题。有人描述这种情形，说"每一次技术上的突破都是科学打头阵，市场紧跟其后，政府往往被远远抛在后面"。作为生命科学的一个部分，辅助生殖技术也是把"双刃剑"——既给人们带来了新生的希望，给无数家庭带来了幸福；也改变了人类生育的自然过程，使得人类的生殖从时间和空间上脱离了人体，对人类原有的社会伦理观念产生了巨大的冲击。

第一节　生命遗传物质位格的法律规制

一　生命遗传物质概述

生命遗传物质包括生殖细胞、配子、准胚胎。

生殖细胞（germ cell），也被称作性细胞或配子（gamete），是多细胞生物体内能繁殖后代的细胞的总称。雄性配子，即精子（sperm）；雌性配子，被称作卵细胞、卵子（egg）。两性生殖细胞通过配子结合产生合子（cytula）。胚胎（embryo）则专门针对有性生殖而言，是指雄性生殖细胞和雌性生殖细胞结合成为合子之后，经过多次细胞分裂和细胞分化后

---

①　张翠莲：《试管婴儿技术的国内外发展概况及展望》，《河南医学研究》2001 年第 1 期。符淳、林秋华：《试管婴儿的发展及相关问题》，《医学与社会》2002 年第 6 期。

②　卫生部：《2012 中国卫生统计年鉴》，2014 年 1 月 22 日，http：//www.nhfpc.gov.cn/zhuzhan/sjcx/201303/3702dc9231c546398d99e7eda44f435f.shtml。

形成的有发育成生物成体的能力的雏体。一般来说，卵子在受精后的两周内称孕卵、或受精卵、或准胚胎、前胚胎（pre-embryo）；受精后的第3—8周称为胚胎。

相较于其他现代人工生殖技术，人工授精技术是起步最早的。据学者研究，世界上第一次人工授精技术的应用发生在1770年，英国的亨特（Hunter）医生将一尿道下裂患者的精液置入患者妻子的阴道而使其受孕。① 世界上已公布的第一列捐精人工授精发生在1884年美国费城。威廉·潘科斯特（William Pancoast）医生采用一位捐赠者的精子使一位无精子症男子妻子受孕。②

冻融胚胎移植技术（Frozen-thawed embryo transfer，FET）是将在"试管婴儿"取卵治疗周期中，剩余的胚胎或因某些原因不能进行新鲜胚胎移植时，符合冷冻保存标准质量的好胚胎低温保存的技术。目的是为了使助孕技术失败的患者，在以后的治疗周期中不再诱发排卵，仅通过移植解冻的胚胎而使其获得妊娠。这不仅可以最大限度地利用胚胎，增加妊娠机会，而且可以避免再次促排卵治疗和取卵手术给患者带来的痛苦及风险，同时还大大降低了治疗费用。将新鲜胚胎移植周期中多余的胚胎冻存，在适当的时候将胚胎解冻再植入子宫，提高了累积妊娠率。1953年，美国阿肯色大学医学中心的舍曼（Sherman）用液氮冷冻过的精液进行人工授精获得成功，为该技术的广泛应用奠定了基础。目前，胚胎的冰冻与复苏已成为ART常规技术之一。

生殖技术的发展、应用离不开精子、卵子、合子及准胚胎、胚胎。法律要对其进行规制，那么首先需要界定上述对象的法律地位，确定其在法律关系中的位置。当然，存在于人体内的遗传物质由于和人身的一体性，依照法律应视为主体身体之组成部分（胎儿的地位稍微特殊，容后再议）。此处所议，均为与人体分离之遗传物质或遗传物质结合形成之准胚胎。生殖技术的发展使生育的进程可部分地与主体分离。

分离出来的精子、卵子以及合子，其法律地位如何界定？现实中已经发生一些问题，亟待法律调整。报道显示，目前，武汉市有5家存有冷冻胚胎的医院，即同济医院、协和医院、武汉大学人民医院、武汉大学中南医院、湖北省妇幼保健院。这些机构累积的冷冻胚胎已有近3万个。但因

① 赵卯生等：《医学法学概论》，中国物资出版社2003年版，第317页
② 李善国、倪正茂等：《辅助生殖技术法研究》，法律出版社2005年版，第6页。

为各种原因，部分冷冻胚胎渐被父母"遗忘"，保守估计，数量有近万之多。因为缺乏相关处理法规，医院陷入了两难境地：如果继续保存，就不得不自掏腰包；如果丢弃，出于伦理、人情等方面的考虑，院方又舍不得。①

二　配子的法律地位界定

传统民法一直采取"人—物"二元论的划分方法，把人及人的各部分包括活体器官界定为主体或主体的组成部分，认为人对其身体的支配属于人身权，而不属于财产权。人之外的存在则界定为物。人的身体作为人的主观意志依存于支配的对象，直接与主体合一。然而，科学技术的发展和进步对传统的物权法理论提出了挑战，"身体之某一部分，一旦与人身分离，应视为物。这并非对物之客观实在性的打破，相反是随着社会的发展，物之客观实在性有限度地涉及人身权所导致的新兴财产法的现象"②。那么，作为与人身分离的精子、卵子能否被视为"物"？

虽然一度有人认为精子、卵子都具备发育成人类生命的可能性，因而应被作为生命对待。但是由于这些物质实际上只有其中极少的一部分才幸运地得以发育成为人，而绝大部分都难以避免被遗弃和淘汰的命运，因而"视其为人"的做法不符合实际。正如鸡蛋虽具备发育为小鸡之可能性，但鸡蛋毕竟不是小鸡。

精子、卵子等遗传物质，与人的血液、器官等一样来自于人身，因而似乎可参照传统法律中对器官的规定同样对待。传统民法认为自愿与人体分离的部分构成民法中的物。王利明先生主持的中国民法典草案建议稿第128 条第2 款中规定："自然人的器官、血液、骨髓、组织、精子、卵子等，以不违背公共秩序与善良风俗为限，可以作为物。"梁慧星先生主持的中国民法典草案建议稿第94 条第3 款中也规定："自然人的器官、血液、骨髓、组织、精子、卵子等，以不违背公共秩序与善良风俗为限，可以成为民事权利的客体。"由此可见，学界倾向于将与人身分离的精子、卵子界定为物。

①　高琛琛、刘蔚丹图文：《武汉近万个试管婴儿胚胎被父母遗忘》，2013 年5 月26 日，http://hb. qq. com/a/20120322/001296_ 1. html。

②　费艳颖、范青：《物权之特殊客体——人体器官和遗体的法律规制》，《大连海事大学学报》（社会科学版）2004 年第12 期。

而我国人工生殖管理办法、精子库管理规定等法律允许一定条件下的精子、卵子捐赠，实际上也视其为物。当然此物非一般物，而是生命遗传物质，为表示对生命的尊重和人类尊严的维护，对其需予以特别对待。即如学者建议，对其利用以符合公序良俗为要。

三 准胚胎的法律地位厘定

何谓准胚胎？根据英国的 Warnock 报告，它把非性交生殖条件下出生前的生命发展分为三个阶段：第一是准胚胎阶段（或受精卵阶段）。准胚胎指处于分裂过程中的细胞，它只有 1/10 毫米大；第二是胚胎阶段；第三阶段是胎儿。第一阶段是完成植入前的阶段，持续大约 14 天，这是受精卵可以在试管内保存的极限。这一天数具有重要意义：首先，14 天后准胚胎会形成神经冠，在形成神经冠之前，准胚胎没有痛感，对操作它们的行为没有感觉。其次，须在这一天数前完成植入。最后，由于胚胎在 14 天前尚在分裂，例如分裂成双胞胎，准胚胎因而不能被视为人类个体。第二阶段从受精卵植入开始至以后的两个半月，其间，发育出脑和心、身体的结构，如头、躯干和四肢等。第三阶段从受孕两个半月开始到完成分娩，胚胎具有人的外形和成型的器官，保障在分娩后能够存活。2007 年 9 月 5 日，英国"人工授精与胚胎学管理局"（HFEA）通过了一项法案，规定胚胎进行的研究必须在发育第 14 天之前销毁。

准胚胎法律地位如何界定，徐国栋先生在《体外受精胎胚的法律地位研究》一文中系统探讨了这一问题，介绍了当前存在的三种学说和法例。[①]

（一）相关学说

1. 客体说

客体说把受精胚胎看作不同权利的客体，又分为财产说和私生活利益说两个分支。在财产说的大框架下，一种观点认为受精胚胎是单纯的人体组织，可以由医生任意处理[②]；另一种观点认为受精胚胎是体源财产

---

① 徐国栋：《体外受精胎胚的法律地位研究》，《法制与社会发展》2005 年第 5 期。此部分主要参考该文，特此致谢。另外，徐先生文中多用"胎胚"这一表达，本书改为更为通用的胚胎。

② John Bologna Krentel. "The Louisiana Human Embryo Statute Revisited：Reasonable Recognition and Protection for the in Vitro Fertilized Ovum". Loyoal Law Review，（45），p. 242. 2005.

（Excorporeal property），它受其所有人的意志的控制。① 就财产说的适用，有约克诉琼斯（York v. Jones）一案，其中，弗吉尼亚州法院就把受精胚胎定性为保管合同标的的财产，裁定医疗机构将其保管的此等受精胚胎返还提供配子的夫妇。我国台湾地区法律规定精子在符合下列三个条件时必须销毁：一是精子保存逾十年；二是夫妻一方死亡；三是夫妻已经使用该配子完成活产一胎。显然不是采取主体说。

2. 主体说

主体说把受精胚胎看作法律上的人。此说又分为两支，其一把受精胚胎看作有限的自然人；其二将其看作法人。把胚胎看作特殊自然人的观念是罗马法系的传统内容。《巴西民法典》《阿根廷民法典》延续了这一传统，前者把胎儿看作已经存在的人；后者把胎儿看作即将出生的人。意大利的学说和立法也持有限自然人说。

主体说的另一分支是法人说，《路易斯安那民法典》采用此说。该民法典在其自然人部分纳入了专门规定人类胚胎的法律地位问题的 1986 年第 964 号法律《人类胚胎法》（Human Embryo Statute）。

3. 中介说

由于主体说和客体说各有其缺陷，在它们的基础上产生了中介说，它实际上是折中说。它认为受精胚胎是介于人与物之间的过渡存在，因此应处在既不属于人，也不属于物的"受特别尊敬"的地位。之所以只授予人类胚胎而不授予任何其他人类组织这种地位，乃因为前者具有成长为新生儿的能力。② 美国田纳西州最高法院于 1992 年在 Davis 案判决中的宣称："严格地说，前胚胎既不是'人'，也不是'财产'，只是由于它们有变成人类的可能性而暂时给予特殊的尊重。"③ 同时，该判决也认为夫妻"有占有权和某种程度上对前胚胎的处置权，当然是在允许的范围之内"。西班牙宪法法院在 1996 年的第 212 号判决和 1999 年的第 116 号判决中也持此说：必须承认人类胚胎的单一价值并予以尊重，但认为它们并未达到

---

① Kevin U. Stephens, Sr., M. D. "Reproductive Capacity: What does the Embryo Get", *Southern University Law Review* (24), p. 282. 1996 – 1997.

② Jeremy L. Fetty. "A 'Fertile' Question: Are Contracts regarding the Disposition of Frozen Preembryos Worth the Paper upon Which They are Written?" L. Rew, M. S. U. – D. C. L., p. 1019. 2001.

③ 邓冰、苏益群编译：《大法官的智慧：美国高等法院经典判决选集》，法律出版社 2003 年版，第 82 页。

人的法律地位。中介说往往采用准财产说。徐国栋先生也赞成采用此说。①

（二）地位厘定

中介说的好处是只把受精胚胎看作潜在的而非现实的生命，因而不必像自然人说要求的那样，不顾供体的意图把每个受精胚胎都植入子宫。事实上，只有很少比例的受精胚胎存活的期间长得足以被植入，因此，全部赋予它们自然人地位是不适当的。中介说的上述优点使它颇受欢迎。

笔者以为中介说虽然在形式上维护了人格尊严，表达了对生殖细胞特殊的敬意，但准财产说揭示了其实质。在法律缺乏充足规定的时候，中介物质是参照自然人规则还是财产规则呢？我们对遗体、人体器官的物化和特殊礼遇已经解决了现实中的一些问题。对于遗传物质不妨也参照执行，作为一种特殊物加以对待。只要将其需特别对待之处加以明文规定，予以礼遇，则人格尊严维护足以体现。中介说则可能带来诸多悬而未决的问题，只是一种概念美容。

笔者也不同意徐国栋先生的见解，认为卫生部的规定已经选择了中介说。卫生部颁布的《人类辅助生殖技术管理办法》和《人类辅助生殖技术规范》都严格规定可以实施试管授精手术的医疗机构的资质，明确"禁止以任何形式买卖配子、合子、胚胎"，《规范》禁止对它们进行以生殖为目的的基因操作，还禁止赠送胚胎，以维持这些可能发展为人的材料的非商业性。笔者认为这只是借此维护人的尊严，表明了它们作为特殊物的限制流通性，并不能排除它们是物的可能。《规范》没有像坚持自然人说的立法那样限制受精胚胎的制作数目、剩余胚胎的用途等，并且允许减胎，把"严格遵守国家人口和计划生育法律法规"作为技术人员的一项行为准则，表明了立法选择非主体说。

按照试管婴儿培育过程的不同阶段来界定，准胚胎的地位因植入母体子宫前和植入母体子宫后两个阶段而有所不同。在植入母体子宫前，可以将其界定为物，也可不将其界定为物。即使是基于试管婴儿培育之特定目的的生殖细胞，将其界定为物也未为尝不可。但此种物之特殊性显而易见，具备人格象征意义，应予特别礼遇。若将捐献者捐献的生殖细胞定性为其身体之组成部分，基于受精卵的特殊性和血缘关系，该捐献者必然是

---

① 徐国栋：《体外受精胚胎的法律地位研究》，《法制与社会发展》2005 年第 5 期。

该试管婴儿的父亲或母亲，而恰恰相反的是，捐献者往往并无对试管婴儿承担法律义务的意愿。因此不宜将其定性为供者身体之组成部分，而应将其定性为物更为妥当。

而在植入母体后，应将其视母体之组成部分待之更为适宜。由于试管婴儿培育的特殊性，胚胎一旦植入母体后，即应视为母体之组成部分，一般常理认为，移植后的机体应归属于接受机体者，而不能再由出让机体者控制和支配，即供者不再享有所有权。

四　胚胎与胎儿的法律地位确定

按照沃诺克报告，胚胎是指从受精卵植入开始至以后的两个半月；其间，发育出脑和心、身体的结构、头、躯干和四肢等。胎儿则是指从受孕两个半月开始到完成分娩，胎儿具有人的外形和成型的器官保障、在分娩后能够存活。国内的学术研究不是特别区分二者，对胎儿的法律地位或采取有限主体说，或采取母亲身体说。

然笔者以为这种区分有显著意义。对于胚胎，可界定为母亲身体的组成部分；对于胎儿，宜认定为有限主体。依据罗伊案创设的"三阶段论"，随着胎儿的发育，其利益逐渐增加，对母体的限制逐渐增强，至胎儿可以体外存活时，国家保护未来公民的利益压倒孕母的身体权，得以限制其堕胎。欧美国家多允许怀孕前十周的堕胎，其后则严格限制。我国对于堕胎采取放任主义，但晚期堕胎近年来颇受争议，有多起报道因晚期堕胎而产下活体婴儿事例，其对妇女健康伤害较大，对产下活体婴儿的受损更是失于举措；在伦理上也易招来谴责，法律被指残忍，医师被指违反职业道德成为"刽子手"；美国曾讨论相关立法，草拟"禁止临产前堕胎法"但不幸未能通过。如果能够区别对待，立法可以顺势出台，将堕胎事件加以限制，兼顾胎儿和孕妇利益，平衡相关伦理争议，更好地维护妇女健康和社会伦理。

第二节　生命遗传物质流转的法律规制

一　生命遗传物质捐献的法律规制

无论采用何种人工生殖技术，医师和患者首先面临的是解决配子来源问题。对于那些男女双方都具备健康的配子的受术者而言，自然可以采用自己的配子来进行手术。但是对于不具备健康配子的受术者以及单方（如单身妇女）受术者或同性恋受术者而言，配子的来源就是必须要解决的先决问题。

（一）捐献者的条件规制

1. 精子捐献者的资格

精子捐献是人工授精中精子获取的重要途径。根据世界卫生组织的统计，婚后一年以上未采取任何避孕措施而未孕的约占育龄夫妇的 10%，其中一部分男性可能具有严重的生精障碍或有遗传疾病不能生育下一代。他们只有通过精子库获得合格精液才能满足生育子代的梦想，世卫组织因此宣称供精是一种人道主义行为。人类精子库应运而生，它是专门以治疗不育症以及预防遗传病等为目的，利用超低温冷冻技术，采集、检测、保存和提供精子的机构。截至 2012 年 1 月，我国共建立 14 家人类精子库。

依据卫生部颁布的《人类精子库基本标准和技术规范》第三条规定，"精子的采集和提供应当遵守当事人自愿和符合社会伦理原则。任何单位和个人不得以营利为目的进行精子的采集与提供活动"。这一规定确定了精子自愿捐献原则，排除了精子买卖的合法性。该法规定："供精者应当是年龄在 22—45 周岁的健康男性。""人类精子库应当对供精者进行健康检查和严格筛选，不得采集有下列情况之一的人员的精液：（一）有遗传病家族史或者患遗传性疾病；（二）精神病患者；（三）传染病患者或者病源携带者；（四）长期接触放射线和有害物质者；（五）精液检查不合格者；（六）其他严重器质性疾病患者。""人类精子库工作人员应当向供精者说明精子的用途、保存方式以及可能带来的社会伦理等问题。人类精子库应当和供精者签署知情同意书。""供精者只能在一个人类精子库中供精。""一个供精者的精子最多只能提供给 5 名妇女受孕。"我国香港特别行政区法律规定供精者年龄不得超过 55 周岁。除了配子将用于本人或其配偶治疗需要，不得向任何未满 18 周岁者提取配子，也不得从不能给予有效同意的人身上提取配子。台湾地区规定捐献精子的年龄为 20—50周岁。同一捐赠人的精子不能同时供两位受术者使用，且有一位手术者手术成功后，就应立即停止使用。

虽然法律对捐精者的条件要求不高，但是由于观念和信息等因素的影响，精子的供应仍难以满足需求。有记者从江苏省人民医院采访获悉，目前该院精子库入不敷出，排队等待精子的夫妻达到了1000对以上。"最起码要等两年才能轮到，现在我们已经不接受登记了。"该库一位负责人向记者透露。"精子紧缺已经不再是纯医学问题，而成为一个社会问题，捐精和捐血已经变得同样重要。"① 上海等多家精子库也面临着同样的问题。

2. 卵子捐献者的资格

需要体外受精的医疗手术，部分是由于妇女缺乏健康的、适宜生殖的卵子引起的。按照卵子的来源不同，人工体外授精可分为自卵体外受精和捐卵体外受精。自卵体外受精指在妇女无法正常体内受精时，利用IVF技术，将取出的妇女的卵子（简称自卵）与精子在体外完成受精后，再将受精卵植回该妇女的子宫妊娠生育。供卵体外受精是指使用第三人捐赠的卵子与精子实施人工体外授精，再将受精卵植入妇女子宫妊娠分娩。后者所需的卵子由其他女性提供，因而涉及捐卵问题。1984年首次报道采用卵子捐赠为卵巢早衰妇女使用IVF-ET技术，获得正常新生儿。② 因此卵巢功能衰竭妇女、遗传性疾病携带的妇女，或反复IVF-ET或ICSI失败者，可以借此技术生育孩子。

卵子的社会需求巨大且增长快速。卵子需求者每年将增长近20%，原因之一是越来越多的妇女把生育期推迟，以至到自己的卵子出现毛病的时候。一项由西方科学家公布的最新研究成果表明，正常女性到30岁就已消耗掉自身约90%的"卵子库存"，"到30岁时，女性的'卵子库存'平均还剩12%，到40岁时，下降到3%"。专家称，做试管婴儿的人群中，女性原因占60%，这意味着，通过试管婴儿方式孕育者中，对"外供"卵子的需求远大于精子。③ 如果依靠成熟卵子的人类克隆成为现实，就需要更多卵子捐献者。

捐卵对于捐献者存在较大风险。就医学角度而言，处女不能捐卵。因为捐卵要做阴道超声波检查，采卵要从阴道进去，必然会破坏女性的处女膜。卵子的使用与精子不同，不可以超低温储存，只能现取现用。因此，所谓的卵子库与骨髓库一样，只是大量捐献志愿者的具体资料而已。不孕

---

① 《南京精子库入不敷出　上千对夫妻排队等精子》，2012年3月14日，http：// news. sohu. com/20090302/n262537111. shtml。

② Lutjen P, Tounson A, Leeton J, etal. "The Establislrment and Embryodonation in a Patient with Primary Ovarian Failure". Nature. 307：174. 1984.

③ 陈波：《卵子捐献风险巨大》，《大学英语》2003年第12期。

者要接受卵子，只有通过对合格对象现场施行手术。捐卵者必须首先提供相关资料并作审核。上述步骤只是预备，最关键的是捐卵者要注射针剂促排卵与手术取卵。促排卵期间，会定期利用 B 超监测捐献者卵泡的发育情况，最后取出卵子。整个取卵过程的完成是通过手术来实现的。大量药物治疗会产生副作用，还存在一种罕见但实际的危险，那就是卵巢可能破裂或遭受无法挽回的损害，甚至会导致心脏病或中风的发作。①

对于卵子的捐赠，世界各国态度不尽相同。韩国于 2005 年通过了一项生物伦理学法律，规定禁止出售卵子，只允许免费捐赠；英国和德国也禁止卵子买卖；有偿提供人体组织在美国、西班牙和俄罗斯是允许的，这些国家的年轻女性甚至通过提供自己的卵子，获得一定的费用。印度日前出台一项规范代孕市场的法律草案，规定代孕妇女不能同时是卵子捐献者，但捐赠者可以是不育夫妇的亲戚，或专门从事代孕的妇女。批评人士说，这项法律草案只会起到鼓励外国人到印度进行"生育旅行"的作用。②

目前我国只有卫生部门对捐卵有明确规定，即只能使用试管婴儿治疗周期未用完的卵子，捐赠卵子者仅限于接受人类辅助生殖治疗周期中取卵的妇女，严禁任何形式的商业化赠卵和供卵行为。"赠卵者本身也必须是需要做试管婴儿的妇女，而且在相关手术中还有多余的卵子，再经其本人同意，才能有合法捐赠的卵子。"③ 相较于捐精者的规定，卫生部的规章基本堵死了合法捐卵的渠道。北医三院生殖医学中心是我国第一个试管婴儿的诞生地。2009 年 7 月，该中心筹建"卵子库"，但却未有一例可供捐献之卵。④ 因为合法的捐献者只是那些使用人工生殖技术而生殖的妇女。这些人往往自顾不暇，难能分出多余的卵子来满足他人需要。香港地区规定捐卵者只能是 35 周岁以下的成年妇女。台湾地区规定捐卵者是 20—40 周岁的妇女。但是卵子使用和精子相同，不能同时供两人使用，若使用者已经成功受孕，则须停止同一捐赠者其他卵子再行使用。若不改变目前立

---

① 陈波：《卵子捐献风险巨大》，《大学英语》2003 年第 12 期。

② 《印度法律草案规定代孕妇女不能同时是卵子捐献者》，2012 年 3 月 13 日，http://www.daiyun. asia/daiyun-falv/441/。

③ 李秋萌：《人类生殖储备库现状调查：卵子捐献者寥寥》，2012 年 3 月 13 日，http://tech. sina. com. cn/d/2012 – 02 – 13/14596716406. shtml。

④ 《卵子库"零供卵"　精子库"保需求"》，2012 年 3 月 14 日，http://www. juanluan. com/post/61. html。

法，需卵者又不打消借此生儿育女的愿望，则只能选择铤而走险，寻求黑市卵子或者生育旅行。

（二）捐献对象的资格要求

配子的捐献，是私人对机构还是私人对私人，这是个问题。

目前各国立法大多认可的是私人对精子库、精子银行、医疗机构的捐赠。1964 年美国就建立了精子库，自精子库在美国诞生以来，在其帮助下出生的孩子已达 15 万人左右。① 我国卫生部颁布的《人类精子库基本标准和技术规范》规定"供精者只能在一个人类精子库中供精"。"一个供精者的精子最多只能提供给 5 名妇女受孕。"捐精人工授精多采用双盲原则。双盲原则是为了更好地保护捐献者和使用者的利益，维护家庭等社会关系的稳定，避免不必要的纠纷。私人间的捐赠则无法坚持上述原则，容易引发纠纷，为法律所不许。由于法律只认可捐赠者对精子库进行捐赠，而不认可个体之间的精子捐赠和交易，因此私人间的交易可能带来法律上的复杂后果。德国《明镜》周刊网站报道了一件离奇的官司：一名男子五年前为一对女同性恋者捐精、让她们生下了孩子，然而由于法律上的漏洞，如今这对女同性恋者竟要求男子承担每月 270 欧元的抚养费。② 这揭示了私人间精子交易和捐赠对提供者的风险。

二　生命遗传物质交易的法律干预

生殖技术的发展与遗传物质的交易几乎同步。目前，精子、卵子、受精卵等的买卖已暗流涌动。

（一）精子交易法律规制

1. 精子交易的现状

我国严禁交易精子，而且精子库不对患者，只对全国各生殖中心供精。到生殖中心接受人工授精或试管婴儿的人必须经过严格诊断，符合人类辅助生殖技术的适应征，且证件齐全。人类精子库会对捐献志愿者提供一定的交通补助、误工费用，数额从数十元至千余元不等。一般来说，做一次人工授精的费用为两三千元，试管婴儿的费用在一万元左右。虽然有

---

① 环球：《揭秘美国"精子银行"》，《今日科苑》2008 年第 11 期。

② 《德国：法律漏洞，精子捐献者要付孩子的抚养费?》，2012 年 3 月 21 日，http：//hi. baidu. com/gzttb/blog/item/143128fd50298e0ba8d311a7. html。

合法来源可获取精子，但是网络披露精子买卖仍有黑市。

2. 精子交易的成因

有合法的精子库，为什么还有人选择高风险的地下黑市？原因主要有三方面。

（1）一些不合乎法定条件的患者（顾客）规避法律对其的限制。Cryos 是位于丹麦奥胡斯的世界最大的精子库之一，其负责人奥勒介绍说："精子就像水，它寻找着自己的道路。没有什么法律条款能阻止它。法律中一再出现漏洞。"虽然官方机构试图为基因交易设定界限，但规定存在国与国的差别。例如，希腊、比利时和挪威允许匿名捐赠，而瑞典、奥地利和瑞士则只允许"坦率的"捐赠。某些国家只允许异性夫妇使用精子库，而另外一些国家则允许单身者使用。① 我国只允许符合医疗条件和计划生育要求的不育夫妇在医院接受人工授精治疗。不符合此条件的已婚夫妇和单身妇女不能使用人工授精。

（2）有时因精子库精子供不应求，一些合格的患者也转而寻求黑市精子。由于供精严重不足，国内各大生殖中心都有一定数量的夫妇在等待。② 广东省计划生育专科医院是广东唯一能做供精人工授精的医院，该院生殖中心每个月大约能给 250 名妇女做供精人工授精，而 2012 年 7 月预约的夫妇已经排到了 2013 年 5 月份。③

（3）售精者追求经济利益。精子库库存紧张的原因是，一方面捐精志愿者人数少，另一方面对于精子要求的严格，也将大部分捐精志愿者挡在了门外。此外捐精补贴每次仅 300 多元，往往低于售精所得。受捐精次数、精子要求严格和补贴金额较少的限制，大医院精子库并没有让太多的捐精者看到市场潜力，越来越多的捐精志愿者成了地下交易中的一员。

违规操作的医疗机构受利益驱动。"一些医疗机构受到不断增长的辅助生育服务需求和潜在的巨大商业利润的诱惑，甘愿冒着被惩罚的危险，在未获得审批的情况下继续提供辅助生育服务。"卫生部科教司副司长于

---

① 草草酱：《欧洲最大精子库生意兴隆》，2013 年 3 月 13 日 http：//blog. tianya. cn/blogger/post_ read. asp？ BlogID = 3265667&PostID = 33387588。

② 李小红、李尚为：《配子捐赠实施的现状及其相关的伦理和法律问题》，《中国医学伦理学》2013 年第 1 期。

③ 赵兵辉、李劼：《广东精子库告急黑市交易猖獗 大多夫妻需等一年》，2012 年 7 月 17 日，http：//news. sohu. com/20120717/n348349573. shtml。

修成表示①，在较正规医院的精子库中，精子的价格较高，而卖精者的售价则低很多。在一进一出之间，医院获利可以想见相当可观。如重庆计生科学研究院下属的精子库，就曾出现相关人员将精子标本销售事件。2003年，卫生部勒令该精子库立即停止对外供精，全面停止精子库业务。但该院仍继续销售精子标本，金额达数百万元。2009年11月中旬，重庆市江北区法院对此案公开宣判，涉案人员均被判刑。② 这可以说只是精子市场的冰山一角。

3. 精子交易的风险

精子交易面临道德非难，如受到将人类遗传物质商品化、增加兄妹乱伦的风险、降低人口质量等方面的批评。除此之外，精子交易也带来直接的法律问题，它可能使使用者承受精子质量不合格的风险、使出卖方承担法律上的侵权或违约责任。

美国媒体报道，日前布丽塔妮以"产品"质量有缺陷为由，将当年向其母亲出售精子的纽约"爱丹特实验室精子银行"告上法庭，并要求获得巨额赔偿。据悉，此案是美国历史上第一例"精子银行案"。13岁的美国宾夕法尼亚州女孩布丽塔妮·多诺文是其母亲利用冷冻精子受孕而生下的一名"试管婴儿"，然而从出生起她就患上了一种叫做脆性X综合征的遗传病，导致她出现智力低下和精神损害等症状。据悉，此案是美国历史上第一例"精子银行案"，而"爱丹特实验室精子银行"也是美国历史最久、规模最大的一家精子银行。许多精子银行因此担心，该起诉讼可能引发此类诉讼的泛滥，而一旦将来其他购买的精子都找各种借口起诉精子银行，后果将是灾难性的。有媒体戏称："对于精子银行来说，客户要求更换产品虽然不太现实，但售后维修实在不是一件简单的事情。"③

4. 精子交易的法律规制

首先，法律应一如既往的坚持禁止精子买卖的立场。

我国法律禁止精子买卖，笔者对此完全赞成。如此做的好处有：

第一，有助于提高人口质量、防范疾病传播、避免近亲结婚。目前的

---

① 唐江澎、袁婧：《关注精子买卖、代孕　百余中外专家长沙探讨生命伦理》，2012年3月14日，http://news.qq.com/a/20080404/000650.html。

② 朱宾江：《关于"全国首例倒卖精子案"的几点个人思考——以盗窃罪和贪污罪为视角》，2012年6月27日，http://law.hust.edu.cn/Law2008/ShowArticle.asp？ArticleID=11963。

③ 晓天：《美国试管婴儿怒告精子银行　称精子质量有缺陷》，2012年3月14日，http://news.sohu.com/20090413/n263345904.shtml。

精子库管理制度对精子捐献者的身体素质要求较高，对精子的冷冻、使用等规定严格。这对于提高新生儿质量、防止疾病传播、避免近亲繁殖等都有显著的益处。反之，放任私人间的精子交易，则上述益处均无法保障，而潜含的风险显而易见。

第二，有助于贯彻生殖技术的"医疗使用"原则。生殖技术的"不自然性"曾使其备受抵制。它打破了自然生殖的链条，对婚姻家庭也产生一定影响。然而正是在"医疗使用"这一意义上，生殖技术获得了其正当性，即这一技术不是对自然生殖的替代，而是对不能自然生殖的救济。对于那些只能通过精子捐赠才能生育的人而言，法律应开设通道，使其能够合法获得精子，从而实现生育权。我国规定不育者可以通过在医院，接受人工授精治疗的方式获得精子库的精子，因此这条通道是畅通的。而通过黑市购买精子者往往是法律上不合格的精子使用者，如一些被禁止使用人工授精的同性伴侣、单身妇女等；还有一些则是丈夫具有生殖能力，但是夫妻希望获得完美婴儿而选择使用一些"优质"精子，如诺贝尔奖获得者的精子、演艺明星的精子、科学家的精子等。这显然是基于社会目的而非医学需要的使用，不符合生殖技术"医疗使用"目的。

第三，有助于维护现行计划生育政策的实行。如果允许精子买卖，则极可能使得一些富有者假借精子买卖之名，行超生之实。如吉林省允许单身妇女生育的规定一出台，就有人担心此举会使那些"二奶"借此为包养者生育。但是人工授精的现行规定实际上堵死了这条路。而开放精子买卖，那么无疑打开了这道门。计划生育政策虽然面临放松的可能，但只要一日未改，则应对所有人公平适用。

其次，法律应调适具体规则，以便合格的精子需求者能够通过合法渠道便捷地获得精子。针对目前精源供不应求的状况，应采取措施加大供给以解决供需矛盾。可以通过加大宣传力度，号召更多志愿者参加捐精活动，普及相关知识，指引人们选择合法精源，抛弃非法精源。另外可以适度提高补贴，调整捐精的标准。在对 67 对无精症患者的调查中，在精子的商品化问题上 67.2% 的男性赞成为供精者提供适当营养费，76.1% 的女性不赞成为供精者提供适当营养费。这个数据虽不全面，但反映了无精症者对精子需求的迫切心理和支付对价的意愿。[①] 再次，甚至可以考虑引

① 田晓华、陈冬丽、赵邦霞：《无精子症患者夫妇对人工授精技术的伦理态度》，《中国医学伦理学》2010 年第 3 期。

进适合国人的亚洲邻国的进口精子，以满足合法的精子需求，并且可以间接打击非法精子交易。

（二）卵子交易法律规制

1. 卵子交易的现状

随着卫生部《人类辅助生殖技术管理办法》《人类辅助生殖技术规范》的实施，捐卵被严格限制，黑市买卖卵子现象猖獗。各国都有买卖卵子的现象。在美国大多数州，卵子买卖是合法的。在日本，法律上禁止贩卖卵子，但实际上根本无法阻止卵子"走私"到国外。① 媒体曝光，北京、武汉、广州等地都出现了买卖卵子乱象。② 我国台湾也未能幸免，许多年轻女孩把捐卵视为赚钱求财的捷径。③

2. 卵子交易的成因

第一，卵子需求市场广大。不育妇女越来越多，中国还有已经丧失生育能力的失独妇女，她们都是需要借助他人卵子才能生殖的妇女，形成了庞大的买方市场，催生了卵子市场的形成。加之为利铤而走险的中介推波助澜，卵子交易因而繁荣。英国对于卵子捐赠制定的相关规定非常严格，禁止卵子买卖。但在2001年，就有报道称在过去两年间，越来越多的英国夫妇因为自己不能生育下一代而通过互联网从美国境内购买卵子。调查显示，这些愿意支付2万美元并亲自到美国"接货"的英国夫妇人数已增加了两倍之多。随着互联网的日益普及，越来越多的英国不育夫妇开始将注意力转到美国，尤其是加利福尼亚州，因为该州规定买卖卵子是合法的。④

第二，卵子捐赠本身风险远大于精子捐赠，捐赠者少。捐卵在医疗和法律上都存在较大风险。捐卵需要通过手术方式进行，捐赠者要持续接受药物促排卵，再通过手术取出卵子。整个过程存在较高风险、有创伤，不同于精子取得的无害性。因此即使在捐卵合法化的国家，也可以想见其来

---

① 公是问：《卵子捐献：羞答答的玫瑰静悄悄地开》，2012年3月13日，http://old. jfdaily. com/gb/node2/node17/node18/node2990/node2999/userobject1ai21536. html。

② 《记者暗访卵子黑市：开价万元寻名校女生"捐卵"》，2012年3月14日，http://news. xinhuanet. com/edu/2011 – 11/14/c_ 111164260_ 3. html。

③ 《"捐卵"的大学女生有增加趋势》，2012年3月14日，http：//www. dai-yun. net/html/juanluan/382. html。

④ 《英国不育夫妇通过互联网购买卵子》，2012年3月14日，http：//eladies. sina. com. cn/h/n/20692. html。

源不会太丰富。虽然香港《明报》报道称，科学家已经通过干细胞成果培育，有望大量供应卵子。但是目前此项技术并不成熟，据此培植出的卵子能否用于生殖还不确定。①

第三，在我国，卵子捐赠渠道狭窄，使卵子捐赠名存实亡。目前卫生部门对捐卵有明确规定，即只能使用试管婴儿治疗周期未用完的卵子，捐赠卵子者仅限于接受人类辅助生殖治疗周期中取卵的妇女，严禁任何形式的商业化赠卵和供卵行为。那些只能通过卵子捐赠才能生育的妇女实际上难以通过合法的渠道获得卵子。这样的人群，"现在只能到境外或国外做，中国香港或者泰国之类的地方"②。虽然这样的人相对比例不多，但绝对数量可观。当然一些富有者可以选择出国进行生殖旅游，到允许此类捐卵授精的国家进行试管婴儿技术。不能负担起生殖旅游的人就会寻求国内的卵子黑市。

3. 卵子交易的风险

第一，缺乏法律保障的风险。在禁止卵子买卖的法律环境下，卵子提供者和购买者都承受着交易可能破裂，合同产生纠纷、履行出现障碍等问题，但得不到法律保护的风险。

第二，手术本身的风险。捐赠者要举行体检，总数达数十个检查项目，连轻微的妇科炎症也不会被忽视。捐卵需要通过手术方式进行，捐赠者要持续接受药物促排卵，再通过手术取出卵子。整个过程存在较高风险、有创伤，捐卵者术后可能会有疼痛，部分人有一些高危并发症。这种捐赠手术对于捐献者的身体所造成的最终伤害，现在还无法得到确切的数据，但是这种催卵技术所造成的危害已经在初期有所显现。③ 这些风险由于法律的价值而无从事先约定——约定因违法可能被认定无效。

4. 卵子交易的法律规制

我国法律禁止卵子买卖，但此规定挡不住黑市汹涌的卵子交易。大禹治水，疏而不堵。不育夫妇求子，法律也宜疏而不宜堵。许多人不能接受买卖配子，但同意对配子捐献者给予合理补偿，如各国都认可对精子捐赠

---

① 《女性卵子有望无限供应　干细胞成功培育卵子 助不育妇》，2012 年 3 月 13 日 http：//hk. news. yahoo. com/A6-212412041. html。

② 《3 万收大学生卵子　女生称不靠谱》，2012 年 3 月 21 日，http：//story. dbw. cn/system/2011/10/29/053479892_ 01. shtml。

③ 张友山：《辅助生殖技术中女性权利的法律保护》，《法制与社会》2013 年第 10 期。

给予合理补偿。笔者认为卵子捐赠也应该给予合理补偿。立法有必要禁止卵子买卖，因为单纯追逐利益的交易暗含着无法控制的道德风险，例如最不适宜的未婚未育女性被诱惑出卖卵子。但法律不能止步于禁止，我们还应该开放、拓展合理补偿的卵子捐赠渠道。

第一，卵子提取的高风险决定了卵子难以成为免费的资源，合理补偿有助于拓展卵子来源。卵子提取技术属于一种侵入性手术，有可能对供者造成健康损害，比如脏器损伤、出血、感染等。为获取较多的卵子，取卵前往往需要用激素类药物促进排卵，因而可能引发多种并发症，如过度刺激卵巢，轻者腹胀胸闷，腹水，少尿；重者出现脑血栓，肾功能障碍；严重者可危及生命。促排卵、取卵、供卵，除了对女性身体健康有不良影响外，还可能导致女性内分泌紊乱，对以后的生育造成影响。另外，其过程对女性心理方面的负面影响也是不可忽视的。对于此种风险和损害不予补偿是不合理的，也难以吸引人们进行卵子捐赠。

韩国 2005 年通过了一项生物伦理学法律，规定禁止出售卵子，只允许免费捐赠。但在 2008 年，韩国政府又对该法律进行了修正，认定接受方为捐赠方支付一些在捐卵过程中必然要发生的费用——诸如食宿费和交通费——并不违法。英国对于卵子捐赠规定非常严格，禁止卵子买卖。近日英国相关法律出现了一些松动。据报道，英国政府生育监管部门称，为了解决全国范围内卵子捐赠缺乏的问题，政府将重新考虑禁止出售精子和卵子的规定。英国人工授精及胚胎管理局的局长丽莎·贾黛儿表示，允许有偿提供卵子可以让不孕的夫妻有更多的机会在国内找到合适的卵子，从而避免到监管不严的国家进行治疗。[①] 在美国，除了路易斯安那州外，出售卵子在各州均属合法，1998 年美国共有 7000 多例捐卵生育个案，每 2—3 年升幅一倍。据美国生殖医学会在一份报告中表示，捐卵的女性为其所花费的时间、所造成的不便及医学上的需要，而得到 5000 美元的酬劳算是合理的，若报酬超过一万美元则属不当。从世界范围来看，美国的卵子价格是绝大多数国家无法望其项背的。[②] 但在美国，每献一次精，献精者都会得到 100—130 美元的补偿。[③] 以此而论，卵子捐赠费时费力，

---

① 《各国对买卖卵子态度各异》，2012 年 3 月 15 日，http://wenku.baidu.com/view/0c616915f18583d04964595f.html。

② 陈波：《卵子捐献风险巨大》，《大学英语》2003 年第 12 期。

③ 环球：《揭秘美国"精子银行"》，《今日科苑》2008 年第 11 期。

卵子价格也算合理。我国台湾地区立法就特别规定了配子捐献者的"必要经费之补助权"。

第二，开放合理补偿的卵子捐赠渠道，有助于保障不育妇女的生育权实现。生儿育女是人伦天性，是生育权的重要权能。法律禁止卵子捐献杜绝了部分民众求子渠道，不合理。就在多部门联合高调打击非法卵子中介的同时，湖北某大型网站做了一项名为"'民间卵子库'悄然形成，你怎么看？"的民意调查，结果显示，接受调查的网友中有73%的人认为"应该规范化"，19%认为应该"完全杜绝"，8%认为是"无奈之举"。笔者以为这个调查确实彰显了民意。

第三，开放合理补偿的卵子捐赠渠道，有助于消灭卵子交易。如果民众能够有合法的渠道获得卵子，大部分黑市交易就会因没有市场而消亡。没有合法的卵子获取渠道，就会催生黑市交易，不利于规范化管理，保护民众的生育权、健康权。就像卖血比到医院献血更容易感染疾病一样，卵子黑市也可能成为疾病传播、人伦混乱的温床。精子库、卵子库管理失控，会导致严重后果，各国的政策都是相当审慎的。黑市的无序和唯利是图，会放大这些不利效果。不开放卵子合法捐赠和获得的渠道，忽视数以万计的不孕夫妻的正当需求，采取一刀切式的禁令，固然方便了管理，但却会生生逼出一个地下市场，如非法买卖、黑中介、黑诊所、黑手术等，这反而会引发更严重的伦理、法律危机。正如医学界人士所称，为捐卵提供一条合法的途径，黑市就会自然消亡。

三　死者生命遗传物质提取的法律应对

（一）提取死者配子的社会需求

医学技术的发展为死者配子提取打开大门，这种可能也随即演变为现实。据美国媒体2009年的一项报道，3月27日，美国得州21岁小伙尼古拉斯在一场街头斗殴中头部重伤，于4月5日去世。悲痛欲绝的母亲密希决定从儿子身上提取精子，并找一名"代孕母亲"孕育孙辈。然而由于涉及伦理争议，医院方面断然拒绝。后法庭作出裁决，密希有权提取儿子的精子，用于繁衍孙辈。① 伦理学家汤姆表示："这名'冷冻婴儿'的生

---

① 《美国母亲欲提取亡儿精子续香火》，2011年7月24日，http://www.5196.com.cn/ben-candy.php?fid=35&id=586。

父死亡，他的母亲将是一位卵子捐赠者或者匿名的代孕母亲。将来孩子懂事后，一旦明白自己的出身，对于其心理上的打击可想而知。"据英国《卫报》2011年8月8日报道，以色列卡法萨瓦（Kfar Sava）市地方法庭日前发出一项判令，允许一名车祸死亡的17岁少女的家人从其体内提取出卵子，并冷冻起来。据悉，这样的判决在以色列乃至全世界都属首例，这意味着一位女性去世多年后依然可以孕育后代，将引发关于法律和伦理道德巨大争议。以色列家庭权利律师伊力特·罗森布鲁姆（Irit Rosenblum）说："即使这个女孩只有17岁，但如果她的家人能证明她想要孩子，法庭就没有理由拒绝这一要求。"①

在我国大陆和台湾也发生类似事件。2011年7月23日，在长沙某大楼25楼安装铝合金窗户的阿龙（化名）不小心坠楼身亡。悲伤过后，女友艳艳（化名）开始到处求助，希望能从男友遗体中留取精子，为其保留血脉。② 2005年9月7日，台湾地区孙吉祥因公殉职，其女友李幸育强烈要求死后取精，为未婚夫留下后代。"卫生署"起初坚决反对，认为死后取精"于法规不合"、"无法可依"；但是"立法委"认为，死后取精并不违法。9月9日"行政院"长谢长廷指示"卫生署""先行取精"，以避免错过取精黄金时间，"至于如何使用的问题，再依相关法令进行研议"。在"立法委"的推动和"行政院"的干预下，"卫生署"只得表示，死后取精"无法可管"、"无权禁止"。得到"卫生署"的默许后，生殖中心立即施行手术，摘取了孙吉祥的睾丸、副睾丸及贮精囊等组织，并完成萃取、冷冻程序。此间"卫生署"两度召开专家会议，竭力劝说李幸育冷静考虑半年再作生子决定。李幸育意志坚定初衷不改，请求"卫生署"准许她人工受孕；而孙吉祥家属经过反复权衡后，决定放弃保存精子。12月22日，保存了104天的孙吉祥精子被销毁。这场跌宕起伏的死后生子案终因孙、李两家矛盾而提前落下帷幕。③

（二）提取死者配子的原因分析

从上述事例分析，提取死者配子以便进行生育的行为大多基于这样一

① 《以色列法庭批准提取死亡少女卵子冷冻》，2012年3月21日，http://news.sina.com.cn/w/2011 - 08 - 09/150522961605.shtml。

② 龚柏威、王海琦等：《女子男友意外离世欲留住其精子》，2012年7月24日，http://news.mylegist.com/article/2011 - 07 - 24/13222.html。

③ 杨芳、姜柏生：《死后人工生殖的民法问题研究——兼谈台湾地区人工生殖立法新趋向》，《河北法学》2006年第11期。

些动机驱动。

第一，替死者传宗接代。在诸多提取死者配子的事例中，其配偶、恋人、亲人希望给死者传宗接代，流传血脉是她们行动的主要和直接原因。

第二，继承死者遗产。一些人希望给死者生下继承人以便继承死者遗产。据美国媒体 2010 年报道，纽约男子乔治·卡默上吊自杀身亡，为了家中有后人继承他遗留的家业，乔治的遗孀维多利亚·切姬紧急上书法庭，要求提取亡夫的精子以便延续"香火"，并坚称这是丈夫生前的遗愿。①

第三，实现死者生儿育女的愿望。如前述美国的案件中，死者尼古拉斯的母亲密希声称："我儿子希望读电影学院，还希望将来生 3 个孩子。"② 这是促使这位母亲采取行动的主因。以色列家庭权利律师伊力特·罗森布鲁姆（Irit Rosenblum）在论及上述 17 岁少女卵子提取案件时说："即使这个女孩只有 17 岁，但如果她的家人能证明她想要孩子，法庭就没有理由拒绝这一要求。"③

（三）提取死者配子的法律规制

1. 提取死者配子生殖，违背生殖辅助技术"医疗使用"原则。

生殖技术是对不育症的补救，而不是创造生命的手段。死亡是一种不育症吗？答案是不是。死亡并不是不育的原因，对此造成的后果当然不能借助技术来补救。否则，单身、老龄、同性恋、坐牢等造成的生育障碍岂不是都可以用技术来补救。当人工生殖变成"生育自由主义"的工具，以制造生命为目的，这不仅意味着人工生殖医疗使用原则的颠覆，也预示着人类繁衍的自然法则将被打破，以婚姻家庭为基、以代际传承为序的社会解构。

2. 提取死者配子生殖，不符合医疗知情同意原则。

作为一项医疗伦理原则，知情同意是指任何个体均有权依照其个人的价值观、信仰、生活理念，在充分知情的情况下，去自由决定自己的事

---

① 《美国女子欲取亡夫精子找朋友代孕生子》，2010 年 3 月 13 日，http：//www.3g2y.com/junshi/2010/1019/310.html。

② 《美国母亲欲提取亡儿精子续香火》，2011 - 07 - 24，http：//www.5196.com.cn/bencandy.php?fid=35&id=586。

③ 《以色列法庭批准提取死亡少女卵子冷冻》，2012 年 3 月 21 日，http：//www.5196.com.cn/bencandy.php?fid=35&id=586/news.sina.com.cn/w/2011 - 08 - 09/150522961605.shtml。

务。在医患关系领域，患者有权主宰自己的身体，不受未充分告知的医疗行为的侵袭。这个以患者自我决定权为中心的伦理原则落实到法律上就是"告知同意法则"的建立。① 知情同意是医学上的一个普遍原则。在诸多事例中，并不能证明死者有死后生育的意愿，在活着时期待儿女绕膝和希望身故后仍生儿育女是两回事，不能因为其活着时有生育意愿就推定其死后仍愿为人父母。在没有死者明确同意的前提下对其进行手术提取配子违反知情同意原则。囚犯遗体器官使用的事实就凸显了知情同意原则的重要性。卫生部副部长黄洁夫于2012年3月22日表示，我国将尽快建立器官捐献体系，并承诺在3—5年内彻底改变主要依靠死囚来获得移植器官的畸形方式。② 他因在此前披露我国器官移植主要来源为死囚而被网民称为中国最有良心的官员。为什么民众反感死囚器官捐献？这并不是对死囚或者其捐献器官的歧视，而是对死囚捐献中知情同意原则是否能得到贯彻而忧虑。

在美国，死后取精并未全面禁止，实务上有允许使用死者预存精液实施人工生殖的判例，但是往往需要半年左右的考虑期，并要充分知情（同意）。③ 当面临死后取精请求时，医师首先考虑的是对死者身体与意志的尊重；否则，医师不得为任何侵入性医疗行为。对死者的遗体也是如此，但若家属能提出证据，显示死者生前曾表达许可意思，则医师较能考虑给予协助。因此，除非死者生前明确表示同意死后取精，否则任何侵入性的手术（如切除生殖器，取出睾丸、副睾丸、贮精囊，萃取精子，销毁精子）在人死亡之后进行，都是违背知情同意法则的。

3. 提取死者配子生殖，不符合公序良俗。

首先此种做法没有充分考虑后代的利益。英国在1990年立法规范人工辅助生殖技术时，明文要求医疗机构在提供人工辅助生殖医疗以前，应该考量儿童的利益。利用死者配子人工生殖的子女，一出生就处于残缺的家庭关系之中，是人造的"遗腹子"，在情感和物质的供给上先天不完整，身份尴尬。日本一起诉讼案件，就是遗孀利用死者精子人工授精生育

---

① 杨秀仪：《谁来同意？谁作决定？从"告知后同意法则"谈病人自主权的理论与实际：美国经验之考察》，《台湾法学会学报》1999年第20期。

② 《卫生部承诺5年内解决"移植器官多靠死囚"问题》，2012年3月23日，http://news.qq.com/a/20120323/000237.html？pgv_ref=aio。

③ ［美］张哲瑞联合律师事务所：《裸露的权利——美国法与性》，法律出版社2005年版，第162页。

子女，该子女不仅不被确认为死者的婚生子女，甚至不被法律确认为死者子女。①其次，此种做法没有尊重死者的意愿和遗体。死者是否同意死后生育往往不得而知。提取死者配子手术，需要手术切除死者生殖系统，破坏尸体完整性，使其死无全尸。

笔者以为法律应禁止一切死后提取死者生殖细胞进行生殖的行为。如果个体有死后生殖的需求，则应在生前主动提取配子保存待用，而不宜死后再提取并用于生殖。

第三节　生命遗传物质使用的法律规制

一　生命遗传物质使用原则——医疗需要

生殖技术在作为不育症治疗手段的基础上获得了其正当性。因此，生殖技术的应用应坚持医疗目的，以医疗需要为先决条件。《人类辅助生殖技术管理办法》第三条规定："人类辅助生殖技术的应用应当在医疗机构中进行，以医疗为目的，并符合国家计划生育政策、伦理原则和有关法律规定。"该条确立了生殖技术使用原则——医疗原则。生殖细胞的使用也必须是基于医疗需要，譬如男方患有无精子症、精子稀少或存在异常病变等不适宜生育的症状；或者女方因健康原因不能排卵、卵子异常等不宜生殖的症状；或者男女双方的配子虽无病变但两者结合有较高遗传风险。在医生判断确实需要借助他方的生殖细胞时，才能使用他人捐献的配子或准胚胎。有的学者提出辅助生殖的实施也必须遵循一定的伦理底线，需要满足一定的条件，其使用限于对不育者的救治和消极优生。②

非医疗目的的原因不应成为生殖细胞使用的理由。譬如国外出现名人精子库、诺贝尔奖获得者精子库等，满足一些具备正常生育能力的夫妇期望获得优质"种源"，以生下优质孩子的愿望。还有出现黑人夫妇使用白人配子生育以期给孩子幸福人生的实例。对此，笔者不能赞同。仅就配子使用而言，这些都是基于社会原因而使用该项技术，并非基于医学要求，违背了生殖技术医疗"辅助使用"原则。这种选择使得孩子在一个非常

---

① 李淡、李军、兰礼吉：《死后生殖问题的生命伦理学思考》，《医学与哲学》2007 年第 8 期。

② 陈小君、曹诗权：《浅沦人上生殖管理的法律调控原则》，《法律科学》1996 年第 1 期。

特殊的环境中成长，对孩子的心理会产生何种严重影响，都难以衡量。这样势必会引发生殖技术滥用，极可能对人格尊严、人伦秩序、婚姻家庭制度等带来损害。

人工生殖还应符合公序良俗原则。当代生殖技术的飞速发展对生命法学的研究和社会伦理规范提出了严峻的挑战。为维护人性尊严，法律通常禁止对生殖细胞的一些操作。譬如时间上往往限定在 14 天内，配子的使用次数有明文规定，过期要销毁。用于研究的细胞不能进行人兽杂交、人身克隆等。津巴布韦出现"劫精"案件，因有些秘密社团认为，在仪式上使用精子能带来财运。津巴布韦大学社会学家鲁帕甘达认为，这是一门大生意。"这是一个巨大的秘密，我们只知道精子被用于宗教仪式上，但背后操纵那些女劫匪的可能另有人在。"① 这种行为，从取得方式到使用用途，通通违背诚信原则，也违背生殖医疗原则，应予谴责。

二　生命遗传物质使用对象——不育人群

生殖细胞医疗使用原则确定了它的使用者应该是不育人群。由于不同国家的国情有别，因而允许使用该技术的人士范围划定也不尽相同。

已婚不育夫妇是所有国家均认可最有权利使用该项技术的人群。我国卫生部颁布的《人类辅助生殖技术规范》和《人类辅助生殖技术管理办法》，明确规定了使用人工生殖的人士是符合国家计划生育条件的不育夫妇。《人类辅助生殖技术规范》明确规定了各类生殖技术使用的适应征和禁忌症，排除了健康人士使用此技术；也排除了不符合生育法律条件的人士使用此技术，如单身者、同性恋者、丧偶者、离异者等。有学者也主张辅助生殖的实施对象只能是有合法婚姻关系存在的男女，即已婚夫妻，未婚男子、离婚男女或寡妇、鳏夫应受到排除。② 夫妻以外的主体能否、应否使用人工辅助生殖技术呢？

（一）单身者使用人工授精生殖问题

单身者能否使用人工生殖技术颇受争议。生育权作为人格权，是人与生俱来的、不依附于任何身份的一种独立的个人权利。作为应有权利的生育权，应当是一种人格权，因为它符合人格权的基本要求，具备人格权的

---

① 《津巴布韦现"劫精女"　劫持男性强奸掳走精液》，2012 年 3 月 26 日，http：//hb. qq. com/a/20120326/000857. html。

② 陈小君、曹诗权：《浅沦人上生殖管理的法律调控原则》，《法律科学》1996 年第 1 期。

主要特征。从生育权角度而言，单身者也有生育的权利。但是从生殖技术医疗使用原则判断，则单身者能否使用此类技术不无疑问。

1. 关于人工辅助生殖技术应用的法例

人工辅助生殖技术从诞生之日起就备受争议，原因之一是它打破了自然生育的传统。就人工生殖技术本身而言，体外受精或试管婴儿技术都已经被认可，没有太大争议。存在较大分歧之处在于该技术的应用方面，各国规定不同。大体可以概括为以下几类：

第一类：人工生殖技术限于已婚夫妇使用。

法国1994年生物伦理法明确规定，人工生育限于不能生育的已婚夫妇，同性恋者、单身女子禁止使用；在德国，依据1990年颁布的胚胎保护法的规定，人工生殖需在婚姻关系存续中始得实行。[①] 在澳大利亚保守党政府采取行动，禁止单身妇女通过人工授精怀孕。总理约翰·霍华德宣布，他的政府计划修改联邦性别歧视法律，以允许各州政府通过禁止单身妇女接受人工授精的法律。[②] 日本迄今尚未制定关于人工生殖技术的法律，但是日本产科妇科学会1983年10月发表的《关于体外授精和胚胎移植的见解》，第1条指明"本方法（指体外授精、胚胎移植等人工生殖技术方法）的对象是被断定为接受了其他手段的治疗后确不能妊娠者"，第3条规定"被实施者应是已婚并希望生育的夫妇……"这表明，在日本，具备"已婚并希望生育的夫妇"接受了其他手段治疗后确不能妊娠者，是拥有采用某些人工生殖技术方法的权利的。[③]

第二类：人工生殖技术限于已婚夫妇或处于同居状况之妇女使用。

瑞典、丹麦就是采用此规定。[④] 在北欧，同居被认为是一种可接受的婚姻的替代。

第三类：人工生殖可适用于任何人包括单身妇女。

在美国，特别强调个人的自由权利，法院认为每个公民依据宪法都有生育权，人工生殖与自然生殖之区别只不过是性交上的有无，其他过程则无不同。[⑤] 因此，在足龄男女之采行人工生殖技术以获得子女方面，给予

---

① 黄丁全：《医疗·法律与生命伦理》，法律出版社2004年版，第290页。

② 郭自力：《生物医学的法律和伦理问题》，北京人学出版社2002年版，第244页。

③ 倪正茂：《足龄男女采行人工生殖技术的权利义务》，《上海市政法管理干部学院学报》2001年第4期。

④ 黄丁全：《医疗·法律与生命伦理》，法律出版社2004年版，第290页。

⑤ 同上。

了最充分的权利保障。其结果已使人工授精实际上成了一种商业行为。在英国，依据 1990 年人工授精与胚胎学法案，允许任何人包括单身妇女都可以使用人工生殖技术，但是单身妇女使用人工授精技术由不育中心审核决定，决定时应充分考虑未来孩子的幸福以及孩子未来是否需要承认父亲。① 《魁北克民法典》第 538 条规定"某人单独"或"双方配偶同意"都可实施"协助生殖技术"。

综合分析上列若干国家的有关法律规定或者行政措施，可以看出，各国对不育夫妻使用人工辅助生殖技术都是认可的；对单身女子等主体可否使用人工辅助生殖技术的规定是不一致的。

我国法律对此未有规定；但是卫生部 2003 年颁布的《人类辅助生殖技术和人类精子库伦理原则》规定："医务人员必须严格贯彻国家人口和计划生育法律法规，不得对不符合国家人口和计划生育法规和条例规定的夫妇和单身妇女实施人类辅助生殖技术。"吉林省《人口与计划生育条例》第 30 条第 2 款规定："达到法定婚龄决定终生不再结婚并无子女的妇女，可以采取合法的医学辅助生育技术手段生育一个子女。"这一规定与国外立法之最大区别在于：国外立法一般认可单身妇女自然生育，而对于其采行人工生殖技术则规定不一；吉林省的规定仅认可单身妇女通过人工生殖技术生育，对于自然生育则不予认可。

2. 关于人工辅助生殖技术应用的学理争议

在单身妇女使用人工辅助生殖技术的问题上，存在反对派和赞成派两大阵营。

反对者认为，人工授精是对已婚不育夫妇而设，是一种不得已的方法，不是借此方法广开创造人类的大门。单身女性借此生育的非婚生子女，与自然生育的非婚生子女不同，自始便无机会成为父之婚生子女，因此德国学者 Helmut Kollhosser 与 Dieter Giessen 以违反人性尊严为理由，持反对态度。② 我国一些反对者也认为单身女性生育权的满足，实质上是建立在对其子女正当权利（如对父亲的知情权）的无情剥夺上；单身女性

---

① 倪正茂：《足龄男女采行人工生殖技术的权利义务》，《上海市政法管理干部学院学报》2001 年第 4 期。

② 戴东雄：《孩子，谁是你的父亲——论人工生殖之子女，尤其试管婴儿在法律上之身份》，收录于氏著亲属法论文集，1988 年 12 月第一版，第 600 页；转引自黄丁全《医疗·法律与生命伦理》，法律出版社 2004 年版，第 291 页。

追求自身精神慰藉的代价是其后代的精神痛苦。这无疑违背了人类生存和发展中必须遵循的当代人和后代人在利用自然资源、满足自身利益、谋求生存和发展上权利均等的代际平等原则。① 单身女性生育权可能引发的社会问题至少如下。其一，如果单身女性享有生育权，那么单身男性也可以同样主张生育的权利。就目前的医学发展而言，男性怀孕在技术上完全可能做到。从男女平等的立场考虑，单独赋予单身女性生育权也是荒谬的。其二，一旦赋予单身女性以生育权，这种权利就可能被滥用，导致以生育为业的单身女子群体的出现。其三，一旦生育子女的单身女性在孩子尚未长大成人时意外死亡，孩子该由谁继续抚养就会成为难题。②

赞成者认为，人工生殖技术的重点应是儿童的福利，一个人应否生育子女，重要的考虑因素是这个人能否给子女一个健康快乐的成长过程，而不在于婚姻的有无，因此也不应把一些特殊群体排斥在外，否则就是一种歧视。加拿大安大略省法律修改委员会也认为这样的歧视并不正确。③ 单身女性通过收养或代孕所建立的，都是单亲家庭，子女都没有父亲；既然单身女性可以通过收养来建立家庭，禁止其通过人工生殖来建立家庭就是不公正的。④ 赞成者还进一步指出，单身女性生育权的规定没有侵害到作为平等权之具体表现的代际平等权。理由有两点：第一，从法律性质上来看，代际平等权是一种伦理学或者社会学上的概念，而不是一个法律上的概念。第二，后代的知情权也不是法律权利，而且没有生育行为则不会有后代。⑤ 大多数国家和法律仅授予已婚夫妇在特定情况下享有采行部分人工生殖技术的权利，显然是对足龄男女的宪法权利的限制。这些限制与基本法律价值不符。其一，权利观念，即人们追求幸福的权利，足龄男女的生育权利和人身自由权利。其二，自由观念，即足龄男女有结婚和不结婚的自由，同性婚和异性婚的自由，生育与不生育的自由，人工授精或自然授精的自由，供精、供卵、供胎生育的自由，以试管培育受精卵的自由等。其三，平等观念，即足龄男女间，结婚与不结婚者、异性婚与同性婚者，均有采取人工生殖技术的平等权利。确立这些观念于整个社会，使人

---

① 汤擎：《单身女姓生育权与代际平等——评〈吉林省人口与计划生育条例〉第30条第2款的非合理性》，《法学》2002年第12期。

② 同上书。

③ 黄丁全：《医疗·法律与生命伦理》，法律出版社2004年版，第290页。

④ 许莉：《供精人工授精生育的若干法律问题》，《华东政法学院学报》1999年第4期。

⑤ 刘志刚：《单身女性生育权的合法性——兼与汤擎同志商榷》，《法学》2003年第2期。

之为人而充分体现其主体性，排除种种人为的对人的自由权利、平等权利、追求幸福权利的干扰，使社会和人类在和谐的环境与氛围中充满生机地自由发展，惟其如此，社会进步的障碍才会减小到最低限度，人类发展的前景才能无限光明。①

3. 对单身妇女自然生育的分析

笔者坚持认为生殖技术只是在作为生育的补充方式上得以获得其正当性。在权利主体符合自然生育的条件时，应选用自然生育方式。只有在不能进行自然生育或自然生育会危及生育主体或胎儿生命健康安全时才可以选用人工生殖技术。笔者以为法律首先需要认可的是单身妇女自然生育的权利，其次才宜考虑是否赋予其人工生殖的权利。

吉林省关于单身妇女人工生殖的规定在国内尚属第一个吃螃蟹者，笔者以为该规定认可单身妇女的生育权在法理上是前进了一大步，但是将单身妇女的生育权实现方式限定在使用人工辅助生殖技术方面，是值得商榷的。其立法动机是不言而喻的，婚外的性行为是不受鼓励的，基于婚外性行为的自然生育当然也不被认可。但是这种限制其合理性是值得质疑的。

首先，单身妇女自然生育是否伤害未来子女？如果允许其人工生殖，足见法律认为单亲家庭不构成对子女的伤害，或此种"伤害"尚不足以构成限制单身妇女生育的理由。那么，自然生育也难以构成对孩子的伤害，或"伤害"还不足以构成禁止生育的理由。单身妇女自然生育是婚外性行为的一种结果。"当对婚外性行为不存在强烈的宗教顾忌时，你很难找到什么支撑点来抗拒这种看起来与这个世纪很不协调的从身份到契约的运动。"② 过去人们常说的"非法同居"为"非婚同居"所代替，也反映了这种观念变化。实际上，在人工生殖的情形下，孩子可能终身得不到父亲的照顾和爱；反之，在自然生育的情况下，孩子虽然是非婚生的，仍有权获得父亲的照料和爱护，甚至继承财产。毕竟在法律上，非婚生子女和婚生子女有相同地位。可见，从孩子的角度来看，自然生殖只会优于人工生殖。生育的问题不是人为立法就能改变其属性的，立法的触角不应该

---

① 倪正茂：《足龄男女采行人工生殖技术的权利义务》，《上海市政法管理干部学院学报》2001 年第 4 期。

② ［美］理查德·A. 波斯纳：《性与理性》，苏力译，中国政法大学出版社 2002 年版，第353 页。

也不能触及人本身就应该无条件遵守的自然规律中。①

　　其次，单身妇女自然生育会伤害他人吗？有人担心允许单身妇女自然生育会使一些"二奶"钻空子，为包养情夫生孩子，这样就会伤害元配妻子。"在非法两性关系存续过程中，因为他们是不受法律保护和道德支持的，要想关系长久存在与发展，选择非婚生育是非常有效的手段，所以，当事人基于此心理动因而滥用生育权是客观存在。"② 这种可能确实不能排除。需要指出的是婚外的性行为造成了对配偶权利的侵犯和伤害，生育不过是婚外性行为的一种后果。同样是为了反对、遏制婚外的性行为，美国19世纪的纯洁运动中，是通过《考姆斯道克法案》禁止进口"可能防止怀孕的物品"、《康斯托克法》禁止堕胎来谋求达到目标的；而我国的一些学者则希望通过禁止生育来达到目标。到底两者哪一种更有效呢？依据波斯纳的观点，生育是对性行为的一种征税③，无论婚内或婚外。禁止单身妇女生育单方面的免除了男子的"纳税义务"，他们不必为婚外的性行为承担生育的成本，而将这一成本全部转嫁给女子身上（如新闻报道的河南一位"二奶"在与情夫同居期间七次堕胎，最终丧失了生育能力即一例）。这样虽然会增加妇女抵制婚外性行为的动力，但是也刺激了男子进行婚外性行为的意愿，两者共同作用的效果可能抵消立法遏制婚外性行为的作用。如果假设男子在这方面拥有实际的主动地位，那么这样的立法消极作用可能大于积极作用。

　　在非婚生育中，还有一些是成年未婚男女同居生育的。在成年男女未婚同居生育的事例中，根本不存在所谓的其他受害人。在婚姻形式多元化的现代，未婚同居也是一部分人的选择。在一些国家，同居被认为是一种可以接受的对婚姻的替代④；在瑞典，非婚生子女更多是同居者而不是单身妇女所生。⑤ "拒绝在法律上承认同居，这样做的主要后果是使妇女更难为自己和孩子获得合同的保护、避免被孩子的父亲抛弃；为了孩子从而尽量维护核心家庭的立场上看，这种后果是完全违背情理的。"⑥

---

　　① 元光：《单身女性生育权的法哲学思辨》，《医学与社会》2005年第6期。

　　② 刘引玲：《论生育权的法律限制》，《甘肃政法学院学报》2005年第5期。

　　③ ［美］理查德·A.波斯纳：《性与理性》，苏力译，中国政法大学出版社2002年版，第435页。

　　④ 同上书，第76页。

　　⑤ 同上书，第252页。

　　⑥ 同上书，第355页。

再次，单身妇女自然生育会对社会产生伤害吗？对社会的伤害，主要集中在两个方面，一是对人口数量的影响，二是对社会道德的影响。对于前者，本书已经分析指出，人口的增长取决于育龄妇女的生育数量而非婚姻状态。至于道德方面的影响，通奸当然是不符合社会道德的，但是生育只是通奸的结果，而非其诱因。对通奸无法阻止时，单靠禁止生育也是难以杜绝此类现象的。而其他形式的生育，如成年单身男女的非婚同居，婚前性行为，其道德性不宜做法律评价。约翰·斯图加特·密尔就认为这种"以推断的伤害"作为公共规制的基础很糟。他指出，如果允许人们下命令"人不得享有任何他们认为错误的愉悦（尽管这种享用除了激起这种愤怒之外不伤害任何人），那就敞开了迫害的大门，其根本精神就是惩罚与实施惩罚者不同的，冒犯他人的思想或行为"①。

规定单身妇女只能使用人工生殖技术，违反人工生殖技术的辅助使用原则。人工生殖技术有违自然，对社会伦理造成一定冲击，曾经被许多人坚决抵制和反对，只是在以医疗为目的加以使用的辅助意义上，才获得了其正当性。人工授精或体外受精只有作为不育症的"治疗措施"才有意义，绝不应取代自然的生育过程。现在不管单身妇女是否需要，一律要求其必须使用这一技术才能实现生育权，是对生殖技术辅助原则的违反。人工生殖成本高、成功率低，需要有较雄厚的经济实力做支撑，不是所有单身妇女都有这种承受能力。这种限制增加了单身妇女实现生育权的负担，阻碍了一部分单身妇女生育权的实现。

4. 对单身妇女人工生殖的探讨

从生育权利的角度出发，笔者赞同支持者的观点。

首先，是否对孩子造成伤害难以进行笼统判断。反对者以孩子的福利作为反对的理由，虽然不能说全无道理，但是不容否认的是没有生育就没有孩子，在"虚无"和"不完美"之间难以进行法律判断。

其次，禁止单身妇女使用人工生殖技术是对单身者的一种歧视。孩子的潜在利益虽然应予保护，但是却不能超过已在世的人的利益。认为单身妇女不能给孩子提供良好的成长环境，也只是一种感觉，单亲家庭不利于子女成长的判断并未得到最终证实。苏珊·戈龙贝克（Susan Golombok）和约翰·瑞尔斯特（John Rust）两位学者研究的结论认为：虽然在没有

---

① John Stuart Mill, On Liberty, 76, 81 (David Spitz ed,) 1975.

父亲的家庭中，儿童容易出现感情和行为问题，但这并不如通常想象的那样，是没有父亲的直接后果。这些问题的起因在于家庭不和谐、贫困、孤立或在这种情况下成长，而这些问题并不是单亲家庭的专利，事实上不少已婚者也缺乏做良好父母的条件。① 已婚的夫妇也可能虐待孩子，可能因为丧偶或离异而使孩子成长在单亲家庭。法律并不因此阻止他们生育，单单限制单身妇女生育，似乎有悖平等原则。

再次，法律应尊重个人的理性选择。如果法律认为已婚的父母会认真理性地考虑孩子的福利，似乎也没有理由质疑未婚者的理性。有记者在吉林省相关规定出台一年后再次去调查，发现竟然无一例申请实施该类手术的。这个事实或许可以说明两个问题：首先，人是有理性的，不会因为法律开辟了一条通道，人们就会不加选择地一拥而入。那种认为许可非婚生育就会使得人们蜂拥而上的担忧多少是有些夸大了；其次，这条人工生育的通道对渴求它的人群而言似乎也不是很适用，至少它太不自然。

英国人工授精与胚胎学法案第13章第3条规定："不育治疗中心在决定是否给予一名妇女不育治疗时，应考虑由此出生的儿童的幸福（例如，孩子需要父亲）及其他孩子是否会因此儿童而受影响。"国会在讨论该法案时，有人提议禁止未婚妇女使用人工生殖技术，但未被采纳。反对此建议者认为做父母的条件与婚姻没有关系，生育孩子属私人范畴，政府不应干预。禁止单身妇女生育不但是歧视，实施起来也有很大困难。②

但是从生殖技术医疗需要的原则出发，笔者又意识到单身妇女人工生殖的尴尬——如前所述，单身是不育的原因，然而单身是一种不育症吗？显然不是。因而对单身者使用人工生殖技术，就是基于社会原因，而非医疗原因使用此项技术。如果打破了医疗使用原则，我们就可能在道德的斜坡上一路下滑：对绝经期妇女使用，对育龄期外的男子使用，对死者遗留的遗传物质使用等。至于富人租借贫穷妇女的子宫生育，为在押犯提供人工授精生育，允许父母对不喜欢的遗传物质性状进行基因修改等，简直就不值一提。只要技术能够做到，就没有任何理由能够阻止人们生育，这样想想，都令人不寒而栗。也许，作为一种严格限制的特例，或者以一种个案审查的方式允许单身妇女人工生殖。在此，可以借鉴英国的做法，参考

---

① 廖雅慈：《人工生育及其法律道德问题研究》，赵淑慧等译，中国法制出版社1995年版，第56—57页。

② 同上书，第62页。

收养法的相关规定，审查申请使用人工辅助生殖技术的妇女是否具备抚养孩子的条件以决定是否许可其使用相关技术。这种做法既尊重了主体的生育权，也兼顾了未来公民的利益，比笼统的认可或否决更为适宜。

（二）艾滋病患者使用人工授精生殖问题

艾滋病人的生育也一直是一个敏感话题，也是一个尴尬问题。关于艾滋病患者可否结婚生育，有不同看法。一种意见认为，应支持艾滋病患者行使生育权。艾滋病病毒感染者生育遗传比例是30%—40%，如用药可控制在较低范围内。另一种意见认为，艾滋病传染性大、致死率高，对社会、家庭影响很大，不宜生育。应限制艾滋病者生育，保护孩子的被生育权。[①]《艾滋病防治条例》采取了向国际人权公约看齐的选择，笔者赞成此种做法，认为不应禁止艾滋病人行使生育权，但对其生育权行使进行适当的医学干预是必要的。

1. 艾滋病人的生育权应予认可

以下三个方面的分析可以支持这一观点：

（1）艾滋病患者生育对孩子的潜在伤害难以证实。根据"孩子的被生育权"限制艾滋病患者的生育权理由是难以成立的。

首先，从法律角度来看，艾滋病人生育不构成对孩子的侵权。认为艾滋病人生育"表面合法，实质违法"的结论应该是源于这样的推理：故意包含直接故意和间接故意。艾滋病母亲即使不希望将艾滋病传给腹中的胎儿，但是一旦孩子生下来即患有艾滋病，那么母亲在心理上属于间接故意：不希望结果的发生但却放任结果的发生。但是从法律关系的角度分析，胎儿不属于法律上的人，不是故意传播艾滋病的对象。虽然基于出生可以溯及的享有健康法益，但是依据侵权法理论研究，遗传性疾病之传染，"不成立侵权行为"，盖生育行为乃"现行法律秩序"所承认之基本价值，不具违法性。[②]

其次，就价值判断而言，一个残缺的生命和从来不存在的虚空之间没有可比拟性，无法证明从来不存在会好过不完美的存在。这在学者及法官对"不当生命"之诉的辩论中早已阐明。伤害孩子的观点混淆了这样一个事实：并不是一个健康的孩子因为母亲的生育行为而感染艾滋病，相反

---

① 冯寿林、邓小军、刘凌海：《艾滋病的"两性"与艾滋病的立法难点问题初探——以云南省为例》，《井冈山医专学报》2006 年第 3 期。

② 王泽鉴：《民法学说与判例研究》4，中国政法大学出版社 1998 年版，第 290 页。

如果没有母亲的生育行为，根本就不会有孩子，无论是健康的还是携带艾滋病毒的。生而为艾滋病患者或艾滋病患者的遗孤，生命中的确可能会增加许多遗憾、承受很多痛苦。其情可悯，在道德上伦理也有很强的说服力，但是生命的价值不容否认。选择是否生育仍是主体的权利，就如同我们不能强制一位已经检测出胎儿有严重残疾的孕妇堕胎一样，基于平等原则，这也不是可以剥夺艾滋病患者生育权的理由。

再次，从实际情形来看，胎儿的生命权与母亲的人格权互相对立，强制孕妇从事维护胎儿的生活方式，对民法而言实在是一种奢望。对母亲生活方式的控制，既违反其利益，实际上也无法实施。根据医学统计，在艾滋病者生育时，进行产前阻断干预，感染率可以降到1%，而如果不进行干预，则自然感染率在30%—40%。婚检、孕检都是非强制的，禁止艾滋病人生育可能导致艾滋病孕妇不接受相关检查，这样不但不能阻止其生育，也无法进行产前干预来阻断艾滋病感染，其弊大于利。

（2）艾滋病患者生育对他人的影响难以构成法律上限制的理由。除了孩子，艾滋病人生育主要会对配偶、父母、社会带来一定的影响。艾滋病人要生育，在自然生殖的情况下，就意味着采取无防护的性行为，这对健康一方无疑是带来高危险的；即使双方都是艾滋病患者，也会带来交叉感染的危险，这种行为也是违反相关法律要求的。因此我们似乎不宜提倡艾滋病患者生育。但是考虑到安全套等避孕措施并非百分之百的安全，意外的受孕也无法避免。因此一旦艾滋病人受孕，不允许其生育就会出现强制堕胎的问题，这也是违反人权保护原则的。而且既然产前干预可以极大的降低感染率，为了1%的危险强制孕妇放弃99%的希望，也是不合理的。在此，将生育的自由赋予主体个人，社会则尽可能的提供帮助，是较之于强行剥夺更为人性和理性的选择。

至于艾滋病遗孤的抚养，在艾滋病父母死亡时，抚育的责任就会落在孩子祖父母（外祖父母）身上。对于祖父母而言，由于他们实际上可能成为孩子最终的抚育者，在道德上当然以获得他们同意为最佳选择。不过依据法律关于监护等的规定，失去父母抚养的孩子有权要求祖父母（外祖父母）抚养，此乃其法定义务。此项义务并不以享有子女生育同意权为对价。

（3）艾滋病患者生育对社会的影响仍未达到剥夺其权利的程度。艾滋病患者生育会带来两种不利影响：一是艾滋病患者生育了艾滋病毒携带者所带来的医疗费用及其死亡后其子女由社会抚养产生的财政负担；二是艾滋病患者生育了艾滋病毒携带者所造成人口素质下降的影响。这些问题是客观存在的。从保护艾滋病患者的角度来看，应该允许他们合法行使生育权。艾滋病患者本身已经很不幸了，属于我们通常所说的弱势群体。对弱势群体的保护首先是要平等，然后才是优待。如果在生育权问题上采取歧视的做法，禁止他们行使生育权，那么保护就是不充分的。艾滋病患者生育艾滋病儿的风险不应成为禁止其生育的理由。禁止强制性婚前检测和强制性流产或绝育，允许 AIDS 病人自由恋爱结婚是国际社会公认的艾滋病人的基本人权。① 艾滋病通过母婴传染的风险虽然存在，但是在医疗干预下，可以控制在较低的范围内，生育健康胎儿的几率是很高的。我们不能因为他们存在生育病患儿的风险就不让他们生育，这对他们是不公平的；因为即使正常人也可能生育出先天残疾的儿童，我们并没有因噎废食，据此禁止正常人生育。所以，如果单单据此对艾滋病患者禁止生育，是有失公正的。

而且，限制可能使艾滋病者转入地下生育，对艾滋病的防治更难进行，对社会的危害更加严重。"在世界范围内，那种希望通过制定专门的法律，以刑事手段来严厉打击恶意传播艾滋病者的方式，总的来说并不奏效。……政府不应以保护公共卫生利益作为对艾滋病病人和艾滋病病毒感染者采取惩罚性措施的借口，因为这种措施一旦得以实施，将会使那些最需要预防和治疗服务的人群转入地下，给社会带来更多的不安定因素，加速疾病的传播。正是由于上述原因，在过去十多年里，一些国家防治艾滋病的法律和政策导向发生了显著的变化，不再依赖法律的惩罚性功能。"②

艾滋病防控的历史已经证明此路不通。反之，允许艾滋病人生育，不仅是保障了艾滋病人的基本人权，也可能减少给社会带来的伤害。就艾滋病的防控而言，"疏"也是比"堵"更可行的选择。允许艾滋病人结婚生育，可以促进艾滋病的自愿检测，减少不知情的艾滋病传染；可以固定艾滋病人的性伙伴，减少不确定的性行为带来的感染；可以增加产前干预的可能，减少因为缺乏干预造成的艾滋病的母婴感染。社会应对这一风险的做法应是加强产前干预，减少艾滋病儿感染率，而不是禁止生育。

当然，艾滋病患者生育存在风险，可能会将艾滋病传染给后代，会增

---

① 蔡高强、徐徐：《论艾滋病病人的人权保护》，《中国艾滋病性病》2007 年第 3 期。

② 黎作恒：《艾滋病立法与国际人权保障》，《西南政法大学学报》2005 年第 3 期。

加家庭和社会的负担，对此也不能漠视。笔者以为法律可以在产前咨询中规定，除《艾滋病防治条例》第43条规定的咨询义务，还应补充一项特殊的咨询义务，即咨询人员必须帮助艾滋病患者认识生育可能带来的严峻后果，特别是可能给孩子带来的疾病与痛苦，促使其认真负责的行使生育权。孕妇在知道自己患有艾滋病时，不接受有关的阻断艾滋病的产前干预措施，应可以理解为"故意传染艾滋病"，需承担相应的法律责任。此外，建立关怀艾滋病人的文化氛围，宣传生育是负责任的行为，促使艾滋病患者认真对待生育的严峻后果，社会能够做的比法律更多。如果基于道义的思考和情感的取舍，患者自愿放弃生育，不失为一个上佳的选择。但是放弃权利和被剥夺权利是两回事，法律不宜禁止其生育。

2. 艾滋病毒携带者人工生殖在技术可行时应予允许

医学上认为艾滋病母亲患病，可能通过胎盘母婴垂直传播方式感染胎儿，并有可能导致早产及婴儿出生体重降低；母乳也可成为传播的媒介。因此，患艾滋病的妇女不应结婚，更不应妊娠和生育，已婚者应采用避孕措施或实行绝育，已妊娠者应当于妊娠早期施行人工流产，不应继续妊娠，以免使胎儿或新生儿感染此病。

但对于丈夫患有艾滋病而妻子无此病症时，人工授精是病人生殖的唯一可行之道。除了使用通常的捐精人工授精外，通过特殊的洗精技术，去除精子中的艾滋病毒也是一种解决方案。日本杏林大学的研究人员成功去除精子的艾滋病病毒，利用显微受精技术帮助感染病毒的夫妇生出健康的婴儿。[①] 这种做法既能保障患者的生育权，也符合生殖技术医疗使用目的，应予准许。

（三）在押犯使用人工授精生殖问题

1. 在押犯有生育权

首先，应当承认罪犯享有生育权。生育权是一项人格权，依据人格权的属性，它是人人享有、终身享有的权利，罪犯也是人，当然也享有生育权。生育权作为人格权，是不可剥夺的权利。我国的刑法并没有剥夺生育权的专门规定，依据法理，罪犯的民事权利并没有当然被法律禁止，因为权利的剥夺必须通过法律程序以明示的方式进行。罪犯享有生育权是毋庸

---

① 邝丽琼：《艾滋病毒携带者不能生育？》，2012年3月26日，http：//ck. 39. net/106/4/1296378。

置疑的。

　　其次，罪犯享有生育权，意味着他可以自主行使权利，实现生育权能。生育权是人格权，是支配权，如果具备权利实现的主客观条件，罪犯也可以实现生育权。例如，对于执行缓刑的罪犯、监外执行的罪犯（如享受探亲假期间的罪犯、假释的罪犯），其生育权行使除受到国家计划生育政策的普遍限制外，并不因为其特殊的罪犯身份而额外受到限制，这就是罪犯享有并可以行使生育权的证明。

　　再次，罪犯享有生育权并不意味着社会有义务保障其生育权的实现。从生育权的性质来看，生育权是人格权，属于支配权。其他主体作为义务人仅仅负有消极不作为义务，即不得作出积极的、妨碍生育权主体行使生育权的行为。义务人并不负有保证生育权人实现生育权的义务。"生育权是基本人身权，为我国宪法所保护，政府、其他社会组织和个人承担不得阻止、妨碍或干扰自然人生育或不生育的义务。"① 就罪犯而言，如果他处于可以自由行使生育权的状态，如前所述，在执行缓刑、假释或探亲假时，他当然可以自由行使生育权。但是，如果他处于不能行使生育权的状态，即被监禁的状态下，监狱管理者并不负有保证他生育权实现的义务。

　　从刑罚的功能和目的考虑，也不宜额外地提供罪犯实现生育权的保障。罪犯被剥夺自由权或生命权，是对自己犯罪行为承担的责任，体现了法律对恶行的惩戒。一旦主体丧失生命权或自由权，以自由权和生命权为基础或前提的权利，势必受到影响，这种不利影响也是一种附加的惩罚，是人们可以预期和接受的。罪犯是被确定要负刑事责任的，就必须同时承受这些不利影响。否则，如果罪犯被判入狱，社会还要想方设法去保障罪犯一些以自由权和生命权为基础的权利实现，是不符合受害人以及一般大众的心理预期的；也减弱了刑罚的惩戒功能。保障罪犯生育权就是违背刑罚惩罚目的和多数民众预期的。

　　笔者以为，罪犯享有生育权，但是这并不意味着社会有义务保障他们实现生育权，相反必要时还完全可以限制其行使生育权。

　　2. 在押犯不宜使用人工生殖技术生育

　　从我国相关法律的规定来看，不宜为罪犯实现生育权提供额外服务。理由如下：

----

① 谭桂珍：《论"生育权"及其救济》，《湘潭大学社会科学学报》2003 年第 2 期。

第一，在押犯生育对孩子的影响。如果说男性在押犯生育对子女的影响不甚显著，那么女性在押犯生育显然对子女影响极为深刻。如果坚持女犯生育，同时又执行监禁，那对孩子而言，一生下来就与母亲分离，或者被监禁；显然两者都是人们难以接受的。如果因此放弃对女犯的监禁，无疑会使孕育成为逃避刑罚的法宝，显然同样是不能接受的。可行的做法只能是禁止在押女犯生育。

第二，在押犯生育对他人的影响。在押犯生育，因此受到显著影响的主要是其配偶。配偶独力抚养子女可能要承受较大压力。但是其自愿选择，法律不宜置喙。然而对于一些学者建议的，对罪犯可以实施人工授精技术、代孕方式、捐献配子等实现生育权，这无疑涉及配子使用者的权益。依据《人类辅助生殖技术管理办法》第十四条规定："实施人类辅助生殖技术应当遵循知情同意原则，并签署知情同意书。"知情同意是人工生殖技术使用的原则。虽然基于社会政策考虑，对人工授精等采用双盲或三盲原则，但是配子捐献者应当符合一些基本的条件，是人们可以预期的。有人认可"诺贝尔精子库""名人精子库""博士精子库"能达到人类优生、提高个人整体素质的目的。虽然这些想法不完全具有科学依据，但是也反映了一般大众的心理。在英国，为保障通过捐精人工授精出生的孩子的知情权，通过了相关法律，孩子在成年后可以找寻到生物上的父亲。如果知晓配子源于某个罪犯，相信接受者大多会反感或拒绝接受。而在完全双盲的情况下，将罪犯的精子或卵子给接受者使用，是对接受者意愿的强奸，是违背实质的知情同意原则的。

允许罪犯辅助生殖也不符合现行人工生殖技术使用的相关法律规定。代孕是我国现行法律明文禁止的，对罪犯当然不能法外开恩，赋予其生育权实现的特权。即使以后法律许可，是否适用于囚犯，也需斟酌。对于罪犯或其配偶，实施人工生殖技术以达到生育权实现的提议，不符合辅助生殖技术使用以"医疗为目的"的宗旨。依据我国《人类辅助生殖技术管理办法》第三条规定："人类辅助生殖技术的应用应当在医疗机构中进行，以医疗为目的，并符合国家计划生育政策、伦理原则和有关法律规定。"对罪犯实施人工辅助生殖技术，是基于社会政策考量，难以说是出于医疗目的，因而与人工生殖技术的医疗宗旨背道而驰。提议无配偶者通过捐精或捐卵实现生育权，不符合生育权行使的法理，也不完全符合捐精的技术规则以及使用精子时的"知情同意"原则。首先，捐精或捐卵不是行使生育权的体现，它和人体组织捐赠是同样性质的行为，通常捐献者并不因此获得亲权人地位，并不是法律意义上的生育。依据《人类精子库管理办法》，精子捐赠，捐赠者必须接受健康检查和严格的筛选，不是谁都可以将自己的遗传物质通过捐精或捐卵的方式传承下去的。因此从客观上讲，不是所有罪犯都能通过这一途径将自己的基因遗传下去。

第三，在押犯生育对社会的影响。就刑罚自由刑而言，主要体现为对行为自由的限制与剥夺，由此而生的是对罪犯社会交往权的限制。罪犯在服刑期间没有与外界交往的自由，罪犯的同居权、生育权都处于限制之列，罪犯不能自由行使。就现在各处监狱沸沸扬扬进行的夫妻同居会见而言，有人质疑如果罪犯在服刑期间享有了生育权，就会出现女性罪犯在狱内生育的非法律许可现象。有学者质问，如果我们把同居权、生育权也还给罪犯，那么刑罚还能罚什么？刑罚的威严又怎么体现？谁还害怕刑罚？监狱又如何完成惩罚与改造罪犯的重任？[1] 有学者称，翻遍监狱工作法律、法规和规章，均找不到涉及犯人"夫妻同居"的法律依据。"名不正，则言不顺"，此举无法定性，处境尴尬。因此，不论犯人表现如何，也不论夫妻同居权会对犯人产生多么大的诱惑、激励作用，监狱都无权赋予犯人这种权利。[2]

鉴于以上考虑，笔者以为在监服刑的罪犯不能行使生育权，也不能通过人工授精等辅助技术实现生育，法律无须对此额外提供保护。

三　生命遗传物质使用程序——医疗机构提取、培育、植入

（一）生命遗传物质的提取

1. 自愿是生殖细胞提取的基本原则

我国法律规定生殖细胞只能由成年人自愿捐献或者为自己使用而自愿提取。精子、卵子的捐献都必须遵循自愿原则。完整的自愿意味着配子的提取应满足三个条件：第一，捐献者是完全行为能力人。第二，捐献者被详细、完整地告知了配子捐献的相关医学和法律信息。第三，捐献者在充分知情的情况下自愿作出捐献同意的表示。

---

[1]　胡配军：《罪犯婚姻权解读应注意的几个问题》，2006 年 8 月 11 日，http：//www. law-lib. com/lw/lw_ view. asp？ no＝4205。

[2]　《中国法律面临尴尬处境　监狱"夫妻同居"是否可行》，2002 年 7 月 16 日，http：//women. sohu. com/2003/11/21/50/article215855016. shtml。

捐献是生殖细胞流转的合法方式。无论精子还是卵子，法律都只允许通过捐献方式进行移转，不许可其进行商品化交易。但是鉴于捐献者的付出，给予其合理补偿则为法律所不禁止。如前所述，笔者认为我国有必要建立配子捐献合理补偿机制，以保证配子的来源，更有效地服务不育人士。在此基础上禁止配子交易是有合理基础的，也有望取得成效。

2. 捐献模式只能是个人对机构（精子库、卵子库）进行，不宜认可私人间的捐赠

私人间的捐赠对生殖技术医疗使用、法律规制、优生优育、稳定传统家庭、厘清婴儿身份等有诸多不利影响，难以纳入人工生殖法的调整范围。哪怕仅仅是为了维护人工生殖医疗使用的功能，将配子捐献限定为对机构捐献也是必不可少的，否则会带来人工生殖技术的滥用。德国《明镜》周刊网站报道了一件离奇的官司：一名男子五年前为一对女同性恋者捐精、让她们生下了孩子，然而由于法律上的漏洞，如今这对女同性恋者竟要求男子承担每月 270 欧元的抚养费。这位名叫克劳斯·施罗德的男人五年前无偿捐献出精子，让一对女同性伴侣生下了一名男孩大卫。然而就在 2011 年 2 月，这对女同志们却试图通过法律途径，要求施罗德承担抚养费。有人质疑，假如捐精这一无私的举动意味着将来有可能要承担总数 10 万欧元的抚养费的话，还会有谁愿意去捐精呢？施罗德认为："恰恰是那些希望得到精子捐献的母亲们，尤其应该反对发生在我身上的这件事。"① 这起案件反映出了私人捐赠的种种弊端。譬如本案中，德国法并不认可同性恋者使用人工授精生殖。依据德国 1990 年颁布的胚胎保护法的规定，人工生殖需在婚姻关系存续中始得实行。② 而施罗德的捐献是在违反该法的前提下进行的。由此而生的纠纷往往比照自然生殖处理，由此会产生当事人意想不到的后果。

3. 机构必须依程序对捐献者进行筛选，选择符合条件的配子予以保存

以精子捐献为例，法律规定精子库的基本任务是：

（1）对供精者进行严格的医学和医学遗传学筛查，并建立完整的资料库；

---

① 《德国：法律漏洞，精子捐献者要付孩子的抚养费?》，2011 年 3 月 6 日，http：//jandan. net/2011/03/06/sperm-donor. html。

② 黄丁全：《医疗·法律与生命伦理》，法律出版社 2004 年版，第 290 页。

（2）对供精者的精液进行冷冻保存，用于治疗不育症、提供生殖保险等服务；

（3）向持有卫生部供精人工授精或体外受精—胚胎移植批准证书的机构提供健康合格的冷冻精液和相关服务；

（4）建立一整套监控机制，以确保每位供精者的精液标本最多只能使5名妇女受孕；

（5）人类精子库除上述基本任务外，还可开展精子库及其相应的生殖医学方面的研究，如供精者的研究、冷藏技术的研究和人类精子库计算机管理系统的研究等。

4. 相关机构必须尽可能保障配子的质量，以避免因此引发纠纷

由于机构提取的配子最后多是应用于生殖的，其质量非常关键。据报道，美国一位母亲依据《产品责任法》，以"产品"质量缺陷为由，将"精子银行"推上法庭的。起诉其提供不合格精子致使她产下严重残疾婴儿。[①] 笔者以为这其中有两个关键，一是这家精子银行所提供的精子是否是营利性的；二是精子的先天缺陷是否是医学技术所能够检测到的。前者决定精子是否属于商品；后者则是判断精子库是否有过错。如果两个问题的回答都是肯定的，精子库无疑需承担相应责任。

我国对捐精、授精行为都是有明确法律规定的，是禁止以营利为目的提供精子服务的。在我国精子捐赠、使用都是公益性的，不能商业化。精子（包括卵子）不能和商品画等号。但是其风险确实存在，精子库在筛选、保管、提供精子方面的职责法律有明文规定。判定精子库是否需承担责任的主要依据不是损害，而是精子库是否履责。对精子库依据法律尽职尽责提供的精子，即使因此生出不够健康的婴儿，也只能认为是一种不幸，就如自然生育的婴儿也有残疾的风险，而不能要求精子库完全负责。对受害人民事上的救济，借助侵权法或合同法由精子库承担会增加使用者成本，借助保险或许是一种可行的选择。

（二）生命遗传物质的培育、检测与修改

法律允许医疗人员根据适应征对患者采取治疗，选择对配子进行对应操作。对配子的体外培育主要包括配子冻融、试管婴儿培育和胚胎学遗传

---

① 《法律专家：精子捐赠属公益事业　没相关法律保护》，2009 年 4 月 14 日，http：//news. sohu. com/20090414/n263378793. shtml。

诊断等。此外还有基于非生殖目的对配子进行的研究。

1. 生殖细胞的体外培育

体外受精—胚胎移植技术（in vitro fertilization and embryo transfer，IVF-ET）是用人工方法取出精子与卵子，在体外受精、发育至一定阶段后，再将胚胎移植到母体子宫内继续发育至足月出生。其中卵子体外成熟是一项重要的基础技术。未成熟卵子经体外培养、受精、形成胚胎，再植入患者的子宫内。将幼稚的卵细胞、甚至卵巢组织薄片进行冻存，需要时行解冻后体外成熟培养，然后体外受精成胚胎植入子宫。未成熟卵子提取避免了超排卵对卵巢的刺激而导致的卵巢癌的发生的危险性，也节约了治疗费用。由于人胚胎体外培养的环境条件不可能达到与体内情况完全一样，应尽快把胚胎移植到母体子宫内。目前认为，在受精后第2天即2—4细胞期的人胚移植效果较好。

单精子卵细胞胞浆内注射（intra cytoplasmic sperm injection，ICSI）是将取得的卵子在培养液中培养数小时后，在显微镜下将一条精子直接注射入卵细胞胞浆内，以完成体外受精。该技术仅需数条精子就可以达到受精、妊娠，是严重男性因素不育患者的最有效治疗方法。上述都是较成熟的技术，在医学上有其适应征，作为不育症的治疗应用通常极少争议。

2. 生殖细胞的体外诊断

着床前遗传诊断（Preimplantation Genetic Diagnosis，PGD）技术是建立在IVF-ET的基础上的。PGD常用的方法是对胚胎进行活检、待活检PGD结果正常时，再通过ET方式植入子宫，生长发育。通常是在胚胎发育到8个细胞时，将细胞一个个移出，然后对每个细胞进行遗传性疾病筛选，从中找到一个不带有害基因的细胞，将其返回到子宫中，被活检的胚胎能继续发育。继2009年1月英国首例经遗传筛选而不带有乳腺癌基因的婴儿在伦敦降生后，英国医学界预期可以推广一项更先进的基因分析技术，可从胚胎中筛查出几乎所有现存的遗传疾病，造出"无疾婴儿"。

这项技术最为人们忧虑的是他可能被用来制造"完美婴儿"。希望生育一个健康的婴儿、获得完美的孩子，一直是人类的梦想，是所有为人父母者的心愿。但是每年相当多残疾新生儿的诞生造就了许多心碎的父母。在技术不能提供帮助的年代，这也是无可奈何之事。但在医学足以揭示此种事实及危险时，生育选择成为可能。因为医院以及医师的疏忽而未告知孕产妇，致使严重残疾胎儿出生，在国内外已引发多起诉讼。① 有人认为选择生育一个健康的婴儿已经成为准父母的一项权利。"父母有生育的权利，但父母也有生育健康后代的义务，此一义务既是对后代所承担，也是对社会所承担，生育一个残疾的后代既不利于子女利益，也不利于社会利益。"②

PGD 技术诞生后，这种权利有了实现的技术支持。准父母希望修改基因，制造富含受人欢迎的性状的婴儿，譬如体型外貌、智力品格、健康、性别等。这些多元化的要求可能造就单一的人类基因库。受欢迎的性状被强化，不受欢迎的性状被删去，最终人类可能变得非常脆弱。而且对人本身的物化加剧，因而不再是天赐的，而是实验室订制产品。对此，我们必须慎而又慎。对其应用应该加以严格限制，重申医学需要原则。除非是为了避免某种公认的严重的疾病发生，否则不允许对拟用于生殖的配子和准胚胎进行操作。

3. 生殖细胞非生殖目的之研究应用

胚胎干细胞（Embryonicstem cells，ES）技术的应用也催生了法律问题。胚胎干细胞是早期胚胎（原肠胚期之前）或原始性腺中分离出来的一类细胞，它具有体外培养无限增殖、自我更新和多向分化的特性。由于 ES 具有发育的多潜能性、种系传递功能和在体外可进行遗传操作三大特点，已成为近年生命科技的热点之一。③

胚胎干细胞研究一直是一个颇具争议的领域，支持者认为这项研究有助于根治很多疑难杂症，是一种挽救生命的慈善行为，是科学进步的表现。而反对者则认为，进行胚胎干细胞研究就必须破坏胚胎，而胚胎是人尚未成形时在子宫的生命形式。2006 年 7 月 19 日，美国总统布什上任 5 年来首次动用总统否决权，否决了参议院一项旨在资助胚胎干细胞研究的提案。与此相对的是，欧盟 25 国负责科研的部长在布鲁塞尔开会决定，将继续资助欧盟科研人员有限度地开展人类干细胞研究。道德层面的争议已经成为制约干细胞研究的瓶颈，科学与伦理再次成为对立的两方。

---

① 在我国，有多起以侵犯生育选择权为由的相关诉讼，在美国，有"不当出生"之诉，都是起诉医院以及医生未尽注意和告知义务，致使严重残疾儿出生。其中一些诉讼获得法院支持。

② 黄丁全：《医疗·法律与生命伦理》，法律出版社 2004 年版，第 432 页。

③ Juencst Eric, T. Walters Leroy. Gene therapy: Ethical and Social Issues [A], Reich Warreu Encyclopedia of Bioethics, p914. 1995.

　　无论如何，此项研究不能失于监管。一些国家如英国、加拿大、欧洲联盟、澳大利亚，以及亚洲的日本、新加坡等国家都为了人类干细胞的研究特别通过法案监管。澳大利亚在 2002 年通过了《涉及人类胚胎研究法》和《人类克隆法》。美国在 1981 年颁布了联邦法律 21 CFR Part 56 来规范伦理审查委员会的工作，后经 1999 年和 2001 年两度修改。① 英国有《人体组织法案》（2004）和《人体组织（人类应用的质量、安全）监管条例》（2007）。日本 2001 年制定了《人类胚胎干细胞研究准则》②。2003 年 3 月，我国国家药品监督管理局颁布了《人体细胞治疗研究和制剂质量控制技术指导原则》；2003 年 12 月，我国科技部和卫生部出台了《人胚胎干细胞研究的伦理指导原则》，卫生部、国家食品药品监督管理局组织制定了《干细胞临床试验研究管理办法》（试行）、《干细胞临床试验研究基地管理办法》（试行）和《干细胞制剂质量控制和临床前研究指导原则》（试行），从 2013 年 3 月开始在全国征求意见。这方面的监管正在逐步完善。

　　（三）生命遗传物质的植入

　　除了体内人工授精技术，现在常用的是常规 IVF – ET 技术。目前常规方法是将卵子从卵巢中取出，在体外使之与精子受精至胚胎，2—3 天后移植至子宫内，使之妊娠、分娩。主要适应征为输卵管阻塞性，免疫性和不明原因的不孕。体外受精—胚胎移植及其衍生技术目前主要包括体外受精—胚胎移植、配子或合子输卵管内移植、卵胞浆内单精子显微注射。

　　人工生殖只能由医疗机构进行。我国《人类辅助生殖技术管理办法》规定："人类辅助生殖技术必须在经过批准并进行登记的医疗机构中实施。未经卫生行政部门批准，任何单位和个人不得实施人类辅助生殖技术。"实施供精人工授精的机构，必须从持有《人类精子库批准证书》的人类精子库获得精源并签署供精协议，并有义务向供精单位及时提供供精人工授精情况及准确的反馈信息；协议应明确双方的职责。机构实施供精体外受精与胚胎移植及其衍生技术，必须向供精的人类精子库及时准确地反馈受者的妊娠和子代等相关信息。因此，合法的人工生殖应该在正规的有资质的医疗机构进行。具体到生殖细胞使用，它是由患者从自己身体提

---

　　① 杜珍媛：《人类胚胎干细胞研究的伦理准则与法律监管政策研究》，《科技管理研究》2011 年第 17 期。

　　② 谢正福：《国内外干细胞研究及临床应用监管状况》，《生命的化学》2013 年第 4 期。

取的或者精子、卵子库提供的，由医疗机构根据适应症选择特定生殖技术和适用的遗传物质，进行对症医疗使用。

医疗机构在进行手术时需遵循知情同意原则，尊重患者意愿。其中包括使用何种来源的配子、采用何种人工生殖技术等。如果医疗机构在违背患者意愿的情况下，使用患者所不希望的配子或者采用患者所不同意的技术等，都是不法的。

医疗机构应谨慎履行自己的职责。美国生殖医院因错用精子而被患者起诉。纽约科马克市的南希－安德鲁斯在纽约一家医院接受体外受精后怀孕了，但令他们意外的是这个孩子的皮肤比两人的都黑。后来经 DNA 检测发现，纽约生殖医学中心的医生给南希·安德鲁斯卵子受精的是另一名男子的精子。婴儿杰西卡于 2004 年 10 月 19 日出生，夫妻俩把杰西卡当成了自己的亲生子一样抚养。但夫妻俩还是提起诉讼。[1]人工授精的实施过程中，由于医疗机构的原因错误地将第三人的精液注入妻子体内，形成实质上的异质人工授精的情形。这时，从儿童利益最大化的原则出发，作为一种无可奈何的解决办法，应当认定夫妻双方与所出生婴儿之间的亲子关系。当然，夫妻双方可以要求医疗机构承担民事责任。[2]

第四节　应用助孕技术所生婴儿的法律地位

一　助孕生殖中确立亲子关系的准则

（一）助孕生殖中亲子关系问题的提出

传统的生殖，往往是婚姻—性交—生育这一链条的最后一环。婚姻的存续确证了生育子女与配偶间的法律关系。即使是个别突破婚姻围墙的生育，也应其性交的自愿而被推定为同意生育，因而婚外性行为导致的生育也可依其血统来确认父母子女关系。但随着现代助孕技术的发展，人工授精应用的普遍，这种联系被打破了。

首先是生育中的血统传承、基因链条被打断。在异质的人工授精技术下，子女与父亲或母亲的血缘联系不复存在——孕育生命的精子可能源于

---

① 彭普：《美国九大医疗事故：生殖医院错用精子》，2012 年 2 月 22 日，http://www.law-time.cn/info/yiliao/yljf/2012022268921_2.html。

② 翟婷：《代孕正当性法理学研究》，硕士学位论文，山东大学，2007 年，第 6 页。

陌生人的捐助，孕育生命的卵子可能来自母亲以外的妇女的卵巢。此时父母子女间天然的血缘联系不复存在了。

其次是生育中双方的自由意志被违背。在性交—受孕—生育的模式中，当事人自愿的性交、避孕措施的放弃或虽避孕但自甘避孕失败的风险，都包含着生育明示或暗示的同意。一个渴望生育的伴侣虽然不能因为同意性交就确定地实现他/她的愿望；不过一个不愿生育的伴侣就可以通过拒绝性交，彻底排除生育的可能。但是在助孕生殖技术的环境下，这种同意、特别是这种拒绝，不再具有决定性了。性交的拒绝、避孕的选择等都可能无法阻止对方一意孤行的生育抉择了。在婚姻之内或婚姻之外，明确地或者暗自地违背伴侣意愿，进行同质或异质的人工生殖，来实现自己生儿育女的意愿的事件都出现了，而且也并非个案。

传统上用以确定父母子女关系的准则——基因联系和生育意愿，都受到挑战，那么确定父母子女关系的准则如何确定，哪些需要坚持，哪些势必被放弃？

（二）助孕生殖中亲子关系解决的思路

1. 超越基因联系准则

借助基因联系来确定亲子关系是自然生殖中的铁律，但是在人工生殖中就不再适用，异质人工生殖技术的基础就是放弃基因联系准则。我们的社会存在超越基因传承的文化。基因联系更多是人的生物本能，但是人的社会性有时是可以超越这种本能的，特别是在基因联系客观上不能保证时，超越此种本能就不仅可能而且必要了。费孝通先生指出，在一些部落，就有男子用妻子招待客人，视妻子生育的子女为己出，哪怕明知其非自己的骨肉也毫不介意的习俗，即文化超越此种本能的例证。

如果坚持基因联系准则，就不会有任何遗传物质的捐献。今天的配子捐献者都超越此种生物本能，很少再纠结于此种基因联系。而采用异质人工生殖的受术者，也多不再介意此种生物联系。捐献者的意图也许是多样的，但还没有一个捐献者是试图负担起亲权人的责任而这样做的，也没有一部法律是据此确定亲权人的。

现代立法多已超越基因联系准则。《法国民法典》第 311 至 319 条规定："由第三人作为捐赠人提供协助，以医学方法进行的生育，捐赠人与采用医学方法出生的儿童之间，不得确立任何亲子关系，对捐赠人不得提起任何责任之诉。"如美国 1972《统一亲子法》规定在 AID 生育中，"供精者不视为胎儿的自然父亲"，而且目前已有多个州有专门法令规定，一名为不是妻子的妇女提供精液的男人，不是婴儿的合法父亲，不享有对该婴儿的权利和义务。1988 年美国《统一人工受孕子女法律地位法》重新厘定法律父母的含义和亲子关系的判断标准：除代孕外，不论受孕方式如何，任何生产孩子的妇女都是孩子的法律母亲，该母亲的丈夫视为孩子的法律父亲；任何捐献精子和卵子用于人工受孕的供卵者和供精者均不是孩子的法律父母；在使用其精子或者卵子受孕之前已经死亡的人也不能成为孩子的法律父母。

有学者提出"要求施用人工生殖的夫妻必须与子女有关联因素，即供精、供卵、受孕、妊娠、分娩等五个环节中应至少有一个环节有夫或妻参与，以确保养育父母与子女存在着自然的联系"①。如此一来，对于保持亲子间自然联系、融洽亲子关系、增进家庭和谐与子女健康成长都不无益处。但是这样一来，有一部分不育者则有可能被排除在外，其生育权实现如何保障，实属难题。

法律承认基因联系在自然生殖中的价值，但在人工生殖中无须固守此种联系。收养也是一种抛弃基因传承追求而建立家庭的选择，继子女与继父母间的关系也是超越基因联系的。美国的一起判例中，更确认了毫无血缘关系的继父为监护人，而不是生母。法官的解释是确定我们亲缘关系的不仅仅是血缘，还有爱。在人工生殖中，更不能把基因联系作为确认亲权的法律准则。

2. 坚持生殖意愿准则

生育的意愿一直是确认亲子关系的重要标准。自主的性行为、各种避孕、节育技术的可获取性，使得生育更多体现主体的自由意志。尤其是当我们把性行为作为生育意愿的一种默示表达来理解时，不自愿的成为父母是极其罕见的事例。因此我们可以说传统上，生育自愿实际上也是确定父母的重要准则。

私法领域强调私法自治，个人责任。传统理论强调人的本质在于理性。笛卡儿说"我思故我在"，而理性借助自由意志体现。法律对人的本质尊重的表现就是对个体自由意志的保障。自己行为自己责任，也正是人自由意志的体现。个人需对自己自主作出的法律行为负责，其核心在于法

① 陈小君、曹诗权：《浅论人工生殖管理的法律调控原则》，《法律科学》1996 年第 1 期。

律行为是主体自由意志的体现。民法通过自愿原则以及一系列配套制度来确保主体能够自主自由行事。与此自由对应的是：人们自由的行动，也必须对自己的自由行动负责。这一原则是民法基础原则。

在生育领域，自由意志同样是人们行为的基础，是个体负责的前提。任何人不能被强迫成为父母，在这个共识的基础上，法律确认生育权包括生育自由和不生育的自由。因此，一个人是否是根据自己意愿来参与生育行为，其意愿为何，就应成为确定其行为后果的直接依据。一个无意参与生育行为的人，不能因为他/她的遗传物质被非法使用而被强迫成为父母。一个自愿的配子或胚胎捐献者也不应被认定为父母，因为他/她虽然参与了生育行为，但是并无意成为父母。但是，一对避孕失败的夫妇不能因此否认自己的父母身份，因为这实质上是一种自甘风险行为——没有完美的避孕技术。

反之，一个自然人，即使没有遗传物质的提供，但是依法参与了生育进程，如接受异质人工生殖，这意味着他/她期待成为父母，他/她的自主意愿和行为就不应被否认。确定父母子女关系的时候，这一要素即使不是决定性的，也必须被重视。生殖技术的高歌猛进，使生育与性行为分离，也日益凸显了为人父母的"意思"作为亲子关系认定标准的重要意义。"Johnson v Calvert"案中，美国最高法院认为，无论是以分娩事实还是基因检测作为认定亲权标准，都必将剥夺另一个生物学母亲的平等权利，因此，受孕时的"意思"应当得到法院的尊重。[1]

3. 兼顾子女最佳利益原则

子女最佳利益原则已经由处理监护权的一项准则演变成了处理儿童事务的基本准则。子女最佳利益并没有恒定统一的标准，只有抽象的概括，即以实现子女利益最大化作为处理儿童事务的出发点和归宿点。为达此目的，允许国家公权力机关介入儿童事务，对私权利给予必要的干预或者限制。这种保护儿童利益的精神也是现代法制普遍的做法。例如婚姻法中婚生推定的种种规定，就是基于儿童利益考量的立法。这在母亲因为婚外性行为而在婚内出生的子女身份确认的法律中，表现尤为明显——许多法律在此都是赋予配偶以否认权；在配偶承认子女婚生的情形下，生物学上的父亲往往难以被确认亲权人身份，因为普遍的认识是儿童在婚内而非婚外

---

[1]　See Johnson v Calvert 851 P. 2d 776 782（Cal 1993）.

成长更有助于其身心健康，符合儿童最佳利益。这一原则也被应用于人工生殖领域。1985年，英国率先在"Baby Cotton"案中应用这一原则。随后，美国新泽西州最高法院以此为据解决了"M婴儿"案。

在生殖领域，没有将此确定为主导原则，而是补充性的原则，主要是出于平衡各方利益的考虑。同单纯的处理已出生儿童事务不同，生殖领域要面对的是"制造"儿童。如果过高地评价儿童利益，不仅仅限制了生育权人的自由，使其受到的侵害无法救济；而且还可能诱发较多的违背主体意愿生育的现象。违法行为者会希望通过造成既成事实来达成心愿而又逃脱法律制裁，这可能违背法律初衷，甚至造成某种程度的道德滑坡。因此儿童利益在此必须考虑，但却不能作为决定性的准则。

二　已婚夫妇使用人工生殖技术生育婴儿的地位

人工授精是将生殖与性行为分开，由人工操纵授精的一种生殖方法。人工授精分为两种：夫精人工授精（AIH）和供精人工授精（AID）。有人不赞同人工生殖，认为AID切断了婚姻与生儿育女的纽带，使婚姻契约和婚姻意义荡然无存；AID把人性与生物性分开，破坏了婚姻的心理、生物统一性。[①] 在供精人工授精时生殖，孩子遗传上的父亲就是精子提供者，这就造成了生物学父亲与社会父亲分离的现象。但是认为这种生物统一性就是婚姻的意义，此种同一性的打破就会使婚姻价值"荡然无存"的认识是有失偏颇的。婚姻的多重价值本书不再赘述。

亲子关系的界定不唯依赖血缘，而更多取决于父母的意愿和法律的认可。这在收养和送样法律关系中就可以印证。最高人民法院《关于夫妻离婚后人工授精所生子女的法律地位如何确定的复函》中明确指出"我们认为，在夫妻关系存续期间，双方一致同意进行人工授精，所生子女应视为夫妻双方的婚生子女，父母子女之间权利义务关系适用《婚姻法》的有关规定"。这里是把双方同意作为确定人工生殖中出生的婴儿其法律地位的唯一标准，而完全未提及其中的血缘联系存在与否。下文依据当事人意愿对人工生殖进行分类，以便更合理地确定因此而出生的婴儿的地位。

（一）夫妇双方同意之人工生殖

异质人工生殖子女，其父子关系的基础是婚生推定还是当事人意思，

---

① 王向丽、邹宏强等：《浅谈人工授精道德问题》，《医学与哲学》1997年第6期。

学界争议很大，立法和判例也有悬殊。第一种主张认为子女系婚姻关系存续期间受胎，应适用婚生推定，但是因为精子非来自丈夫，故丈夫有婚生否认权。第二种观点同意婚生推定，但是丈夫既已同意异质人工授精，就不应再提起婚生否认之诉。第三种观点认为丈夫与异质人工授精子女并无血缘关系，可以比照收养成为丈夫的子女。第四种认为，异质人工授精子女并不是单纯基于血缘关系或者收养行为或者婚姻关系出生，而是兼具协议、血缘和婚姻三重属性的人工生殖行为的结合，将其视为以上四种子女任何一种都不完全符合事实，而应将其与其他四种子女并列，作为第五种子女，赋予其独立的法律地位。[①]

在婚姻关系存继期间，若夫妻双方一致同意人工生殖，那该子女则应视为夫妻双方的婚生子女，而供者不管是自愿还是非自愿，都不能对该子女主张父亲或母亲的法律地位，我国最高人民法院在《关于夫妻离婚后人工授精所生子女的法律地位如何确定的复函》中指出，在夫妻关系存续期间，双方一致同意进行人工授精，所生子女应视为夫妻双方的婚生子女，父母子女之间权利义务关系适用《婚姻法》的有关规定。

英国1990年颁布的《人类受精与胚胎学法案》，作为一部人工生殖子女法律地位的特别法，该法案坚持"分娩者为母"的标准，规定怀孕、分娩者或者将精子、卵子植入其体内的任何妇女（包括代孕者）是子女唯一法律母亲；当手术时，该妇女处在婚姻关系中，孩子仍推定为其配偶的婚生子女，除非他能够证明该植入行为未征得他的同意并且在孩子出生后六个月内提出否认之诉。2009年修订的英国《人类受精与胚胎学法》（Hunan Fertilisation and Embryology Act 2008）终于完成修订，付诸实施。新法案除了继续坚持1990法案的基本原则外，也在"父母"的定义以及亲子关系的认定等方面作出重大调整。新法案在人工生殖子女"父母"认定标准的新规定，也使英国的亲子法完全摆脱了单一的遗传因素的束缚而获得巨大突破，毫无疑问这也是世界性的新突破。

美国于1973年颁布的《统一父母身份法》对人工授精子女法律父亲进行了规范。该法规定，已婚妇女经由丈夫同意使用供精者精子人工受孕，供精者并不是所生子女的法律父亲。2002年，统一州法委员会修正了《统一父母身份法》，进一步统一全国婚生和非婚生子女，自然生殖和

---

① 巫昌祯、王德意、杨人文：《当代中国婚姻家庭问题》，人民出版社1990年版，第181页。

人工生殖子女的亲权关系，其中对人工生殖子女亲子关系认定的内容十分丰富，涉及捐献人的法律地位、父亲身份认定标准、否认之诉的条件，知情同意的形式、解除婚姻关系或者撤销知情同意的法律效力、已故者的父母身份等。①

（二）妻子未经丈夫同意之人工生殖

1. 妻子未经丈夫同意之同质人工生殖

在婚姻关系存继期间，同质人工授精由于所生的子女血缘依然来自于夫妻双方，与传统自然生殖方式下所强调的血统说——血缘关系是身份发生的基础，和"谁分娩，谁为母亲"的法谚相一致，因此当然应解释为夫妻双方的婚生子女。

但未经丈夫同意或妻子欺骗丈夫而进行的同质人工授精所生子女是否是该夫妻双方的婚生子女，我国法学界也有两种观点：一种认为该子女为婚生子女，保障子女的合法权益。史尚宽先生认为，婚姻生活系以子女的出生及对子女负抚养责任为基础，不应容许夫单方可任意回避子女之出生，故不问已得夫之承诺，或在其协力下施行手术，抑或夫不知之中，甚至违反夫之意思而施行手术，只要在婚姻关系存续中以夫之精子受胎者，均应认定系婚生子女。②

另一种观点认为首先应当认为该子女是婚生子女，但丈夫在一定期限享有否认权和领养权。同质人工授精子女，对其亲子关系的认定，经夫妻双方同意的认定为夫妻双方的合法婚生子女，未经丈夫同意的丈夫在一定期限内有否认权。

在这里，顾及婚姻的要义、血缘的联结以及子女利益的保护，使得男性生育意愿为子女利益保护而屈服，实为法律两害相权取其一之选择。因为在此种情况下，允许丈夫否认子女为婚生，则使子女成为无父之非婚生子，对其利益保护至为不利。为保护此无辜幼儿，不宜赋予丈夫婚生否认权。但为救济其生育权，不妨允许其对配偶提起侵害生育权之诉。

2. 妻子未经丈夫同意之异质人工生殖

对于 AID 生殖子女，英国早期的判例以违反公序良俗为据，判定妇

① See Uniform Parentage Act 2002，2006 - 12 - 06，http //www. Law. upenn edu/bll/arch ives/ulc/upa/fina12002 html.

② 史尚宽：《人工授精在民刑法上的问题》，《史尚宽法学论文选集》，荣泰印书馆 1973 年版，第 525—526 页。转引自王洪《婚姻家庭法》，法律出版社 2003 年版，第 244 页。

女构成通奸罪；而美国早期判例则认其为生母的非婚生子女。1948 年斯坦德案例才改弦易张，判定丈夫对此类子女享有亲权。同时为维护子女的利益，仍应认定该子女为他的婚生子女。[①]

AID 实施的前提是遵循同意原则，丈夫的同意是确定父权的重要依据，而血缘并非决定性要素，世界大多数国家的立法与判例采用此做法。如美国 1972《统一亲子法》规定在 AID 生育中，如符合同意原则，丈夫必须书面承诺并经夫妻双方签字，法律将丈夫视为胎儿的自然父亲。澳大利亚法律规定，凡供精人工授精生育的婴儿，生育婴儿的母亲及其丈夫为该婴儿的父母。

AID 的子女与丈夫没有任何血缘关系，因此，必须在得到丈夫的许诺下，双方书面签字，医疗机构才给予实施，以避免日后纠纷。妻子未经丈夫同意擅自进行 AID 或妻子欺骗丈夫施行 AID，违背了夫妻基于配偶身份而拥有的对重大家庭事务的共同决定权，属违法行为，也构成对对方生育权的侵犯。同意必须是在完全自愿的基础上，对于主要的生育信息，如遗传物质来源不应隐瞒，否则也属违背生育意愿。

对于未经丈夫同意的异质人上授精所生子女，法律应赋予丈夫否认的权利。为维护家庭生活的稳定，丈夫行使否认权也应有一定的期限，如日本民法典规 774 条规定：在违反婚生推定条件时，夫享有婚生否认权。第 777 条规定否认之诉的提起期限为知悉子女出生时起一年以内。德国否认权的行使期限为两年，法国为 6 个月。我国王利明先生主编的民法典建议稿第四百五十四条建议："婚生子女否认权之诉，只能由其母或者母之夫本人提出；该项请求权须与子女出生或者母之夫知悉子女出生后一年内行使。如果在规定的期限内丈夫没有行使否认权，则丧失否认的权利。"[②]

至于子女的婚生地位被否定之后，如全部禁止认领，对子女确有不利，因为他们注定在法律上将成为没有父（母）的孩子。但倘若因此许可自愿认领或强制认领，不仅使问题更趋于复杂微妙而造成混乱，而且势必危及人工生殖本身的存在。允许未经丈夫同意，妻子进行异质人工授精的子女，由于其与生母的丈夫无任何血缘关系，不应认定为其子女，但由于该子女与生母一起生活，由生母抚养，但生母与其丈夫共同经营一个家

---

① 刘德宽：《民法诸问题及新展望》，三民书局 1980 年版，第 241 页。

② 王利明：《中国民法典学者建议稿及立法理由》（人格编、婚姻家庭编、继承编），法律出版社 2005 年版，第 302 页。

庭，在一定期限内应给予丈夫领养权，经丈夫领养该子女为夫妻双方的合法婚生子女。

（三）丈夫未经妻子同意之人工生殖

由于生育的后续环节怀孕分娩是由女性承担的，因此男性完全隐瞒女性生育之事实，客观上不可能。而男性可以掌控的部分主要在受精这一环节，因此丈夫未经妻子同意进行生殖的行为也只能是操控这一环节。在自然生殖中，一些丈夫通过破坏避孕或欺诈配偶使其受孕；在人工生殖中主要体现为隐瞒配子来源，使其在被欺诈的情形下生殖。

分娩者为母的准则在此也应适用。在生殖问题上，由于妇女是孕育的主要承担者，其对生育的知情、控制具有决定性作用。即使丈夫在受精环节对其有所隐瞒或强迫，但在孕育环节她仍可以自由选择，如决定继续生育或中止不想要的妊娠。而分娩生育难谓完全违背其意志。如果妇女决定生育，她对配子来源的误解，虽然是意思表示的瑕疵，但这一瑕疵不能否认她对生育行为本质的同意。不能仅仅因为基因的关联而推翻更具法律意义的孕育——分娩行为。超越基因链的选择在此尤为必要。因此传统的分娩者为母的规则除了承认基因联系，也符合意思自治，还应继续坚持。即不论是否妻子同意，只要妻子生育，她就是分娩的子女的母亲。

如果人工生殖不仅违背妻子意愿，而且有悖公序良俗时，则例外的允许亲子关系的否认。台湾地区的"人工生殖法"订有"外遇条款"，防止夫妻利用对方，以人工生殖产下婚外情的结晶，只要夫妻其中一方能证明原先同意实施人工生殖，是受到诈欺或胁迫，当事人可在发现后六个月内提起否认之诉，期限必须在子女出生之日起三年内。

在现实中偶见未经妻子同意之异质人工授精[①]，未经妻子同意之同质人工授精未见报道。这或许是因为人工授精多见于丈夫精子存在问题时，若丈夫背着妻子行此事，多借用他人精子，成功率较高；若仍使用自己精子，则可能难以成功，因而此类问题很少发生。设若发生，其母子关系依据分娩确定，对配偶则可以主张生育权侵害。

异质人工生殖易引发纠纷。如网络报道一例，李某与王某成婚多年没有孩子，李王双方曾到有关医院进行生育能力检查，结果表明原因在于男

---

① 刘袖眉：《偷偷给妻子授精，高知"良种"搅飞一地鸡毛》，2013年2月16日，http://qkzz.net/article/e8643c8b－4b68－4f94－a398－00ba11a0432e.html。

方李某先天性发育不良，生育能力极差，但李某却隐瞒了检查结果。此后，李某自行找到精源后用滴管装着，以消炎为名使王某怀孕。几年后，王某得知此事，遂诉至法院，要求与被告离婚，并否认李某对孩子有亲权。法院判决子女为婚生，李某有亲权。① 此案中，王某虽然被欺骗，但是她无意否认亲子关系，依据分娩者为母原则，她是当然的母亲。李某的行为虽然欠妥，甚至有侵犯配偶生育权的嫌疑，但是他愿意并主动实施了人工生殖行为，符合同意原则，可以据此确定其父亲身份。因此法院的判决完全合理合法。

（四）医生过失使用第三人配子人工生殖

随着人工生殖的发展，其中的失误又逐渐显露。据英国媒体报道，目前已被查出存在重大失误和疏漏的生殖案例大约有 200 起。根据官方数据，这些医疗结构在 2003—2004 年共被发现了 59 起事故，包括无可挽回的严重事故，也包括在最后时刻被纠正过来的小差错。② 有些受精卵被错误地植入人体，孕育诞生。

因医生的过失致使误用第三人的配子而出生的子女，其地位如何？有学者主张适用婚生子女的否认制度，丈夫有权提起否认之诉，如胜诉，该子女确定为非婚生子女。但反对的观点指出，这种办法对出生婴儿严重不利。在自然生殖情形下，婚生子女被否认后虽为非婚生子女，但可以通过其真实生父自愿认领或请求生父强制认领来确定生父；而在人工生殖情形下，该子女一旦被否认，即在法律上沦为没有父亲的孩子，其法律地位可能连非婚生子女都不如。在医师误用第三人的精液实施人工授精时，对于所生子女法律地位之确定，不能仅考虑丈夫的利益，这里最关键的是要考虑子女的利益。因此，在此情形下，应排除婚生子女否认的适用，将该子女仍然视为夫妻双方的婚生子女。对于丈夫利益的损失，可通过由医院承担医疗赔偿责任之途径给予经济上的救济。③

---

① 陈祥勇、法乐红：《未经妻子同意"人工授精"惹出官司》，2003 年 10 月 19 日，http：//women. sohu. com/48/53/article214955348. shtml。

② 《英 200 例人工授精出错 精子搞错受精卵弄混》，2009 年 6 月 15 日，http：//news. sohu. com/20090615/n264539887. shtml。

③ 刘成明：《谁是试管婴儿的法律父母？——人工体外授精子女的法律地位认证》，《青海社会科学》2006 年第 3 期。

需要补充的是，在医生误用的情况下，甚至会出现完全与父母无基因联系的婴儿诞生。在此一概否认父母的亲权，对子女利益完全无法保护；在一些情形下也不符合生育夫妇的意愿。因此笔者认为，在此需超越基因联系原则，确定受术夫妇为出生子女父母，要求生育者承担父母责任。

三　单身妇女使用人工生殖技术生育婴儿的地位

关于单身妇女能否借助人工生殖技术生育有不同争论，支持者认为技术（包括医学技术），是为了弥补人类动物性自存（及发展）的不能，而不是质疑人的动物性。法律制度作为社会制度，也应遵守这一正义法则，允许其生育。反对者认为单身妇女生育违背技术辅助之本质，危及婚姻家庭制度，应予禁止，不一而论。法律选择各有不同，有的允许，有的禁止。如英国，美国的法律多允许单身妇女人工生殖。意大利等禁止非配偶之间的人工授精。虽然我国法律禁止夫妻以外的人士采用人工生殖技术生育，但是鉴于违规操作的情形实际存在，法律也不得不对此后果作出预案。

在非婚姻关系期间，如未婚女性、离异女性、丧偶女性，倘若他们基于某种需要而进行人工生殖，所生婴儿的法律地位应如何界定呢？依据"谁分娩，谁为母亲"的罗马法精神，该子女只与该分娩之母存在亲子关系。基于捐献者的意愿和现行法律，不能随意将捐献者认定为孩子的父亲。当然，现行法律要求捐献者必须借助第三方机构进行捐献和人工生殖，否则其捐献者身份可能难以认定。

而在婚姻关系解除即自然解除和法定解除情况后，妻子利用其前夫的精子进行体外受精，此时，丈夫应视为供者。除非丈夫在婚姻关系期间已同意其妻子使用其精子进行体外受精或在婚姻关系解除后并未行使否决权。

在我国单身妇女中还有一个特殊群体——同性恋妇女。同性之间是否具有缔结婚姻关系的权利一直以来是个十分具有争议的法律问题。同性恋已经被科学家承认不是一种疾病了。2001 年我国新版《中国精神障碍分类与诊断标准》也将同性恋从疾病分类中剔除。1988 年 12 月，丹麦国会以全票通过了世界上第一个《家族伴侣法》，承认同性伴侣与异性伴侣相同的权利，而如比利时、芬兰、德国、法国、英国、美国的一些州，也都认可了同性关系。2000 年 12 月，荷兰成为世界上第一个同性婚姻合法化的国家。荷兰于2001年10月4日出台的有关开放婚姻制度第四部法案指出，婚姻开放法不主张对同性配偶所生育的子女适用父权推定。换句话说，生母的同性伴侣自动获得异性婚姻中父亲（推定的）所能享有的几乎全部权利和义务。[①] 若是在女同性配偶不同意的情况下而自行进行体外受精，则该体外受精子女与生母之同性配偶不发生任何关系，仅是生母的子女，由生母承担抚养义务。2005年12月5日，英国《民事伴侣法》（Civil Partnership Act 2004）正式生效。该法允许同性恋者登记结为具有民事关系的伴侣。2009年，英国的《人类受精与胚胎学法》（Hunan Fertilisation and Embryology Act 2008）终于完成修订，付诸实施。新法案承认同性伴侣具有和异性夫妻同样的权利；利用捐赠的精子成为母亲的妇女，有权同意让任何人（近亲属除外，包括女性）成为孩子的"父亲"或"第一家长"。

　　虽然我国目前还没有明确规定同性恋者享有缔结婚姻关系的权利，但这在理论上确实是一个值得探讨的问题。如学者李银河等就倡议立法认可同性婚姻。倘若今后同意同性缔结婚姻关系，那么女同性恋者采取人工生殖技术所生子女的法律地位应如何界定呢？女同性恋者人工生育的孩子可能没法有一个父亲，但可以有两个家长。异性恋的单身妇女人工生殖的孩子只有一个母亲，但可以有一个养父。

---

　　① 　Kees Waldijk：《欧洲国家同性婚姻立法的发展趋势》，庄素娟译，《金陵法律评论》2006年春季卷。

这里的（代孕）唯一新颖之处，同朴素的人工授精相比，在于它的契约，而不在于它的技术，这是与替身孕母一起作出的安排。

——理查德·A. 波斯纳

第三章　代孕技术应用的法律规制

第一节　代孕技术应用的法例与学说

一　代孕技术概述

代孕是人类辅助生殖技术的一种，指用现代医疗技术将精子或经由人工授精培育成功的受精卵或胚胎注入自愿代理怀孕者的体内，待生育后由委托人获得对孩子的亲权并加以抚养。学说上将妻称作委托妻子，将夫称作委托丈夫，将代理怀孕者称作代母，将所生子女称为代孕子女。在现今社会医疗技术高度发达，但仍有许多不孕夫妇无法自己生育小孩。随着人工生殖科技的迅速发展，20 世纪 70 年代以来，欧美各国陆续开始有人委托代理孕母怀孕生子，以完成其生儿育女的愿望。它已经成为解决不孕症的一种临床选择。代孕始于美国，截至 1992 年世界各地通过代孕出生的婴儿已有 4000 多个。[①]

胚胎按精子与卵子的供体不同分为四种情况：一是用夫精与代孕者的卵子；二是供卵（代孕者之外，以下同）与夫精；三是供卵与供精；四是妻卵与夫精。不过在立法上，一些国家会区别局部代孕与完全代孕而进行不同规定。依据代理孕母是否提供遗传物质，代孕可以分为局部代孕和完全代孕。局部代孕也称为候补孕母之行为，是指妻因无法排卵且子宫有

---

① ［美］杰里米·里夫金：《生物技术世纪——用基因重塑世界》，付立杰等译，上海科技教育出版社 2001 年版，第 31 页。

障碍而无法怀孕，经其夫同意后将夫之精子以人工方式注入代孕女体内，与代孕女的卵子结合，并由代孕女怀胎、分娩该子女，分娩后夫妻双方为孩子之父母。局部代孕为夫精与代母卵结合。完全代孕是指夫精与妻卵结合，在体外受精后将胚胎重置于代母子宫内，即代母只是为胚胎生长提供了她的妊娠功能。学说上称为完全代孕，或捐胚代孕，是他人之精与他人之卵结合，在体外受精后将胚胎重置于代母子宫内。

二　代孕技术应用的相关法例

代孕兴于国外，考察国外规制代孕的立法，基本上可概括为"完全禁止型"和"限制开放型"两类。

（一）完全禁止型

一些国家禁止代理孕母技术的运用，以大陆法系尤为突出。法国卫生部宣传代理母亲是"奴役妇女"，根据1994年通过的《生物伦理法》以及《法国民法典》的相关规定，代孕被禁止，替人怀孕的妇女只能将生下的孩子归为己有，否则将被追究法律责任。在瑞典，代孕被认为是违反基本法律原则，代孕协议是无效的。根据瑞典法律，生下孩子的妇女就是孩子的母亲。德国1990年10月颁布实施的《胚胎保护法》虽未明文禁止代孕母，但间接表达了禁止代孕母的立场。根据该法，人工授精的卵子只能由亲生母亲的子宫来孕育，如植入其他妇女的子宫，丈夫与代理机构、医生都将受惩罚。① 德国的判例大多认为"由于此类合同以孩子作为交易行为的客体，因此在大多数情况下被认为是违反善良风俗的"②。《魁北克民法典》第541条也规定："女性承担为他人怀孕或生育子女义务的协议绝对无效。"泰国、新加坡等也禁止代孕。在澳大利亚的昆士兰州、塔斯马尼亚和南澳大利亚地区都对代孕采取了禁止的态度。美国的亚利桑那州、米西根州和哥伦比亚区法律明确禁止有偿和无偿的代孕合同。在这些地区参与代孕合同被认为是犯罪。泰国、新加坡等也禁止代孕。在日本，大多认为代孕被认为违反基本法律原则或公序良俗，因此无效。但是法律也不决然否认。2007年3月23日，最高裁判所推翻了日本东京高级

---

① 黄丁全：《医疗·法律与生命伦理》，法律出版社2004年版，第310—319页。
② 参见《汉姆州高等法院·法学家报》1986年，第441页，附有科尔霍塞尔（Kollhosser）的评论，转引自［德］迪特尔·梅迪库斯《德国民法总论》，邵建东译，法律出版社2001年版，第531页。

法院的判决，命令东京市政务司力、公室接受一对日本夫妇通过一位美国代孕母亲生下的双胞胎儿子的户口登记申请。虽然如果按照《日本民法典》的规定，孩子的母亲必须是孕育和生产孩子的妇女。日本最高裁判所认为，法律的制定跟不上科技进步的脚步，立法机关应当立即采取应对措施。①

（二）限制开放型

据统计，在 20 世纪 70 年代的美国，有超过 35000 个婴儿是通过代孕生育的，面对巨大的潜在代孕需求，美国在 20 世纪 70 年代末诞生了商业代孕。1987 年，被广泛炒作的新泽西州"M 婴儿"案掀起了美国各界对商业代孕行为性质的大反思和大讨论。当时，一个委托代孕父亲起诉要求孕母按照合同约定交还 M 婴儿。此前，该孕母被这位基因父亲花一万美元雇来生孩子。但是，当这个小生命降临人世之时，孕母却萌生了留下孩子的念头，于是双方就婴儿归属产生了争议。此案引起人们热议，对于是否开放代孕，如果开放代孕，是否开放有偿代孕莫衷一是。依据各国对此所持不同态度，开放代孕也可以进一步划分为有限开放和完全开放两类。

1. 禁止有偿（商业性）代孕

一些国家允许无偿的或合理补偿的代孕，只禁止商业性代孕。在英国，1984 年的《沃诺克报告》（Warnock Report），对代孕持否定态度，认为避免代孕及其负面影响的唯一有效办法是"使其非法化"。但是事实使得沃诺克委员会不得不接受代孕（协议）已经客观存在并且不可能有效禁绝的事实，为此建议政府禁止商业性或者营利性代孕。为了应对"Baby Cotton 案"产生的道德恐慌和社会震荡，英国政府于 1985 年仓促出台了《代孕协议法案》，部分采纳了沃诺克委员会的建议，严禁商业性代孕和代孕中介，而自愿性代孕和酬金给付却得以合法化。1990 年的《人类授精与胚胎学法》进一步重申了《代孕协议法》的立场，并加以补充和修正。2004 年，加拿大参议院批准了《辅助性人类生殖法》，禁止商业代孕合同，无偿代孕仍属合法。2008 年《澳大利亚代孕法》（Surrogacy Bill 2008）允许非商业的代孕，明确禁止有偿代孕，违反者将处以罚金或监禁。以色列、新西兰、南非等都有类似规定。2000 年 6 月香港立法会通过"人类生殖科技条例"，允许非商业性代孕行为的存在，但禁止非配偶

---

① 方金刚编译：《日本、美国热点法治事件》，《环球资讯》2008 年第 1 期。

间的精卵进行代孕，并禁止一切胚胎和配子在商业上的应用和交易，也即该条例仅开放非商业的完全代孕。

2. 允许有偿（商业性）代孕

还有些国家对有偿代孕和无偿代孕都不加禁止。例如在美国，家庭事务通常属于州立法管辖的范围，而各州对代孕的规定分歧很大。一些州允许商业代孕，而美国国会也一直没有通过任何禁止代孕商业化的法律。美国律师公会 1988 年公布的"代孕母范本草案"建议有偿代孕合法，各州可自行决定组成"代孕费用决策局"，决定代孕费用的最高额和最低额，以确保代孕母得到公平合理补偿。[①]《统一亲子法 2000》（Uniform Parentage Act 2000）认可有偿代孕，该法规定代孕费用和报酬由当事人约定。

其实，由于对必要费用、合理费用和劳务报酬的理解并无统一标准，使得无偿代孕、合理补偿的代孕和商业性代孕的界限并非人们想象中那么泾渭分明。从国外的立法实例看，美国赞成代孕的州对受术夫妻应给付代孕母的必要费用界定主要为：从订立代孕协议起至代孕子女生下并交还于受术夫妻止，所有的心理咨询费用（代孕母咨询）及代孕母在怀孕期间因怀孕而减少的薪资收入。除上述所提到的必要费用外，英国非营利性代孕中介组织（Childlessness Overcome Through Surrogate，COTS）的代孕备忘录中提到，代孕所需合理费用还包括孕妇装、营养费、家事协助、电话费、小孩看护费及怀孕结束后的假期花费等，但 COTS 在备忘录首页即声明备忘录是供当事人订立协议时参考用的文件，所以上述费用属开放选择项目，并非绝对必要的费用。美国律师公会版《代孕法范本草案》（Draft ABA Model S）则认为受术夫妻并无支付代孕母薪资损失、小孩看护费，及其他与代孕人配偶相关的各项费用的义务。

英联邦许多国家都有明确法律条文禁止任何形式的代孕技术，但诸多又面临解禁的选择。2006 年 8 月，澳大利亚立法委员会就修改了已实施多年的相关法律，允许商业性借腹生子的父母成为合法父母。新西兰《人工体外授精准则》允许非商业的代孕。

我国法律对代孕没有明确规定，而部门规章和地方性法规规定不一。卫生部明确禁止代孕技术的使用，2001 年颁布的《人类辅助生殖技术管理办法》第三条规定："医疗机构和医务人员不得实施任何形式的代孕技

① 张晓玲：《人工生殖法律问题研究》，博士学位论文，山东大学，2006 年，第 46 页。

术。"但是一些地方法规的规定实际上又有限度的认可代孕。例如《上海市计划生育条例实施细则》第十二条规定："……农业人口中符合下列条件之一的夫妻，可以按计划生育第二个孩子……（六）同胞兄弟姐妹两人以上，有一人无生育能力，其他均只生育一个孩子的，允许其中一人再生育一个孩子，供无生育能力者收养。"这条规定完全符合代孕的一般特征，即一名妇女替另一对夫妇生育孩子以供其收养。只不过上海市的规定将其限定在同胞兄弟姐妹之间而已。

据报道，在成都、重庆、西安及其他城市都曾相继出现过女性自愿高价出租自己的子宫，充当代理母亲为别人代孕子女的广告，一时应征者众多，在社会上引起了较大的反响。对于代孕，国外法律如何规制，学理上存在哪些争议，我国法律应如何取舍？

三　代孕技术应用的学理争议

（一）反对代孕技术应用的主张

由于代孕所涉文化和道德的多元性，学者、民众对此的看法迥然不同，相关的争议相当激烈，法律应该对代孕禁止抑或许可，可谓见仁见智。

1. 反对代孕技术使用的伦理考量

第一，认为代孕侵犯妇女人格尊严，损害代孕妇女健康。如英国代孕协议法案立法委员会认为一个人不可以通过商业代孕行为即有偿代孕合约转让或放弃他做父母亲的权利义务，将生育与金钱挂钩，侵犯了妇女尊严，降低了妇女的人格，贬低了她们的社会地位。因为妇女若以收取酬金为目的，出让其子宫为他人生育孩子，将极易被人看作生育机器，处于被支配的地位，不利于保护自身的权益。但是代孕本身并不是非法的，不过英国医学协会建议医生不要参与类似行为。[①] 在医学上孕期妇女可能会产生预想不到的并发症，如妊娠高血压、妊娠水肿，甚至妊娠高血压综合征等。产期危险性更大，如难产、产后出血、子宫破裂及弥散性血管内凝血，威胁产妇的生命安全。

第二，认为代孕破坏婚姻家庭价值。反对者认为代孕也使家庭伦

---

① 廖雅慈：《人工生育及其法律道德问题研究》，赵文慧等译，中国法制出版社 1995 年版，第 22 页。

理关系产生混乱及人工授精给生殖活动不适当的引入了第三者。如母亲代女儿怀孕，姐姐替妹妹怀孕。代孕与充满人道主义关怀、解决无孩夫妇困境而产生的"人工授精"不同，代孕可能出现的不仅仅是一个陌生的新的生命源，更是活生生的"第三者"——代孕者。① 沃诺克就指出："反对意见本质上基于这样一种看法：把第三者引入生殖过程中来乃是对于婚姻关系的价值的侵害，生殖过程应该局限于相爱的伴侣之间。"②

第三，认为代孕违背公序良俗。德国法认为此类行为违反公序良俗而无效。从1985年到1986年，全德国一共有三宗代孕案件诉至法院，很不幸这三宗案件全部是关乎代孕引发的金钱纠纷。对这三起案件，法院均坚持了反对代孕的立场，以违反公共政策为由确认代孕协议无效。于是立法机关和公众均先入为主地认为代孕是一种恶劣的行为，应当被禁止。梁慧星先生认为代替她人怀孕的所谓"代理孕母"协议，属于公序良俗违反行为中的危害家庭关系行为类型。基于公序良俗原则的强行法性格，该行为自应无效。③

2. 反对代孕技术使用的制度考虑

反对代孕的第二类理由主要是基于制度上的考虑。

第一，代孕违背现行法律。代孕妇女未能完全执行计划生育政策。《婚姻法》第2条规定"实行计划生育"。代孕母亲一般都是已经生育过，并且有健康子女的妇女，应该严格的执行计划生育相关法律法规。代替别人生孩子，不符合当前计划生育政策，与《婚姻法》要求每个家庭都实行计划生育相违背。我国有学者还从控制人口方面阐述，认为"在目前需要控制人口生育数量的情况下，即使妻子无法怀孕，也不得代生"④。我国卫生部制定的《人类辅助生殖技术管理办法》更是明文禁止医疗机构与医务人员实施任何形式的代孕技术。《人类精子库管理办法》规定，严格禁止精子、卵子、受精卵和胚胎的买卖。这些法律规章使得代孕实际上处于违法之列。

---

① 孟威：《"代孕"现象背后的伦理冲突》，《赤峰学院学报》2007年第1期。

② [美] H. T. 恩格尔哈特：《生命伦理学基础》，范瑞平译，北京大学出版社2006年版，第273页。

③ 梁慧星：《民法学说判例与立法研究》，国家行政学院出版社1999年版，第12—16页。

④ 杨遂全：《中国人口法律制度研究》，法律出版社1995年版，第167页。

第二，现行的法律对代孕可能引发的纠纷尚欠缺必要的应对方案。如有人认为代孕有以下弊端：其一，代孕不利于家庭稳定；其二，代孕不利于子女利益；其三，孕母会破坏家庭结构——单身男子使用代孕技术，会使现行家庭结构解体；其四，孕母使生育动机发生根本变化；其五，孕母导致亲属关系和伦理观念的混乱，如女性亲属间互相代孕；其六，代理孕母侮辱女性；其七，代理孕母会受到心里或生理的长期伤害；其八，代孕不利于人口控制。① 而代理契约也可能带来诸多问题，包括（1）人工授精、孕母代孕有感染艾滋病的可能；（2）孩子残疾的可能；（3）妊娠中流产或死产的可能；（4）委托方父亲中途改变主意；（5）怀孕期间、委托方父亲死亡；（6）孕母在妊娠中改变主意；（7）孕母生产时死亡；（8）孕母所生婴儿非委托方之父亲所生时；（9）孕母拒绝交付子女时；（10）委托方父亲拒绝交付全部酬金时。上述情况都可能引发难以处理的纠纷。要避免代孕安排所引起的争议，唯一的选择就是全面禁止代理孕母。② 我国官方对禁止代孕的解释是：一是禁止代孕仅仅涉及极少部分人的利益，不会对多数人造成影响；二是代孕会带来诸多问题，不禁止，一旦出现问题将难以解决。③

（二）支持代孕技术应用的主张

支持代孕的理由主要有以下一些：

第一，禁止代孕必将抹杀不育者的生育权利，也限制他们建立家庭的权利。美国新泽西州高等法院法官哈尔维·索尔科在审理"婴儿 M"案中认为："如果一个人有权以性交方式生育，那么他就有权以人工方式生育。如果生育是受到保护的，那么生育的方式也应受到保护。本法庭认为这种受保护的方式可以扩展到用代孕生孩子。"④ 以选择代孕的方式实现不孕夫妻的生育权是合情合理的。在我国大约有 100 万不能生育的家庭需要运用这一技术。⑤ 这一小撮人的绝对数量是不可忽视的，而且这个数量

---

① 黄丁全：《医疗·法律与生命伦理》，法律出版社 2004 年 10 月版，第 318 页。

② 同上书，第 316 页。

③ 蓝燕：《卫生部权威人士有关专家解释为什么禁止"借腹生子"》，《中国青年报》2001年 3 月 27 日第 5 版。

④ 廖雅慈：《人工生育及其法律道德问题研究》，赵文慧等译，中国法制出版社 1995 年版，第 41 页。

⑤ 黄邦道：《代孕行为引起的法律问题探究》，《重庆交通学院学报》（社科版）2004 年第1 期。

还在增长。

第二，禁止代孕侵犯了代母的自由选择权，妇女应该自己决定面对何种风险。例如美国的安德鲁斯教授认为："禁止代理孕母似乎意味着，决定妇女面对什么样的风险的是政府，而非妇女个人。这种禁令的依据，正是女性主义分子在堕胎、避孕、非传统家庭和就业等议题下所反对的依据，到头来将会在生育政策和家庭等方面威胁女性主义者。"① 公民的人格权中包括公民的身体权。作为女性公民自然有权自主支配自己的器官，子宫作为女性的重要生殖器官，也在自主支配的范围之列。自然人的身体不是物，除非其与组成身体的其他器官、组织相分离而又没有与别的人体结合。只要身体的某个器官组织与人的其他器官和生理组织融为一体，成为人的机体的有机组成部分，那它就不是"物"。出租论者严重违背了人的身体并非物这一基本原理，无理论根据地把"腹"当作客体物出租是荒谬的。如果强行把身体之"腹"从人体中分离出来当作物出租，不仅"腹"失去了其生育的功能意义，而且是一种严重的刑事犯罪。② 以爱护为名而禁止其支配，实质上是限制了妇女的自由；就如同以前美国法律以爱护为名限制妇女避孕和堕胎一样。

第三，代孕实际上提高了婴儿的福利待遇。婴儿自出生以后，就成为法律上的权利义务的主体而并非客体。认为代孕是买卖婴儿，贬低婴儿价值的说法是不成立的。这些婴儿是被渴望的孩子，而不是生下后被父母遗弃的孩子。美国一位拥护自由市场经济的法官说："从孩子的福利角度看，那种会出大价钱买孩子的意愿其实就是一种保证，想想看，谁是为了砸电视机才花钱买电视机的呢？所以说，人们花钱买了孩子后就会好好的爱护他们。"③

第四，代孕不违背公序良俗，非商业代孕尤其如是。非商业性代孕是在代理孕母自愿的前提下，接受绝孕夫妇的委托，同意将胚胎移入自己的子宫进行孕育的过程，体现了人们之间的互助精神，并不是以买卖婴儿为目的的。这虽然和传统伦理道德观念相冲突，但作为一种科学技术，其目的是服务于人类繁衍的福祉，并且体现了社会主义的道德风尚。它虽不为

---

① ［美］李·希尔佛：《性、遗传和基因问题》，李千毅等译，湖南科学技术出版社2000年版，第129页。

② 肖华林：《代孕合同之法律问题探微》，《怀化学院学报》2007年第6期。

③ 黄丁全：《医疗·法律与生命伦理》，法律出版社2004年10月版，第309页。

大多数人所必需，但不能因为需求人群小便忽视他们的权利。从这一角度出发，代孕显然不会违背社会公序良俗。① 代孕不仅弥补了不孕不育夫妇生理上的不足，更抚慰了其在社会、心理上的伤痛，于个人而言是幸福，于家庭、社会而言却是"减压阀"，有利于人权实现、家庭幸福与社会和谐。

我国一些学者认为生育权的内容之一即为生育方式的选择权，因此在伦理许可的范围内，应允许代孕。学者支持代孕的理由主要有：代孕可以帮助不孕夫妇实现生儿育女的梦想；代孕有助于医学科技的发展；代孕孕育了崭新的生育观，有利于提高婚姻和家庭的质量。② 禁止代孕剥夺了无妊娠能力的妇女的生育权以及部分健康男性的生育权和建立家庭的权利，人为地制造了混乱，如导致离婚率升高、更多地下非法代孕出现。

第二节　代孕技术应用的法律选择——禁止还是开放

一　应否允许代孕技术使用的衡量标准

每一项人工生殖技术的使用，都会引起各种各样的争议，带来这样那样的问题。如避孕技术、堕胎技术、人工授精技术、试管婴儿技术的使用，在最初都曾面临各种非议。对立法而言，加以禁止是最方便、最简单的，但并不能从根本上解决问题。"好的法律应该提供的不只是程序正义。它应该既强有力又公平；有助于界定公共利益并致力于达到实体正义。"③ 不考虑个体的利益和要求，简单地加以禁止，其结果只会是各种规避法律的现象不断出现，最终立法的目的将无法实现，法律的权威势必受到动摇。

代孕问题上的分歧实际反映的是个人生育自由与公私利益的冲突。生育权并非一项绝对的权利，一旦与公私利益冲突，就必须在两者之间进行平衡或取舍。其在立法上通常就表现为权利限制。然而权利限制的标准为何？德沃金认为：一个国家可以根据许多的理由取消或者限制权利……这

---

① 郑莉：《代孕法律关系初探》，《景德镇高专学报》2007 年第 1 期。

② 李善国等：《辅助生殖技术法研究》，法律出版社 2005 年 12 月版，第 69 页。

③ ［美］P. 诺内特、P. 塞尔兹尼克：《转变中的法律与社会：迈向回应型法》，张志铭译，中国政法大学出版社 2004 年 1 月版，第 82 页。

些理由中最重要的理由在于如果涉及的权利不受到限制，那么与之冲突的权利就会受到破坏。当它们发生冲突的时候，政府的任务就是要区别对待。如果政府有理由相信对立的权利中有一方是更为重要的，它就有理由限制另一些权利。① 博登海默认为："人之所以有理由个别地或集体地对其中任何分子的行动自由进行干涉的唯一目的，乃是自行保护。这就是说，对于文明群体中的任一成员，之所以能够施用权力以反对其意志而不失为正当，其唯一的目的就在于防止危害他人。"② 密尔把社会控制和个人自由之间的界限概括为伤害原则：个人的行为只要不涉及自身以外什么人的利害，个人就不必向社会负责交代；关于对他人利益有害的行为，个人则应当负责交代，并且还应当承受或是社会的或是法律的惩罚，假如社会的意见认为需要用这种或那种惩罚来保护它自己的话。③

这一原则也被应用于生育权冲突领域。有学者认为至少有三方面的道德因素可以正当地限制个人的生育自由：其一，对孩子潜在的伤害；其二，对他人和社会潜在的伤害和负担；其三，对后代的潜在伤害。④ 笔者以为，这个标准较全面地概括了不同的利益，但是其中有些分类存在重合和交叉，区分标准不是很清晰：如孩子和作为个体的后代存在重合；后代作为整体与社会存在重合。笔者在此基础上主张将损害区分为：第一，对孩子的潜在伤害；第二，对他人（除孩子外具体的个体）的潜在伤害；第三，对社会的潜在伤害。其中对社会的伤害可以直接认定是与公共利益冲突，而对孩子和他人的伤害间接地涉及公共利益。

二　反对代孕技术应用的不合理性

那些反对代孕的理由，我们可以梳理归纳，分为对孩子、对他人以及对社会的损害三类。对于学者概括的代孕的不利情形，是不是都站得住脚呢？我们来分析一下。

其一，代孕会伤害孩子吗？美国新泽西州最高法院在"M婴儿案"判决中指出了这点：一个孩子不是在尽可能的和平和安全之中开始其生

① ［美］罗纳德·德沃金：《认真对待权利》，信春鹰等译，中国大百科全书出版社1998年版，第255页。

② ［美］博登海默：《法理学—法律哲学与法律方法》，邓正来译，中国政法大学出版社1991年版，第108页。

③ ［英］约翰·密尔：《论自由》，程崇华译，商务印书馆1959年版，第102页。

④ ［美］许志伟：《自由、自主、生育权与处境论》，《医学与哲学》2000年第4期。

活，而是发现其出生后立即处于父母的竞争与争议之中；在由代孕生育协议所产生的代理关系中，出价最高的人将可能成为收养父母，而不论其是否合适。① 对此，波斯纳给予了有力的反驳：首先，他认为"孩子处于父母间竞争的争议"是法律不明确性的产物，一旦这种代孕协议的可实施性确定了，代孕母亲就不会有理由对契约提出争议了；她与养父母之间的竞争亦不存在。其次，他提出"契约是孩子得以生育的前提，没有契约就没有孩子"。代孕协议与签订契约时就有一个孩子，并且契约要求母亲放弃的情况是不同的。代孕协议并不会导致女性丧失做母亲的权利，而是引导一个妇女为了另一个妇女而成为母亲。法院之所以提出该理由，是因为它没有理解契约的生产功能。它错误地认为，契约只是对已完成的事实的结果作了重新安排。最后，对于"出价最高的人将可能成为收养父母"，波斯纳认为这只是表示了一种固定的供应（如凡·高的画）被拍卖的情形，但是供应并不是固定的，合格的代理母亲候选人之间的竞争将使这种代理处于不育夫妇可以容易得到的状况，从而可以使价格下降到成本的水平。②

一个人工生殖的孩子与被收养的孩子相比，可能同样会对他的来源感到好奇和困惑，但是他们并非被"抛弃"，而是被渴望得到的孩子。研究表明，当人工生殖的孩子得知真相时，他们与双亲的关系得到了巩固而不是伤害。③ 这说明人工生殖的孩子不一定就不幸福。认为代孕伤害了子女是要求人们在"没有孩子"和"代孕生产的孩子"之间判断何者更具有价值。没有代母，就没有子女；虽然与普通的孩子相比或许会显得不那么"自然"，但是生命本身的价值不容否定。

其二，代孕会伤害他人吗？反对者认为代孕不利于家庭稳定，他们或许是认为代孕会伤害委托人夫妇以及孕母的家庭安宁吧。从委托人的角度而言，渴望有孩子而不能生孩子的家庭本身就存在不稳定因素；如果顺利地通过代孕得到了孩子，反而会增加其稳定性；虽然代母的介入会影响家庭的和谐，但通常还是在可以忍受的范围内。从孕母的角度而言，孕母不

---

① ［美］理查德·波斯纳：《法律的经济分析》，蒋兆康译，中国大百科全书出版社1995年版，第313页。

② 同上书，第314页。

③ 廖雅慈：《人工生育及其法律道德问题研究》，赵文慧等译，中国法制出版社1995年版，第59—60页。

一定都是处于婚姻状态，对独身者而言不存在家庭稳定的问题。而对于已婚的孕母，通常法律都会要求其征得配偶同意，从而消除了法律上可能的冲突。

代理孕母侮辱女性、伤害孕母自己吗？《沃诺克报告》评论说："把他人当作实现目的之手段，不论结果如何，都应受到道德谴责。"子宫出租论、工具论、奴役说等都支持了上述观点。这乍看之下有理有据，但其实这些推理过程往往将结论当作了前提来进行论证，难以成立。有一段反对"出租论"文字，简单而精彩："我们不会描述一个头脑快捷、能干的董事的工作仅仅是出租他的头脑；或快速的打字员的工作本质是仅仅出租了她的手指；甚至模特儿是出租了她们美丽动人的身体为衣架。"① 那为什么就说孕母是出租了她的子宫呢？反对者认为代孕会使代理孕母受到心理或生理的长期伤害。这种可能性是存在的，但是是否会受到伤害，是否值得承受这种伤害，判断和选择的权利应交由主体自己行使。法律并不能代替每人作出适宜的判断。反堕胎法以保护妇女健康为由禁止堕胎，事实证明这种替代判断并不明智；法律以妇女保护为由进行替代判断也不一定符合妇女自身的利益。

其三，代孕会对社会造成伤害吗？大陆法系国家许多立法正是以此为据禁止代孕的。如德国、法国等立法。但是批评者指出，德国唯一一份涉及代孕的政府报告是1985年的"本达报告"（Benda-Report）。这份报告中有关代孕的篇幅只有四页。立法机关和公众是在没有对代孕的潜在问题做任何认真的分析的情况下，均先入为主地认为代孕是一种恶劣的行为，应当被禁止。②

孕母会破坏家庭结构、导致亲属关系和伦理观念混乱、使生育动机发生根本变化吗？笔者不以为然。单身男子使用代孕技术，会使现行家庭结构解体，但这是可以通过立法，限制代孕实行的条件来加以规制的。允许代孕的国家大多限定代孕的使用者为不育夫妇，就排除了单身男子或单身妇女通过代孕建立家庭的可能。相反，代孕有助于维护传统的家庭结构。使代孕合法化，合格的代理母亲候选人之间的竞争将这种代理价格下降到

① 廖雅慈：《人工生育及其法律道德问题研究》，赵淑慧等译，中国法制出版社1995年版，第73页。

② 参见 Vctoria Keppler and Michael Bokelmann "Surrogate Motherhood-The Legal Situation in Germany"，2006 - 8 - 26，http：//www. surmgacy. com/Articles/news_ view. asp? ID = 96。

成本的水平，处于不育夫妇可以容易得到的状况。代孕生育将改善经济力量有限的不育夫妇的境遇。① 这样反而有利于不育家庭的稳定和巩固。女性亲属间互相代孕，确实会产生伦理问题，但是同样可以通过立法限定代孕的条件来加以控制。由于与金钱挂钩，代孕对许多人而言在道德上是难以接受和令人厌恶的。其实代孕有利他主义的、合理补偿的和商业化的三种类型。利他主义代孕在道德上是高尚的，合理补偿也不会改变代孕中固有的高尚本质；即使是商业化代孕，也是"完全符合资本主义经济，而且不付款反而是一种利用"②。再退一步，法律可以调整行为，但是动机却是法律无能为力的；生育的功利动机也早就存在，法律能禁止父母为"防老"、"空虚"而"养儿"吗？

代孕不利于人口控制是反对者的另一论据。③ 人口控制的目标包括降低人口、稳定人口、提高人口三种。从降低人口的目标出发，任何生育行为都是不利于这一目标实现的；但是如果从稳定或提高的目的出发，代孕就不一定是不利的了。通过衡量生育自由与可能带来的这三类伤害，分析代孕制度的合理性，笔者认为不能一味禁止代孕。主张全面禁止代孕的理由并不完全成立，代孕并非绝对有害无利。

三　禁止代孕技术应用的危害性

（一）禁止代孕限制了少数不育群体的生育权利

权利本位的含义，就是在国家权力与公民权利冲突时，应以公民权利为重，除非有重大的社会公共利益，非经正当的立法程序，给出充分的理由，不能任意剥夺公民的基本权利。在一种假定和承认个性、多样性和由此而来的冲突的政治场合下，"文明都要求一种温和而开放的精神"④。"法律秩序在这样一种准确的意义上文明化了，即它变得更加温和，更能

① ［美］理查德·波斯纳：《法律的经济分析》，蒋兆康译，中国大百科全书出版社1995年版，第314页。

② 廖雅慈：《人工生育及其法律道德问题研究》，赵淑慧等译，中国法制出版社1995年版，第72—76页。

③ 黄丁全：《医疗·法律与生命伦理》，法律出版社2004年版，第318页。

④ ［美］P. 诺内特、P. 塞尔兹尼克：《转变中的法律与社会：迈向回应型法》，张志铭译，中国政法大学出版社2004年版，第101页。

接受文化的多样性，而不那么倾向于残酷的对待越轨者和怪异者。"① "以往被人们视为合法的秩序，常常必须建立在一致同意的基础上；如今它常以多数人的同意为基础，而持不同意见者则保持沉默。在这种情况下，某种秩序实际上是多数人为少数人设定的。"② 作为立法者的多数，在立法时应该为那些沉默的少数设身处地地着想，才更能彰显法治的人性关怀。

（二）禁止代孕使得代孕行为因无法可依而混乱

即使立法禁止代孕，但是不孕者希望获得与自己有血缘联系的子女的愿望是这样强烈，以至于相当一部分人会完全不顾法律的禁止而行为。实践中已经发生多起代孕纠纷，表明不是全面禁止代孕就可以禁绝相关的纠纷。2001 年 3 月，卫生部就颁布了《人类辅助生殖技术管理办法》，明令禁止医疗机构和医务人员实行任何形式的代孕技术，严格禁止人类辅助生殖技术工作中把人工辅助技术商业化和产业化。然而 2006 年 3 月 8 日，中央电视台新闻频道《社会记录》播出节目《非常妈妈》（代孕母亲），揭示了中国代孕市场的冰山一角。各地代孕广告和代孕网站的火爆也说明了代孕这一现象在中国禁而不绝，生殖出现一次代孕生下 6 个孩子的奇事。在欧洲，以英国为例，《沃诺克报告》认为避免代孕及其负面影响的唯一有效办法是"使其非法化"。但是发生的一起跨国商业代孕案件——"Baby Cotton 案"，使得沃诺克委员会不得不接受代孕（协议）已经客观存在并且不可能有效禁绝的事实，为此建议政府禁止商业性或者营利性代孕。后来出台的《代孕协议法案》《人类受精与胚胎学法》都部分认可代孕。因为英国的法律不禁止代孕，一些在本国无法进行代孕安排的夫妇往往委托英国妇女代孕，发生的一些代孕纠纷都证实了这一点。③ 法国虽然禁止代孕，但是"市场的需求使法国的地下代孕母亲市场兴盛不衰"④。美国 1983 年马拉霍夫诉斯蒂弗案中，双方拒养有病婴儿，"该婴儿像足球一样被踢来踢去好多个星期，谁也不负责任"，密歇根州议员理查德·菲茨帕里克指出这是在没有规则或法规的情况下发生的一种悲剧的典型。⑤

① ［美］P. 诺内特、P. 塞尔兹尼克：《转变中的法律与社会：迈向回应型法》，张志铭译，中国政法大学出版社 2004 年版，第 102 页。

② ［德］马克斯·韦伯：《论经济与社会中的法律》，张乃根译，中国大百科全书出版社 1998 年版，第 10 页。

③ 黄丁全：《医疗·法律与生命伦理》，法律出版社 2004 年版，第 313 页。

④ 赵念国：《法国地下代孕市场禁而不止》，《检察风云》2007 年第 8 期。

⑤ 冯建妹：《现代医学与法律研究》，南京大学出版社 1994 年版，第 175 页。

在我国，失去法律规制的代孕市场混乱无序，代孕的方式五花八门。在诸多案例中，不育的妻子不仅要和孕母争夺孩子，往往还得争夺丈夫，引发的纠纷更为严重。而代孕安排一旦发生纠纷，由于无法律依据，法官难以处理；一些案件依据现行法处理又严重失公。南京发生的代孕女法庭争子案就是证明。① 这表明回避不但不能解决问题，反而因为无序引发更多纠纷。对代孕的禁止在某种意义上正如多年前许多西方国家对堕胎的禁止。禁止堕胎的立法并没有真正减少堕胎，只是把堕胎从正规的医疗机构推向了地下诊所。对代孕的禁止或许也是如此。

从伦理的层面看，代孕（理）母亲或代孕行为并不是违背人类伦理的。相反，在特定情况下反而是合乎伦理的，应当以疏导的方式来规范代孕行为。代孕可能带来的问题通过严密的制度设计是可以解决或将损害限定在可接受的限度内的。各国立法都在做此类努力。相反，一味地否认代孕协议的效力，不一定对孕母及出生的婴儿有利。特别是在婴儿存在残疾或病症时，否认协议的效力会使委托方轻易地摆脱责任，而将孕母及其子女置于水深火热之中。

四　有限开放代孕技术使用的合理性

（一）有限开放代孕体现法律的实体正义

今天代孕所遭遇的否定评价和当年人们反对人工授精、试管婴儿技术使用的理由是相同的：它们都可能动摇家庭结构、动摇伦理和亲属关系、侮辱妇女、不利于人口控制。但是法律并没有因此禁止其他辅助生殖技术的应用，实践证明反对者当初的担忧也是多余的。现在唯独禁止代孕，是对不育夫妇的一种不公正。

人工生殖技术的使用，一直存在各种各样的争议，充满着价值冲突的迷思。对立法而言，加以禁止虽然简便却未必合理。

有偿代孕违背公序良俗吗？加州高等法院在美国首例确认代孕合同有效的判例（Calvert 诉 Johnson 案）中回答了这个问题。该案中，代孕母Johnson 诉称代孕合同违背社会公共利益（public policy），合同应当无效。加州高等法院最终判决，明确认定双方签署的代孕协议内容有效，并不违背社会公共利益。法院在阐述社会公共利益的原理时指出，从未出生的胎

---

① 《南京一"代孕女"法庭争子》，2006 年 5 月 14 日，http：//www.sina.com.cn。

儿利益角度考虑，社会公序良俗决定法律禁止胎儿的父母在胎儿未出生前就作出放弃抚养的决定。同样，在孩子出生后，为了保护孩子的利益，孩子不应该成为买卖的对象，收养法也禁止以物质利益为诱饵诱使他人同意送养。但是，本案中，委托人夫妇并没有在孩子出世前就放弃为人父母的责任。实际情况是他们一直在为孩子的出生而努力，他们决心抚养由Johnson 所生的他们自己的孩子，并在孩子出生后积极争取自己的监护权，他们因此并未违背公序良俗。在阐释代孕合同和代孕行为是否违背社会利益及公序良俗时，法官认为法律禁止对人的非自愿强迫使役（involuntary servitude），但是并不禁止自愿性质的使役（voluntary servitude）。本案中，双方自愿签署代孕协议，法院并没有发现任何能够说明代孕人被强迫怀孕生育的证据。这表明代孕人自愿为代孕委托夫妇怀孕生育，不存在强迫使役人口的问题。委托人 Calvert 夫妇支付给 Johnson 的费用是对其劳动的补偿，代孕合同有效。代孕实质上并不违背公序良俗。法院在阐述社会公共利益的原理时指出，在代孕案件中，公序良俗主要涉及胎儿（孩子）的利益和当事人的自愿。公序良俗要求法律禁止胎儿的父母在胎儿未出生前就作出放弃抚养的决定或在孩子出生后买卖儿童，法律亦禁止非自愿之强迫役使。如果并无上述不利胎儿或强迫当事人的情形，则不违背公序良俗。[①] 这里法院的分析和沃伦的剥削理论殊途同归。

现代法理学认为"法律是最低限度的道德"，道德之花只有在法制的沃土上才能开放。不能把较高的道德要求上升为法律。只有在维护基本社会秩序所需的条件下，法律才可以强制执行最低限度的公共道德。[②] 要求代孕母都进行无私奉献，毫不利己，专门利人的立法，是把一种至高的道德标准法律化了。这样的立法不会拔高社会的道德水平，只会给不育夫妇一个虚幻的乌托邦而已。

以维护妇女尊严为名禁止代孕实际上伤害了妇女的利益，侵犯了代母的自由选择权。一些人认为代孕会导致妇女的对象化。代理母亲通常需要特别证明自己的生育能力，甚至人们根据代理母亲的生育能力给他们分级。这种选择的方法为把妇女看成一个对象，或者达到目的的手段保留了空间，而且增强了妇女扮演母亲角色的社会定式，因此存在着一种侵犯妇

---

① Grubb A. "Surrogate contract: parentage Johnson v. Calvert", Medical Law Review, 1994, Vol. 2, No. 2, pp. 239 – 244.

② 张文显：《法理学》，法律出版社 1997 年版，第 450 页。

女人格尊严的危险。反对者对此则予以驳斥，认为妇女的生殖自由、自决权利、行为能力等要求由妇女而不是法律来决定其是否代孕。一些女性主义者从女性的生殖自由出发赞成代理母亲行为，他们认为目前有了一种使女性基于自己的生育能力获得利益的社会和技术背景，这种社会背景本身便是女性自由在社会中不断发展的结果。尽管代理母亲存在着许多的问题、争论，但是否定妇女做代理母亲的机会就是否定她们在社会上真正成年人行为的能力。而否认他们的这个能力就是以明确指出他们不能自我做主的父权制方式对待妇女。激进派女权主义者认为：女性自由支配自己肉体的权利是女性完整人格的一部分，别人不得侵犯与剥夺。

代孕是否损及妇女尊严应交由妇女自己判断；而其是否损害孩子利益难有结论；说其违背公序良俗也极为牵强。在缺乏充分立法理由的情形下就禁止代孕，阻断不孕者生育权实现的途径，这样的法规难谓"良法"，背离了实体正义的法律必将遭到民众的抛弃。

（二）有限开放代孕保障不育者的生育权

对代孕最有力的支持源于那些不孕者要求实现生育权的呼吁。据统计，一万个妇女中就有一个先天性没有子宫，加上其他妇科疾病，不能生育的妇女在人群中的比率约为5%。不孕症已成为继癌症、心脑血管疾病之后的人类第三大疾病。更何况以13亿为基础，任何一个相对微小的比例背后都可能是绝对数量庞大的人群。这些人中有些人只能通过代孕实现生育权、建立家庭。建立家庭的权利、生育的权利都是法律认可的权利，无论采取何种方式行使，只要不对他人造成伤害，那么社会便无权阻止。

代孕最积极的价值在于它开辟了生育权实现的新途径。在医疗技术无法治愈所有不孕不育症的现实面前，代孕满足了那些不育者为人母、为人父的愿望，实现了不育夫妇的生育权，为社会带来了一个被渴求的新成员。中国是个传统的国家，"不孝有三，无后为大"，一个家庭如果没有孩子是很难维持的。女性如果没有孩子不是和丈夫离婚，就是位置被"二奶"挤掉。没有亲生子女的家庭，离婚往往成为解决问题的唯一途径，即使双方品行端正，一旦没有了孩子，婚姻的稳定性就非常可能失去现实基础，所以处在无子女这种婚姻关系中的人就会在这种困境中，苦苦寻找利用现代科技"支撑"起来的新的维系家庭的希望，并将之视为"救命稻草"。

对不孕者而言，本已处于劣势，代孕是他们实现权利的最后途径。一个正义的制度应该是要帮助社会中之劣势者、处境不利者。他们之所以处于劣势，往往并非因为其本身的原因所造成，患有不孕症的妇女及其家庭正是此类之劣势者。因此国家应对这些妇女或家庭给予积极之协助。① 美国新泽西州高等法院法官哈尔维·索尔科在审理"M 婴儿"案时就指出："如果一个人有权以性交方式生育，那么他就有权以人工方式生育。如果生育是受到保护的，那么生育的方式也应受到保护。本法庭认为这种受保护的方式可以扩展到用代孕生孩子。"上海的《计划生育条例实施细则》细心地关注了这类不孕人群，给他们提供了一条行使权利的通道。虽然由于客观条件的限制，能够由此获得孩子的人很少，但法律以人为本的理念在此得以体现。禁止并不等于不会发生。尤其在"禁而不止"的状况下，只会让当事人在更没有保障的情况下秘密进行代孕行为，这对当事人自身或其子女更为不利。

开放代孕体现了法律对少数不孕者的真正关怀和实质公正，法律应确认并保护代孕行为。我国禁止代孕的官方解释理由之一是禁止代孕仅仅涉及极少部分人的利益，不会对多数人造成影响。这个解释显然是欠缺说服力的。"以往被人们视为合法的秩序，常常必须建立在一致同意的基础上；如今它常以多数人的同意为基础，而持不同意见者则保持沉默。在这种情况下，某种秩序实际上是多数人为少数人设定的。"② 为矫正可能由此产生的不公，法理学上提出了少数主义原则。何谓少数主义原则？简单说来，即在形式民主制度（即少数服从多数制度）的基础上，为最大限度地体现平等原则而在符合正义要求的范围内尽可能地对少数者权利进行保障的一种原则。对许多可以自然生育的人而言，代孕是一种不自然的、多余的，因而也是可有可无，最好予以禁止的方式。但在此问题上，立法者最需要调查的是那些不孕者的需求，而不是可以自然生育的大多数人的意愿。作为多数人之代表的立法者，在立法时应该为那些沉默的少数设身处地地着想，才更能彰显法治的人性关怀。

（三）有限开放代孕维护婚姻家庭和谐

禁止代孕的立法不能禁绝代孕的现象。我国禁止代孕的另一官方理由

---

① 颜厥安：《国家不应禁止代理孕母的法理学与宪法学根据》，《应用伦理研究通讯》1997年第4期。

② ［德］马克斯·韦伯：《论经济与社会中的法律》，张乃根译，中国大百科全书出版社1998年版，第10页。

是代孕会带来诸多问题，不禁止，一旦出现问题将难以解决。实践中已经发生多起代孕纠纷，表明不是简单禁止就可以解决问题。英国起初也试图全面禁止代孕，但实践的发展使得政府不得不改弦易张，认可代孕。欧洲由于一些国家禁止代孕，促使了需要代孕的人们出国寻求代孕，催生了"生殖旅游"现象。[①] 由日本卫生、劳工和福利部最近所作的一项民意调查表明，超过50%的日本人赞成有条件借腹代孕做法。[②] 我国一些学者指出代孕培育了崭新的生育观，有利于提高婚姻和家庭的质量，有助于医学科技的发展。[③] 代孕网站的兴起，代孕纠纷的频发，都映射了潜在的代孕需求巨大。我国立法在未进行这方面的充分调研的情况下，就简单地加以禁止，似乎有武断和漠视主体权利的嫌疑。

代孕协议容易引发纠纷是人们排斥代孕的一个主要论据。其实只要有法可依，代孕纠纷也并非人们想象的那么多发。据美国1987年报道，自从70年代后期，大约有500—600名儿童是通过代孕方式出生的，而其中只有三宗涉及孕母改变主意。代孕的成功率相当高，显示它是建立家庭的有效途径。[④] 对代孕的禁止在某种意义上或许正如多年前一些西方国家对堕胎的禁止：立法并没有真正减少堕胎，只是把堕胎从正规的医疗机构推向了地下诊所。但没有法律规制的代孕市场将完全失序，引发的纠纷更严重，法院处理更无所适从。代孕可能带来的问题通过严密的制度设计是可以解决的。许多立法都在做此类努力。一味地否认代孕协议的效力，反而不利于弱势群体利益之保护和纠纷处理，与立法初衷南辕北辙。

代孕最积极的价值在于它开辟了生育权实现的新途径。在医疗技术无法治愈所有不孕不育症的现实面前，代孕满足了那些不育者为人母、为人父的愿望，实现了不育夫妇的生育权，为社会带来了一个被渴求的新成员。对代孕最有力的支持源于那些不育者要求实现生育权的呼吁。

需要通过代孕实现生育权的潜在人群数量可观。据相关的医学调查表

① Guido Pennings. Legal harmonization and reproductive tourism in Europe. Journal of medical ethics，pp. 2689 – 2694. 2002.

② 方金刚编译：《日本、美国热点法治事件》，《环球法制》2008年第1期。

③ 李善国等：《辅助生殖技术法研究》，法律出版社2005年版，第69页。

④ 廖雅慈：《人工生育及其法律道德问题研究》，赵淑慧等译，中国法制出版社1995年版，第103页。

明，已婚夫妇约 10% 不能生育①，这些人中有些人只能通过代孕实现生育
权；而且我国在执行一胎的计生政策下，导致一些超过育龄的失独夫妇，
也会自然地产生再要一个孩子的需求。由于可领养的健康儿童越来越少，
获得与自己有血缘关系的孩子的心理仍然存在，通过代孕完成心愿就成为
唯一的选择。一味地禁止，特别是禁而不绝，对法律的执行、纠纷的处
理、弱势群体的保护以及公平合理的法律价值实现都是有害无益的。

　　一些法律实践也认可了代孕的积极意义，甚至肯定代孕协议的法律效
力。因为妻子不能生育，年过五旬的外籍华人胡某与妻子商量后，选择了
借腹生子。在与未婚的柳某（化名）达成协议后，采用胡某的精子和捐
卵者的卵子培育出准胚胎植入柳某子宫。孩子出生后，柳某舍不得孩子，
反悔了。胡某起诉至法院。2008 年，湖南省常德市鼎城区人民法院审理
了这起监护权纠纷案，法院认为，柳某对孩子不享有监护权，其监护权归
原告胡某夫妇享有。原告胡某与被告柳某《代孕协议书》系双方当事人
的真实意思表示，协议内容不违反法律禁止性规定，对双方当事人均有法
律约束力。原告胡某经亲子鉴定为孩子的生物学父亲，被告柳某经亲子鉴
定不是孩子的生物学母亲。故原告胡某要求确认与非婚生子亲子关系，非
婚生子监护权归两原告的诉讼请求，应予支持；原告所提被告柳某与非婚
生子系代孕母亲关系无亲子关系，判令被告放弃监护权的诉讼请求，本院
亦应支持。法院审理后判决孩子归胡某夫妇监护、抚养。②

第三节　代孕技术开放的法律尺度——有偿还是无偿

　　今天，对于代孕的争议仍然激烈，不过无偿代孕已经获得了许多支
持。然而，有偿代孕就显然不是那么受人欢迎了。"商业代孕"被公诸媒
体后，网易网站在"交锋"栏目里专门设置了题为："代孕网出租肚皮，
善举还是恶行？"的讨论，在网友调查中，网站显示 380 张投票里，22%
的票认为是"善举，简直是送子观音"，51% 的票认为是"恶行，我国禁

---

① 《统计表明：已婚夫妇约 10% 不能生育　主病因在女方》，2007 年 8 月 24 日，http：//
bbs. xn. soufun. com/3810211883 - 1 - 193/30005456_ 30005456. html.

② 任文婧、王蓓、高英明：《常德女子代孕引发夺子大战 法院判决代孕协议有效》，2010
年 08 月 18，http：//unn. people. com. cn/GB/14778/21707/12468135. html.

止代孕行为"，27%的票表示"无所谓"①。即使是支持无偿代孕的诸多学者也对此持反对态度。除了代孕所遭遇的共同质疑，如代孕可能伤害代孕所生的孩子、危及家庭关系等，对有偿代孕的最大诟病是它有伤人格尊严，违背公序良俗并且导致有产者对穷人的一种剥削。

一　有偿代孕与剥削

反对有偿代孕的一个伦理学依据是以一个经济学名词来表达的：剥削。一些人认为有偿代孕会招致富人对穷人的一种新形态的剥削。在西方国家，一些女性主义者并不认同代理母亲的行为，认为这是对女性的蓄意剥削。女性生育能力的商品化导致了女性的阶级斗争，富有的女性雇佣贫困女性来满足自己的生育需要，经济上处于劣势的女性为富有的女性提供生育服务。② 美国首例确认代孕合同有效的判例（Calvert 诉 Johnson 案）中，代孕母 Johnson 就诉称代孕合同将代孕人视为被使役的对象，是对妇女的剥削。③ 现实生活中，一些职业女性包括演员、运动员以及模特等不愿承担生子的代价，公开招聘代理母亲，似乎也印证了上述说法。

1989 年版的《辞海》中，对剥削的释义是："凭借私有财产，无偿地攫取他人劳动成果的行为。"《中国大百科全书》（简明版）的解释是："剥削是一些人或集团凭借他们对生产资料的占有或垄断，无偿地占有那些没有或者缺少生产资料的人或集团的剩余劳动和剩余产品。"金山词霸收录的《高级汉语词典》对剥削的释义是"原指搜刮侵夺，现指使用（一个人的）劳动力而不给予公平的或相当的报酬"。剥削一词的英文动词形式和名词形式分别为"exploit/exploitation"。剥削问题的关键在于以什么方式、采取什么行为得到，"即通过无偿占有的方式得到才是剥削"④。由此可知，无偿或廉价攫取他人劳动成果才是剥削。如果获得他人劳动成果时支付了合理价格，那就不再是剥削，而是一种公平的交换了。据此评判，有偿代孕是"完全符合资本主义经济，而且不付款反而

---

① 乾坤：《商业代孕——善举还是恶行》，《医药保健杂志》2006 年第 15 期。

② 潘绥铭：《中国性现状》，光明日报出版社 1995 年版，第 480 页。

③ Grubb A，"Surrogate Contract：Parentage Johnson v. Calvert"［J］，Medical Law Review，1994，Vol. 2，No. 2。

④ 杜旭宇：《剥削范畴及其功能作用的重新界定》，《科学社会主义》2005 年第 2 期。

是一种利用"①。试想，一位穷苦的妇女无偿为不育者代孕生子，法律认为这种行为是崇高奉献，给予鼓励；反之，这位穷苦的妇女为不育者代孕，并收取了部分报酬，法律却对此予以禁止，理由是这是一种剥削。这样的规制难道不是很荒谬吗？英国医学协会为此建议医生不要参与代孕行为，因为医生可以通过行医获利，而代孕母却不能借此获益，有违公平。可见，单纯以付费与否来判断是否剥削的理论是可笑的。

二　剥削的互利与自愿

退一步而言，承认代孕中存在剥削，也不足以构成禁止代孕的铁证。因为即使是对剥削大加挞伐的经典作家，也承认剥削除了"恶"的一面之外，还有"善"的一面。所谓"善"，是就它能够促进生产力发展和社会进步而言的。对此，恩格斯曾明确提出，马克思了解古代奴隶主、中世纪封建主等的历史必然性，因而了解他们的历史正当性，承认他们在一定限度的历史时期内是人类发展的杠杆；因而马克思也承认剥削，即占有他人劳动产品的暂时的历史正当性。

学者阿伦·沃特海默在《剥削》这本专著中提出了"互利且一致同意的"自由主义剥削理论，即"互利但不公平"的剥削。依照沃特海默的推理，多数学者同意"当 A 不公平地利用了 B 时，A 就剥削了 B"。沃特海默认为，剥削实际上有三个要素：对 A 的好处、对 B 的影响、交易的过程。不公平有两种形式，一是结果的不公平；二是过程的不公平。就结果而言，"对 A 有利"之所以会是不公平的，既可能是因为它损害了 B 的利益，也可能是因为 A 获得的好处多于 B。考虑"对 B 有影响"时，应该把所有影响因素都考虑进去。相对于没有交易来说，A 和 B 的交易会产生社会剩余。但社会剩余的分配可能出现不公平，互利的剥削就出现在社会剩余的分配对 B 不公平。相对于没有交易来说，交易对 B 没有损害，但就发生的交易而言，B 却受到了 A 的剥削。因此沃特海默把这种剥削看作互利的剥削。就过程而言，如果 A 是通过强制或欺骗手段与 B 达成交易，那么交易的过程就不是自愿或一致同意的，因而也是不公平的。但也可能存在另外的情况，即尽管 A 没有使用强制或欺骗手段，但由于 B 处于贫穷或不公平的背景下，也就是说在 B 具有较弱的讨价还价能力从而

---

①　廖雅慈：《人工生育及其法律道德问题研究》，赵文慧等译，中国法制出版社 1995 年版，第 72—76 页。

选择余地有限的情况下，B 也有可能自愿与 A 达成交易。在该交易的社会剩余分配中，B 就处于吃亏的地位，因而受到了 A 的剥削。沃特海默认为，即使剥削是很大的错，但剥削并不是最坏的非正义或不平等。国家不应该干预这种"互利的剥削"，因为这样就侵犯了自由。①

有偿代孕如果是剥削，也正是这种"互利的剥削"。在代孕合同中，代孕母获得了金钱报酬，不育的委托人获得了子女，双方各得其所。不同的是，代孕母付出了身体的劳动，而委托人支付的是金钱代价。由于身体的非商品属性，使得它具有无价的特点，因此无论如何付费，似乎都是代孕母吃亏，因而被"剥削"了。但是这样一个推论的前提就是将代孕定性为一种变相的"卖身"，因而总是以身体来估价，从而得出剥削的结论。但是代孕的核心实质是以身体为媒介提供的一种特殊劳动。许多代孕者把代孕看作为其一年的劳动合同。如果从劳动来定义，那么只要支付合理价格，就难谓剥削，或者说这是一种互利的剥削，是正当性的剥削。

三　有限开放有偿代孕的合理性

（一）不育人群的生育需求是开放代孕的社会基础

据统计，一万个妇女中就有一个先天性没有子宫，加上其他妇科疾病，不能自己生育的妇女在人群中的比率约为 5% 。虽然有人反对，但现实的问题是，代孕既然有社会需要，而生殖技术又为它提供了可能性，它就会有实现的必然性。由日本卫生、劳工和福利部最近所做的一项民意调查表明，超过 50% 的人赞成有条件借腹代孕的做法。②

一个正义的制度应该是要帮助社会中之劣势者、处境不利者。因为他们之所以处于劣势，往往并非因为其本身的原因所造成。患有不孕症的妇女及其家庭正是此类之劣势者。因此国家应对这些妇女或家庭给予积极之协助。③ 如果拥有自己的子女是个人应有的权利，无论经由何种方式产生，只要不对他人造成伤害，那么社会便无权阻止其实现心愿。对某些不孕症，如天生无子宫者，即为天生的弱势和不平等命运的受害者，代理怀

---

① Alan Wertheimer. Exploitation ［M］. New Jersey：Princeton University Press，1996，转引自鲁克俭《当代西方剥削理论评析》，《教学与研究》2003 年第 8 期。
② 方金刚编译：《日本、美国热点法治事件》，《环球法制》2008 年第 1 期。
③ 颜厥安：《国家不应禁止代理孕母的法理学与宪法学根据》，《应用伦理研究通讯》1997 年第 4 期。

孕的实施是社会所能给予的最低补偿。既然是合伦理的，在法律上就应确认并保护这类并非本质惟恶的行为。因为禁止并不等于不会发生。尤其在"禁而不止"的状况下，只会让当事人夫妻在更没有保障的情况下秘密进行代孕行为，这对相关当事人或其子女更为不利。

（二）开放有偿代孕是陌生人社会形态的要求

有人认为开发无偿代孕就足够了。乐于助人也是人性之一。道德观念经历了由"勿害他人"到"适当地关爱他人"的演进，并确立了"好撒玛利亚人"的行为标准，即爱邻居如同爱自己。与古典经济学将"人"定位为经济人不同，行为经济学通过大量的分析与论证，揭示了人的三个有限性，有限的自利为其中之一。人类行为不完全考虑自利，个体决策在更多的情况下受社会规范、道德规范等影响，成为所谓的"制度人"，他们并不完全追求自我利益，也追求非自我利益，如公平、社会认可等。① 而家庭中的利他主义较之家庭外又更为明显，人们更愿意为亲朋作出牺牲，因而无偿代孕的合法化有其人性基础。②

笔者承认人有无私的一面，但这一面绝对不可以无限放大。在别人需要时搭一把手和帮助生一个孩子的难度绝不能一概而论，尤其是我们社会中的许多人还在犹豫是否去搀扶一位跌倒的老人时。

中国传统社会是"乡土社会"，"是一个熟悉的社会，没有陌生人的社会"，而"现代社会则是个陌生人组成的社会"③。20 世纪末以来中国日益深入的市场经济之发展，使越来越多的人告别城乡二元结构、国有制、单位制下形成的村落式、单位式的封闭性生活，走向与陌生人相处之路。理性的市场经济既是一种经济秩序，也是一种伦理秩序。其重要特点之一是普遍性伦理，即"陌生人世界"的规则与信任。"陌生人伦理"的实质是平等的交易双方、互动双方的交换尊重与诚信。④ 如果仅开放无偿代孕，在"陌生人社会"，这将使得不育夫妇实现生育权的理想成为新的"乌托邦"。

---

① 徐国栋：《民法私法说还能维持多久——行为经济学对时下民法学的潜在影响》，《法学》2006 年第 5 期。

② 罗满景：《代孕合同合法性之立法比较研究——兼评中国现行规定》，《内江师范学院学报》2009 年第 9 期。

③ 费孝通：《乡土中国·生育制度》，北京大学出版社 1998 年版，第 9—10 页。

④ 扈海鹏：《市场经济与生人伦理——走进契约化生存》，《唯实》2005 年第 1 期。

那种主张开放无偿代孕而禁止有偿代孕的做法，将会阻止代理孕母市场的形成，极大地阻碍代孕制度功能的发挥。在代理孕母的来源上，一类是由近亲属担任；一类是由陌生人来担任。近亲属当然是熟人，或许可以无偿奉献，但由其代孕在伦理上有较大风险，如长辈或晚辈女性亲属担任代母，会发生孕育的子女的辈分紊乱问题；而父系的女性亲属担任代母会产生血缘上的紊乱，有乱伦的嫌疑；即使是母系的女性亲属担任孕母，也会带来亲属关系的混乱。而且在我国，由于计划生育政策实施，城市妇女已经较少有血缘上的至亲姐妹了。所以注定寻求陌生人担任代母将是大多数人的选择。而我们是一个"差序格局的社会"，"中国的道德和法律，都因之得看所施的对象和自己的关系而加以程度上的伸缩"。[①] 亲人之间可以无偿奉献，而在陌生人间，无疑只有市场法则才能发挥主要作用。因此商业化的，或者说有偿的代孕是大势所趋。只有开放有偿代孕渠道，才会使较多的人进入代理孕母市场。而合格的代理母亲候选人之间的竞争将使价格下降到成本的水平，从而使这种代理处于不育夫妇可以容易得到的状况。这样，代孕生育将改善经济力量有限的不育夫妇的境遇。[②] 而不是如许多人反对的那样——代孕成为富人剥削穷人的一种新形式。

（三）因社会性代孕的存在而禁止有偿代孕是因噎废食

反对代孕的一个富有感染力的说辞是许多成功的职业妇女借代孕转嫁生子的痛苦，即社会性代孕。与医学需要的代孕不同，在社会性代孕中，委托妇女自己有生育能力。一项统计数据也显示了这一问题：位于洛杉矶的卵子捐助和代孕计划基地说，请求代孕的人中有5%—10%的是基于社会原因而不是医学原因。[③] 美国的一些女权主义者也认为，"如果使用代理母亲只是为了使一个本来在生理上有生育能力的妇女免受怀孕分娩的痛苦，这是为道德所完全不能接受的。一个人只图私利的利用另一个人造成的危害，在各个方面均已远远超过了潜在的利益，不管他们希望的结果如何，也会遭到道德的反对"[④]。但是正如数据显示，因为社会原因而非医

---

① 费孝通：《乡土中国·生育制度》，北京大学出版社 1998 年版，第 11 页。

② ［美］理查德·波斯纳：《法律的经济分析》，蒋兆康译，中国大百科全书出版社 1995 年版，第 314 页。

③ ［英］特萨·梅斯（Tessa Mayes）：《租借子宫的职业妇女》，石冬旭译，《国外社会科学文摘》2001 年第 12 期。

④ ［美］露依丝：《生育权与代理母亲合同：法律和道德的争论》，刘应民译，《科技与法律》1991 年第 2 期。

学原因使用代孕的人群只是极少数，只占代孕委托人的1/10或1/20。难道因为少数人对此的滥用就剥夺真正不育者借此为人父母的机会吗？使用安全套的妇女中，有一部分是从事卖淫活动的，我们是否要因此禁止安全套的生产和销售，以防止此类不法行为呢？显然，因噎废食不仅贻笑大方，也会令正当的权利主张者权利落空。而适当的制度设计如可以避免和减少此类不当行为发生的，则更无全面禁止的必要。

第四节　代孕技术应用的制度设计

代孕有利有弊，而完全的禁绝是难以杜绝此类现象的，因此笔者以为合理的限制应该是通过开小口子的方法，对此加以疏导；并通过科学的制度设计，适当划分双方的利益和风险，达到公平的目的。开放代孕已经是大势所趋，合理的制度规划可以事先防范代孕的一些弊端，使其在符合人类伦理的基础上健康发展。构建合理的代孕制度应是学者研究的重点。笔者提出以下方案供大家参考，以期抛砖引玉之效。

一　委托方资格限制

对于哪些人可以借助代孕技术生育，各国法律规定不同。但是通常认为代孕应限定在女性不育的情形，并规定医学上的适用症。如妇女子宫异常或没有子宫因而不能孕育子女，或体质异常，怀孕会严重危及其生命健康时，才予以适用。代孕应是对不育者的一种帮助，而不是有钱人的特权。支持无偿代孕的人，很少会否认不育妇女寻求通过代孕获得子女的道德正当性，无论此代孕是无偿的还是付费的。

公众对商业代孕的厌恶主要源于对社会性代孕的担忧。例如国内一些报道说"新富阶层的这一新需求刺激了中国代孕中介的发展。很多新富阶层的家庭由于还想要一个孩子，但又惮于国策，所以找人代孕一个孩子，以掩人耳目"①。因此代孕制度的核心之一是委托人资格的规制，即委托人是否属于真正不育者，是否只能通过代孕才能为人父母。法律将代孕的实施限定在女性不育的情形，并列举医学上的适用症，如子宫欠缺者、子宫异常不能怀孕者、怀孕将严重危及孕妇或胎儿生命健康者等。

---

① 郭志刚：《商业代孕，中国伦理不能承受之重》，《社会工作》2005年第7期。

已婚不育夫妇是诸多法律认可的代孕技术合格使用者。英国 1990 年人工授精与胚胎学法案规定，已婚夫妻可使用代孕技术。美国州法统一委员协商会议通过的《统一亲子法 2000》规定"代孕协议的委托方必须为合法夫妻，且夫妻双方必须都是代孕协议的当事人"①。至于单身女子或同性恋者能否借助代孕生育，由于其中涉及的问题颇多，如是否不利于孩子的成长，是否冲击现有的家庭关系等，许多法律对此持谨慎态度，暂未予以支持。我国台湾地区 1996 年"人工生殖法草案"规定禁止未婚女性寻求代孕母生育子女。我国香港地区立法限定代孕只许对不育夫妇开放。不育夫妇通过代孕实现生育权和建立家庭的权利，在伦理上具有正当性；实践中也较为妥当——现有的父母子女家庭模式得以巩固；孩子能够在正常家庭成长。

社会性代孕向来颇受争议。反对代孕的一个富有感染力的说辞是许多成功的职业妇女借代孕转嫁生子的痛苦。对委托人的资格限制可以避免和减少此类不当行为发生的，则更无全面禁止的必要。

我们可以借鉴英美的做法，先开放对不育夫妇代孕的通道；对其他类型的委托者再行研究。不育夫妇通过代孕实现其生育权和建立家庭的权利，在伦理上具有正当性；实践中也较为妥当。现有的父母子女家庭模式得以巩固；孩子在正常家庭成长对其也并无不利。当然，在我国，还应要求委托方夫妇符合计划生育的相关条件，如有准生证等。

代孕子女的法律地位，可以遵循意思主义原则，借鉴 1988 年美国《统一人工受孕子女法律地位法》法律父母的含义和亲子关系的判断标准。承认代孕协议的法律效力，原则上以委托夫妻为所生子女的法律父母。②

二　代孕者条件要求

对于代母，英美法均认为应当是成年人，而且无论其婚姻状况如何。英国 1985 年《代孕协议法》指出："代母是指为履行代孕协议而孕育孩子的女性。"该法对代母并无特别的限制。美国《统一亲子法》（2000）要求"预期代母必须曾经有过至少一次怀孕和分娩的经历，而且代母过

① 参见美国《统一亲子法 2000》，2012 年 9 月 17 日，httpJ/www.lawupenn.edu/librarylulc/upa/upasty1020.pdfiJHJsearch = "Uniform%20ParenId"。

② See Uniform Status of Children of Assisted Conception Act（USA）s8。

去的生育经历不会给未出世的孩子身体健康或代母的身心健康带来不合理的危险"。满足此条件的代孕协议才能由法院发布有效的确认令。南非的法律规定：潜在的代母必须曾经分娩过至少一个孩子。① 英国、我国香港地区的法律对代孕母婚否、有无生育经历则不做要求。台湾地区的法律草案规定代孕母的条件限于已婚女性，禁止未婚女性担任代孕母。这与美国法中未婚女性可担任代孕母的规定不同。②

笔者以为将代母限定为已经生育过子女的成年妇女较妥。为保护孕母免于年幼、无经验而被不公平利用，将代母限定为已经生育过子女的成年妇女较妥。代孕母应当达到法定年龄，婚否不限，已婚者应征得配偶同意。存在遗传学上禁止生育的疾病或与委托人之间存在禁止生育的血亲关系者不得担任代母。代母应当是曾经有过成功的生产经验的女性。虽然现实中许多代母是未婚成年女性，但是未生育过子女的妇女代孕在生理和心理上的风险都比较大。相较于未分娩过的妇女，已经生育过的妇女在心理和生理上都更理解代孕的含义，更完整和知性地认识代孕行为的意义和后果，更充分和深刻地理解代孕协议。过去的经验可以使代母在怀孕生产期间较为从容地应付突发状况，她承受的健康风险和心理失落都要小一些。因此，限定代孕者为已经生育过的妇女，是比较慎重的选择。鉴于生育并非已婚妇女的专利，世界范围内单身妇女生育也较为普遍，因而将其限定为已生育过的妇女即足够。存在遗传学上禁止生育的疾病或与委托人之间存在禁止生育的血亲关系者不得担任代母。同时规定代孕只能通过人工辅助生殖技术实现。性交的受孕不适用代孕的法律。基于提高人口质量，避免生育权的滥用和家庭伦理关系发生紊乱的公共利益，一些学者建议对代理母亲的人选作出一定的限制，如委托丈夫与代理母亲为非直系血亲和三代以内旁系血亲。③ 一些法律也禁止不符合优生学或伦理原则的精卵结合，如台湾地区《人工生殖法》第 15 条规定"直系血亲、直系姻亲、四亲等之内旁系血亲"禁止精卵结合，值得借鉴。学者指出，如果立法允许代孕母亲已婚且已生产过，此与各国立法趋同，但与中国的计划生育义务却生冲突。此一矛盾的调和，有待于深入研究。一个可行的方式是将代

---

① Victoria Kepplerand Michael Bokeimann："Surrogate motherhood：The legal situation in South Africa"，2006 - 8 - 26，http：//www. surrogacy. com/Articles/news_ view. asp? ID = 97。

② 张燕玲：《论代孕母的合法化基础》，《河北法学》2006 年第 4 期。

③ 张学军：《局部代孕法律问题研究》，《法律科学》1997 年第 3 期。

孕母亲已婚且有过生产经历作为计划生育义务的一个例外，由立法加以确认。[①]

三　允许代孕的类型

代孕从技术上可以分为完全代孕和局部代孕。从是否支付对价方面，代孕还可以分为利他主义的代孕、合理补偿的代孕以及酬金代孕（商业性代孕）。

（一）局部代孕与完全代孕

美国《统一亲子法2000》对代孕类型没有限制，而英国《人类授精与胚胎法1990》则要求因代孕出生的孩子必须与委托夫妻中的一方或双方存在血缘关系。南非的法律规定代母及其丈夫的配子不能被用在代孕中，但捐献者的配子则可以。2000年6月香港立法会通过"人类生殖科技条例"，禁止非配偶间的精卵进行代孕，也即该条例仅开放非商业性的借腹代孕。

笔者赞成借鉴我国港台地区的立法，开放借腹代孕，限制借卵代孕。在借卵代孕的情况下，一些代母在交出孩子时可能更加感到与孩子"血脉相连，难舍难分"。限制借卵代孕可以避免孕母和子女间的血缘联系，在子女移交上减少纠纷。当然上述限制的弊端是增加了成本，但是相对于减少纠纷，笔者以为是值得的。

（二）无偿代孕与有偿代孕

各国大都许可利他主义的代孕和合理补偿的代孕，不赞成商业代孕。英美均认为利他主义代孕和合理补偿代孕是合法的。英国1990年《人类授精与胚胎法》禁止委托夫妻向代母支付酬劳。美国《统一亲子法》则认为代母可以因代孕而获得报酬，具体数额以及支付方式全凭当事人协商。鉴于商业代孕与合理补偿代孕间的关系很难区分，因此代孕的费用则宜由当事人协商，法律介入缺乏必要性，实践中也不宜掌握操作标准。

对于代孕应否支付费用、费用数额多寡，可由当事人协商，法律对此不设禁为宜。英国法禁止有偿代孕，允许委托人向代孕母支付"合理费用"，但是其法并未规定"合理费用"的标准，而是将"合理"与否留给

---

① 罗满景：《代孕合同合法性之立法比较研究——兼评中国现行规定》，《内江师范学院学报》2009年第9期。

当事人和法官去判断，美国一些州则允许有偿代孕。笔者以为，通过对代孕适应征的医学选择和法律判断，酬金代孕将使代母得到合理酬劳，同时排除具有生育能力的富有者借此生育，不会使代孕沦为富人剥削穷人的一种新形式。

四 代孕协议的政府监管

英国就规定人类受精与胚胎研究管理局（HFEA）的许可是实施代孕的前提条件。代孕契约必须事先得到相关计划生育部门和医务部门的许可。由主管部门核准契约，可避免"地下交易"和"暗箱操作"等带来的隐患，同时遏制社会性代孕。主管部门可以拟定格式合同文本，对代孕中可能发生的纠纷做事先防范，或提请当事人事先达成协议，以避免无谓的纷争和显失公正的情形。

这些问题包括前面所说的医疗方面的如人工授精、孕母代孕感染疾病的问题；孩子残疾的问题；妊娠中流产或死产的问题，孕母生产时死亡等问题。也包括非医疗方面的如委托人是否为抚育孩子做好了准备，委托方父亲中途改变主意；怀孕期间委托方父亲死亡；孕母在妊娠中改变主意等。这应是行政审察的重点之一。这些具体的问题可能还需要通过具体的执行法来列明细则，便于操作。

五 代孕协议的强制力

对于代孕协议的效力，一直是较有争议的问题。代孕协议的效力和强制力之间并没有必然的联系。代孕协议不具有强制力是许多许多代孕国家的共同选择。英、美、法、中代母大多都是通过自愿转移亲权的方式将孩子转交给委托人夫妇的，委托人并不能依据代孕协议直接获得孩子的亲权。如美国《统一亲子法》（2000）规定任何代孕协议均对当事人无强制力（第三十六条）。英国的思路是即使代孕协议是有效的，那也并不意味着该协议是有执行力的，因为任何代孕协议都不具有强制力。英国1990年《人类授精与胚胎法》规定任何代孕协议对当事人都没有强制力。由于代孕协议不具有强制力，代母在孩子出生后还有一定的时间用来考虑到底要不要保留对孩子的亲权。只有在代母明确放弃亲权的前提下，委托夫妻才可能得到孩子。香港的法律也明确规定代孕安排不得强制执行。

关于代孕的终止，由于英国不承认代孕协议的强制力，所以对其终止也便不做特别规定。美国对代孕协议的终止及其责任则做了较为详细的规定。美国《统一亲子法》（2000）规定代孕协议生效后，代母怀孕前，双方均有解除权，仅需通知其他当事人和向法院备案。关于在代母怀孕后的解除权问题，《统一亲子法》（2000）并没有强行性规定，而是要代孕当事人在代孕协议中约定。

代孕协议不具有强制力是许可代孕国家的共同选择。笔者以为，此处的不具有强制力是限定在涉及人身的部分，如怀孕、堕胎、生产，孩子亲权的移交等，不能强制执行。然对于财产部分，合法的协议应该是可以执行的，否则其法律规制就成为空谈了。因此，笔者以为在此我们可以借鉴美国的立法，对代孕协议进行事先管理，要求登记备案，规定在代孕协议发生纠纷时，法院可以依据相关的法律判断代孕协议的效力，对合法的代孕协议予以执行。代母由于身心健康原因或者胎儿的健康原因而终止妊娠（也即解除协议），是无须向委托夫妻承担责任的。当代母拒绝交出子女和移转亲权时，可以确认代母及其丈夫为子女父母，代母应返还相关财产，因为为自己怀孕是没有理由从他人处得到补偿的。为了避免孕母将孩子待价而沽，法律可以在认可代孕妇女的母亲身份时，并规定孕母只能基于自己抚养的目的拒绝交出孩子，日后送养时委托人夫妇有优先收养的权利。而当孕母要履行契约时，委托方必须按照约定承担义务，包括接受孩子、支付相关费用等。

最后，需要重申一点，法律许可代孕，并不意味着会像一些人担心的那样，人们会一窝蜂地选择代孕。"私法自治决不是强迫人们追逐潮流，恰恰相反，它给人们选择反潮流的做法提供了一种可能性。"①

---

① ［德］迪特尔·梅迪库斯：《德国民法总论》，邵建东译，法律出版社2001年版，第147页。

生命的礼物是伴随着负担而一起给出的。

——［美］恩格尔哈特

第四章　孕检技术应用的法律规制

中国是世界上的人口大国，也是出生缺陷和残疾高发国家。出生缺陷是指在人类胎儿出生时就存在的，任何影响身体结构或功能的异常。依据《中国提高出生人口素质、减少出生缺陷和残疾行动计划（2002—2010）》报告，我国每年约有 20 万—30 万肉眼可见的先天畸形儿出生，加上出生后数月和数年才显现出来的缺陷，先天残疾儿童每年出生高达 80 万—120万人，约占每年出生人口总数的 4%—6%。① 卫生部 2012 年发布的报告显示，我国围产期出生缺陷总发生率呈上升趋势，2011 年已达15.323‰。② 孕检技术的研究和应用对于提高人口素质的作用不言而喻。

第一节　孕检技术概述

一　孕检技术的历史发展

孕检技术是优生学实践的组成部分。当代著名优生学家阮芳赋把优生学发展史分为三个阶段：前科学阶段、半科学阶段和科学阶段。他说："优生学的前科学阶段，包括人类诞生的远古以来，漫长的优生实践和优生思想，表明优生的必然性和重要性。优生学的半科学阶段，从 1883 年'优生学'作为科学的提出到 20 世纪 40 年代，其中既有科学成分，也有伪科学成分，鱼目混珠，良莠不齐。正是其中的伪科学成分使优生学和优生运动在某些国家和地区，在某些方面误入歧途。带来了惨重而巨大的恶

---

① 张丹妍：《出生缺陷的研究进展》，《中国优生优育》2010 年第 16 期。
② 卫生部：《中国出生缺陷防治报告（2012）》，中华人民共和国卫生部，2012 年。

劣影响，至今使许多人望而生畏、生厌，同时，正是其中的科学成分使优生学仍然充满生命力，不断发展，从而进入 20 世纪 50 年代以后的科学阶段，对提高人口素质将起到有力的作用。"①

从古至今，天下父母都想生育健康聪明的宝宝，并为此而不懈努力着。在漫长的原始社会中，原始部落的人们把生下来就有严重残疾的婴儿处死或遗弃山谷。这是一种生产之后的优生选择，是和原始社会落后的医学相适应的行动，大体属于前科学阶段。这种做法后来被主流社会抛弃，但是人们优生的愿望不会改变。医学渐进的发展虽然未必能使当时的人们都如愿以偿，却也积累了一些优生优育的知识，逐渐形成了优生学。优生学包括基础优生学和临床优生学。基础优生学，是从生物学和基础医学方面研究，哪些因素可导致出生缺陷、其作用原理及如何防止其作用而达到优生的目的。临床优生学包括两支：一支为预防性优生，也被称为负优生或消极优生，主要是研究如何避免出生不良的后代，防止患病，淘汰劣生。另一支为演进性优生，又称正优生或积极优生，主要研究如何生育出优秀的后代，从促进新生儿先天素质更为优秀的角度研究优生。预防性优生的主要内容有：婚前咨询及婚前检查、孕前咨询、孕期指导、产前诊断等。不过在前科学和半科学时期，虽有优生的思想和实践，却并无现代意义上的孕检技术；而在近现代才发展出了现代的孕检技术。因此本书分为两个阶段对此加以简述。

（一）古代的优生理论与实践

我国传统医学对优生优育相当重视，中医发展出来一整套优生优育的理论和方法。传统优生思想包括婚前择偶，孕前选择孕机，孕期注重膳食养护、情志调节、起居环境适宜和药物禁忌等内容。②

首先是关于婚龄的认识。《尚书大传》中说"尔三十而室，女二十而嫁"，因为"男三十而筋骨强，任为人父，女二十而肌肤充盈，任为人母"。宋代妇科专家陈子明曾明确解释这是为了"阴阳充实，然而交而孕、孕而育、育而子坚壮强寿"③。叶天士云："童稚不孕——方苞方萼，生气未舒。甫童甫笄，天癸未裕。曾见有未实之粒可种，未足之蚕可为茧乎。""少年生子，多有羸弱者。"

---

①　阮芳赋：《优生学史：一种新的三阶段论》，《优生与遗传》1983 年第 1 期。

②　张皎燕：《古代中医妊娠护理的成就》，《南京中医药大学学报》2002 年第 3 期。

③　陈自明：《妇人大全良方》，天津科学技术出版社 2003 年版，第 23 页。

其次是关于择妻的标准。人类由原始社会的群婚制进化到专一婚配，并逐渐确立了直系血亲不准通婚的制度。我国古代社会就极度鄙视父女、母子、舅甥女、叔侄女间的婚配，并贬称为"乱伦"。同时，习惯上也不允许同胞兄弟姐妹及堂兄弟姐妹间通婚。在春秋战国时代的典籍《左传》中就有"男女同姓，其生不蕃"的记载，这里的同姓应理解为血缘关系较近，表明我们的祖先对近亲婚配的危害已有所认识。《唐律疏议》曰："同宗同姓，皆不得为婚，违者，各徒二年。"① 对于外姓女子，如何从优生角度进行选择，中医也有自己的一套理论，其中不无道理。叶天士云："求嗣者，必先择女，犹种植者，必先择地。盖沙砾之场，难期稻忝，而薄福之妇，安望熊罴。故为后嗣计，不可不选择也。大都妇人之质，贵静而贱动，贵重而贱轻，贵厚而贱薄，贵苍而贱嫩。故唇短嘴小者不堪，此子嗣之部位也。耳小轮薄者不堪，此肾气之外候也。声细而不振者不堪，此丹田之气本也。形体薄弱者不堪，此藏蓄之宫城也。饮食纤细者不堪，此仓廪血海之源也。发焦齿豁者不堪，肝亏血而肾亏精也。睛露臀削者不堪，脏不藏而后无后也。山根唇口多青气者不堪，阳不胜阴，必多肝脾之滞逆也。脉见紧数弦者不堪，必真阴亏弱；经候不调而乏生生之气也。他如未笄之女，阴气未完，欲盛之妇，所生多女。情性和者，调经自易，情性燥者，月水不匀。肉肥胜骨者，脂满子宫，骨瘦如柴者，子宫无血。求嗣者不可不急讲也。"②

再次是受孕的时机选择。中医很讲究种子（受精）时刻，这是中国古代房中术中涉及优生学的一个重要内容。马王堆汉墓简帛中有一卷《种子篇》，其中提到十种不宜怀孕的情况，至今仍然适用，即大风大雨、暴寒暴暑、阴晦日月食、大雾大旱、雷电霹雳、天昏地暗、醉酒之后、丧服未除、大悲大恐、一方有病。文献还指出，如"生子不备，必有凶灾"③。另外，准父母特别是男性须戒酒。中医反复阐述了酒后受孕，妨碍优形。《素问·上古天真论》说："醉以入房，以欲竭其精，以耗散其

---

① 沈红：《古人对优生优育的认识》，《中医药文化》2006 年第 6 期。

② 《古代优生优育观点有哪些》，2011 年 6 月 2 日，http：//www.nxby.thmz.com/ysyu/2011/0602/3027.html。

③ 刘春援、胡福泉：《论古代优生理论在儿科临床中的意义》，《江西中医药》2004 年第 11 期。

真,……故半百而衰矣。"《千金翼方》曰:"命不长者是大醉之子。"①
中医指出:"饮食之类,人之脏腑,各有所宜,似不必过于拘执。惟酒为
不宜,……酒性淫热,非惟乱性,亦且乱精。……故求嗣者,必严戒之。
与其多饮,不如少饮。与其少饮,犹不如不饮。此胎元之大机也。"

最后是孕期的管理。笔者所见较早提出孕检的,当属宋代,其时医家
提出适时验胎,其法是以"川芎为末,空心浓煎",如月经未行,服川芎
末3钱腹内微动,则证明有胎。② 一旦确定受孕,就要重视孕期管理。中
医认为,"胎借母气以生,呼吸相通,喜怒相应,若有所逆,即致子疾"。
我国古代医学家,早在公元前11世纪就提出重视孕妇心态对胎儿的影响。
西汉贾谊在《新书·胎教》中要求孕妇"口不出狂言,笑而不喧,虽怒
不骂",主张胸怀舒畅、乐观,喜怒哀惧不可过分。《列女传》说:"妇人
妊子,寝不侧,坐不边,立不跸,目不视邪色,耳不听淫声,夜则令瞽诵
诗道正事。如此则生子形容端正,才过人矣。"③ 明朝名医万全认为风热
寒湿、酸甜苦辣、七情六欲,都会伤及孕妇的某一脏器,孕妇无疾不可服
药。④ 万全在《古今图书集成部全录》中,也要求孕妇"自妊娠之后,则
须行生端严,性情和悦,喜怒哀惧,莫敢不慎",否则,"喜则伤心而气
散,怒则伤肝而气上,思则伤脾而生郁,忧则伤肺而气结,恐则伤肾而气
下。母气既伤,子气应之未有不伤者也"。中医学认为,"胎借母气以生,
呼吸相通,喜怒相应,若有所逆,即致子疾"。《傅青主女科》中亦有
"大怒小产"的论述。可见,我国古代医学家早就认识到不良的心态可导
致孕妇气血失调,进而危及胎儿健康发育的医学道理。⑤

在国外,古希腊哲学家柏拉图提出了不少激进的优生主张,如提倡对
婚姻应加以控制,以期生育优秀的后代,将低能及残废的儿童处死等。古
罗马皇帝奥多西一世曾严令禁止表亲结婚,违者判罪或处死。这些主张虽
然不尽人道,却反映了当时的优生思想和愿望。

---

① 杨匀保、范仁忠:《试析祖国医学中的优生学思想》,《安徽中医学院学报》1996 第
4 期。

② 郑媛、邹宇华:《浅谈中国古今优生观》,《中国社会医学杂志》2007 年第 4 期。

③ 杨匀保、范仁忠:《试析祖国医学中的优生学思想》,《安徽中医学院学报》1996 第
4 期。

④ 沈红:《古人对优生优育的认识》,《中医药文化》2006 年第 6 期。

⑤ 《古代胎教学说》,2013 年 4 月 12 日,http://www.yuer.com.cn/thread - 17837 - 1 -
1. html。

蒋功成认为，古代的一些学者或医生在考察和思考人类生殖行为的过程中，也曾提出各种或正确或错误的"优生"方法。这些生育制度和优生方法在提出时并未以"科学"标榜，故以"前科学阶段"来定位它是比较适合的。① 笔者认为，这些理论虽不完全正确，但有些也有其合理成分，因此称为"半科学"亦不为过。前科学之称谓似乎前面否定了其合理性，与事实不符。

（二）近现代孕检技术的发展

人类漫长的、不自觉的优生实践和零碎的优生思想，对于近代优生学的形成是具有积极作用的。20 世纪初，一些学者把研究重点放在人种改良上。可是，这一倾向却被希特勒歪曲并滥用，成为他推行种族主义政策的理论依据。纳粹分子将优生学淹没在法西斯的暴行之中，使优生学蒙受了巨大的耻辱。后来，苏联发动了对细胞遗传学的粗暴围剿，优生学也受到毁灭性的批判。20 世纪 50 年代，我国照搬苏联的理论，优生学也被打入冷宫，成了禁区。

但是，优生学并没有因此而窒息。遗传学家和优生学家用客观的研究成果，正确地评价并发展了现代优生学。优生学这一门造福于人类子孙后代的科学，逐渐被各国人民接受，取得了较大的进展。特别是近二三十年间，已得到全世界各国的普遍重视，有关专家竞相研究这门学科。日本及欧美许多国家都先后颁布了《优生法》。在优生立法 30 年后，目前日本青少年在身高、体重和胸围等方面都明显超过我国同龄青少年。我国《婚姻法》《母婴保健法》中的某些条文，也具有优生意义。

医学上的突飞猛进，不可避免地带来了优生实践的革命性进步。各种孕前检查技术逐一被提出和应用，使得孕检技术成为消极优生的主要实践和保障。羊膜腔穿刺术是最常用的介入性产前诊断技术。这一技术在 20 世纪 50 年代首先应用于临床进行胎儿性别鉴定及胎儿 Rh 溶血性疾病的诊断。胎儿镜于 20 世纪 60 年代末期首先应用于临床诊断胎儿神经管缺损。它是一种内窥镜，局麻下经腹插入羊膜腔后不仅可以直接观察胎儿外形及体表结构，也可以进行胎血采样及胎儿组织器官（皮肤、肝脏）活检来诊断胎儿疾病等。20 世纪 60 年代放射显影技术应用于临床诊断胎儿骨酪发育畸形和某些软组织疾病（如水肿儿）；20 世纪 70 年代超声影像

① 蒋功成：《新旧优生学的区别及其社会建构》，《淮阴师范学院学报》2008 年第 2 期。

技术问世，与传统的放射线诊断相比，它可以诊断出更多更复杂的胎儿结构畸形，并可引导不同途径的胎儿组织活检，而且还可避免放射线的杀伤作用；对于超声学来说，4D 超声技术是彩超行业的革命性突破，该革命性的技术能够实时获取三维图像，超越了传统超声的限制。它能够显示胎儿的实时动态活动图像，或者其他人体内脏器官的实时活动图像。20 世纪 80 年代以来，早孕期绒毛活检及胎儿宫内取血的广泛应用及分子生物学技术的日益发展，又使产前诊断得到了一次突破性飞跃。国外从 20 世纪 90 年代初起，就将经腹绒毛活检技术完全取代了经宫颈绒毛取材技术。随着医学伦理学及医学生物技术的不断完善，更早期、更安全、更准确的产前诊断方法已备受产前诊断工作者的关注，并已展现出广阔的前景。

二　孕检技术的主要类型

孕检包括准父母基于怀孕宗旨而对自身适孕性进行的医学检查以及对胎儿的产前诊断。

（一）针对准父母的孕前和孕期检查

1. 针对准父母的孕前和孕期检查技术

《中华人民共和国母婴保健法实施办法》第十四条规定："婚前医学检查证明应当列明是否发现下列疾病：（一）在传染期内的指定传染病；（二）在发病期内的有关精神病；（三）不宜生育的严重遗传性疾病；（四）医学上认为不宜结婚的其他疾病。发现前款第（一）项、第（二）项、第（三）项疾病的，医师应当向当事人说明情况，提出预防、治疗以及采取相应医学措施的建议。当事人依据医生的医学意见，可以暂缓结婚，也可以自愿采用长效避孕措施或者结扎手术；医疗、保健机构应当为其治疗提供医学咨询和医疗服务。"第十九条规定："医疗、保健机构发现孕妇患有下列严重疾病或者接触物理、化学、生物等有毒、有害因素，可能危及孕妇生命安全或者可能严重影响孕妇健康和胎儿正常发育的，应当对孕妇进行医学指导和下列必要的医学检查：（一）严重的妊娠合并症或者并发症；（二）严重的精神性疾病；（三）国务院卫生行政部门规定的严重影响生育的其他疾病。"

针对准父母的孕前和孕期检查技术，目前也相当成熟。从优生学的角度出发，建议在准备怀孕期间，男女双方都到医院做完整的检查，也就是孕前检查。孕前检查能详细了解父母双方的健康状况，以避免女性在怀孕期间出现危险，或者造成胎儿畸形。

　　针对男方的检查相对简单，主要是检查有无传染性疾病和遗传病。男士孕前检查最重要的就是精液检查，此外还有男性泌尿生殖系统疾病检查，肝炎、梅毒、艾滋病等传染病检查，特别要重点询问精神病、遗传病等，必要时还要求检查染色体、血型等。

　　而女性因为要承担长达十个月的怀孕过程及生产，这需要女方有一个健康的身体作为支撑，如果女性有疾病，母亲和孩子都容易出现危险，因此女性的孕前检查较男性复杂得多。女性的孕前检查主要有常规体检和一些专门的检查：如常规血液学检查可以知道血红素的高低，如有贫血可以先治疗；也可以得到血小板的数值，血小板与凝血机能有关，所以有血小板问题的人要先治疗才适合怀孕；这项检查还可测得红血球的大小（MCV），有助于发现地中海贫血携带者。常规检查主要了解心、肝、肺等脏器有无器质性病变，有无传染疾病等。女性还应该进行常规的妇科检查，了解有无妇科炎症、性传播疾病（梅毒、艾滋、衣原体、支原体感染等）、盆腔有无感染、子宫有无畸形等。如果有炎症、性传播疾病的一定要控制或根治后再怀孕，否则母亲会将这些疾病传染给新生儿，影响胎儿的正常发育。此外还包括梅毒血清检查及艾滋病病毒检验，麻疹抗体检查，乙型肝炎检查，子宫颈刮片检查，其他还有些特殊的检查，主要是针对各种不同的遗传疾病。其他特殊人群如高龄产妇、有家族遗传病史等的人群对应的检查项目则更多。

　　孕期检查内容包括针对母体的化验：如测量血压、体重、宫高、腹围，并注意有无下肢浮肿；血常规、尿常规、乙肝表面抗原、肝功、梅毒筛查、心电图检查、排除贫血、泌尿感染、乙肝、高血压、心脏病、妊娠合并糖尿病、妊娠合并贫血、妊娠高血压综合征筛查等。怀孕中期则增加较多针对胎儿的检查，如唐氏综合征和神经管缺陷的血清学检查，B超筛查胎儿体表畸形，观察胎儿生长发育情况、胎盘位置及成熟度、胎心率，羊水情况等。

　　2. 针对准父母孕检的主要适应征

　　《中华人民共和国母婴保健法实施办法》第二十条规定："孕妇有下列情形之一的，医师应当对其进行产前诊断：（一）羊水过多或者过少的；（二）胎儿发育异常或者胎儿有可疑畸形的；（三）孕早期接触过可能导致胎儿先天缺陷的物质的；（四）有遗传病家族史或者曾经分娩过先天性严重缺陷婴儿的；（五）初产妇年龄超过35周岁的。"实践中产前诊断的适应征主要有以下几个方面：（1）高龄孕妇：35岁以上的孕妇发生染色体不分离的机会比正常人高许多倍，如25—35岁生育21三体儿的机会为0.15％，35岁以上为1％—2％，40岁以上可达3％—4％。（2）生育过染色体异常患儿史：生育过一个染色体异常儿者，再次生育此种患儿的机会为1/60，比正常孕妇大10倍以上，因此，这类孕妇再次妊娠后应作产前诊断。（3）夫妇之一是染色体平衡易位携带者或倒位者：2％—3％的先天愚型为易位型。此类平衡易位的双亲出生先天愚型儿的概率为33％。但实际上若父亲为平衡易位，出生患儿的风险为2％—3％；如母亲为平衡易位，风险为10％。实际数字比理论数字低的原因与某些异常配子不能存活有关。（4）有脆性X综合征家系的孕妇：脆性X综合征是X连锁的智力低下综合征中发病率最高的一种。它与X染色体上的脆性位点有连锁关系。（5）生育过神经管缺损儿的孕妇：神经管缺损是最常见也是最严重的出生缺陷之一，主要有无脑畸形、脊柱裂和脑膨出等。生育过1例无脑畸形者，再次生育无脑儿风险可增至2％—5％，生育过2例者，再次生育无脑儿风险可达10％—20％。（6）夫妇之一为某种单基因病患者，或生育过某一单基因病患儿的孕妇：单基因病的遗传方式符合孟德尔定律，故生育病儿的风险可以预测。（7）曾有不明原因的自然流产史、畸胎史、死产或新生儿死亡史的孕妇。（8）孕妇有环境致畸因素接触史，尤其是孕妇活动性TORCH感染史的孕妇等。

（二）针对胎儿的产前诊断方法与技术

产前诊断（prenatal diagnosis），又称宫内诊断（intrauternine diagnosis）或出生前诊断（antenatal diagnosis），是指在胎儿出生前用各种方法了解胎儿在宫内的情况，从而对某些先天性、遗传性疾病作出诊断。产前诊断是近代医学科学的一项重大进展，尤其是近年来随着影像学、细胞遗传学、生物化学以及分子生物学等技术的不断发展，使产前诊断的范围和准确性有了不断提高。产前诊断也是优生、特别是消极优生的主要手段之一。

1. 针对胎儿的产前诊断的方法与技术

产前诊断（prenatal diagnosis）或出生前诊断（antenatal diagnosis），是指在胎儿出生前用各种方法了解胎儿在宫内的情况，如观察胎儿外形、分析胎儿染色体核型、检测胎儿细胞的生化成分和基因组成等，从而对某些先天性、遗传性疾病作出诊断。针对胎儿的产前诊断的方法与技术发展很快，尤其是近年来随着影像学、细胞遗传学、生物化学以及分子生物学等技术的不断发展，使产前诊断的范围和准确性有了不断提高。常见的技术方法有：（1）羊膜腔穿刺。在妊娠16—20周作羊膜腔穿刺，取羊水进行检查，包括细胞培养、性别鉴定、染色体核型分析、甲胎蛋白测定及其他生物化学检查，以判断胎儿成熟程度及诊断胎儿某些遗传病和畸形。（2）妊早期绒毛活体组织检查。在妊娠6—9周用吸管自宫颈口进入宫腔绒毛附着部位，吸取少量滋养叶细胞进行培养或直接制备染色体，判断有无遗传性疾病。此种方法大大提前了产前诊断的日期。又可用DNA探针或酶的测定进行产前诊断。（3）超声波诊断。通过B超检查可以看到胎儿的躯体，头部、胎心跳动、胎盘、羊水和脐带等。可检测胎儿是否存活，是否为多胎，甚至还能鉴定胎儿是否畸形（如无脑儿、脑积水、肾积水、多囊肾、短肢畸形、连体畸形、胎儿唇裂畸形、先天性心脏病等）。（4）胎儿镜诊断，又称羊膜腔镜或宫腔镜诊断。借助于内窥镜在子宫内直接观察，不但能辨认形态上的畸形，还能取胎儿血液、皮肤等组织进行检查，甚至可进行宫内治疗以矫正胎儿病态。（5）心电图检查。这项检查是为了排除心脏疾病，以确认准妈妈是否能承受分娩。（6）X射线诊断。常用于妊娠20周后，用以诊断胎儿骨骼的畸形，及中枢神经系统畸形。

2. 产前诊断检测的主要疾病类型

遗传性疾病如果单就某一病种而言，其在人群中的发病率并不太高，可是就遗传病病种而言，为数却不少，至今已达5000多种。[①] 遗传性疾病影响人口质量的结果是导致未来人口智力低下和精神病。

产前检查针对的主要病症类型包括：（1）染色体病：染色体疾病是新生儿最多见的一类遗传性疾病。染色体病有近400种，绝大多数染色体异常胚胎在妊娠早期即自然流产而被淘汰，但仍有部分的染色体异常胎儿可维持宫内生存及分娩出生。而染色体病多数还无法治疗，故只有进行及时的产前诊断，给予医学处理，才能达到优生的目的。（2）单基因病：许多遗传病其染色体外观正常，但染色体上的基因发生突变也会引起疾病，称为基因病，由单个基因突变引起的叫单基因病。常见的常染色体遗

---

① 项夏景：《计划生育工作重心应适时从控制人口向保障优生优育转移》，《中外医疗》2008年第15期。

传病有软骨发育不全、多囊肾、苯丙酮尿症、白化病、血友病以及红绿色盲等。（3）多基因病：很多常见的先天畸形如无脑畸形、脊柱裂、唇腭裂、先天性心脏病、先天性髋关节脱臼等都为多基因病，是多个基因与环境因素相互作用的结果。（4）各种环境致畸因子所致先天畸形：包括生物致畸因子和非生物致畸因子所致的先天畸形。如医院通常建议准父母做TORCH 检查、唐氏综合征产前筛查等。TORCH 综合征产前筛查。此种检查项目主要用于检查风疹病毒（RV）、弓形虫（TOX）、巨细胞病毒（CMV）、单纯疱疹病毒（HSV）抗体。准妈妈在妊娠4 个月以前如果感染了以上这些病毒，都可能使胎儿发生严重的先天性畸形，甚至流产。唐氏综合征产前筛查是用一种比较经济、简便、对胎儿无损伤性的检测方法在准妈妈中查找出怀有先天愚型胎儿的高危个体。先天愚型的发病率为1/1000（新生儿），是严重先天智力障碍的主要原因之一，正常夫妇亦有生育先天愚型患儿的可能，并且随着母亲年龄的增大其发病率亦增高。

第二节　孕检技术应用的意义

一　孕检技术应用的理论基础

生育健康的孩子，这是孕检技术应用的目标，也是孕检技术应用的伦理基础。

（一）优生是孕检技术应用的伦理基础

潘光旦当年给优生学下这样一个定义："优生学作为学科之一，其所务在研究人类品性之遗传与文化选择之利弊以求比较良善之蕃殖方法，而谋人类之进步。"在对定义作解释时，他把优生学所研究的内容分为三部分："其一为人类一切品性之遗传问题；其二为文化选择或社会选择的利弊问题；其三是研求如何推行一种比较良善之蕃殖方法。"[1] 李崇高认为，"今天的优生学远不是50 年前的优生学，而是建筑在新的遗传学、医学和各种现代科学基础上的综合性的科学"。他提出"优生科学"的概念。他说："优生科学是一门综合性科学，现阶段应在社会、经济、环境、文化、伦理的支持下，应以预防性优生学为重点，以生物学、医学、环境学

---

[1] 潘光旦：《潘光旦文集》第1 卷，北京大学出版社1993 年版，第254—255 页。

与遗传学为基础，采取遗传咨询、植入前或产前诊断选择性植入或选择性流产的方法，减少或杜绝某些遗传性疾病或先天性缺陷儿的出生，并积极关注孕期、围产期和新生儿期的保健以及婴幼儿的早期教育，以达到提高出生人口素质的目的。"[1]

20世纪40年代后，由于细胞遗传学等一系列相关学科的发展，使优生学在理论和实践上出现了新的突破，促使优生学从预防性优生学向演进性优生学的领域迈进。预防性优生学通过对选择配偶、结婚、受孕至分娩全过程进行科学的"监督实施"，以期达到减少或者消除人群中不良基因频率的目的。而演进性优生学，着重促进体力和智力健康的个体的繁衍，试图促进人群中良好基因频率的增加或至少不使之减少和改善人群的遗传素质。至此，优生学的目标不仅可以通过社会措施在社会群体水平上实现，还可以应用遗传学和医学的措施在每对夫妇个体生育水平上实现。

但随着当代人类基因组计划的实施对人的最基本生理结构的解密，出现了将演进性优生学走向极端的趋势，这就是基因优生。嵇宏指出，基因优生是带有种族色彩的优生概念，是一个不能实现的人类梦想。其理由如下：（1）价值角度上，基因技术不是价值无涉的，人类无法提供一个社会性与个体性、历史性与现实性相统一的优生价值标准。（2）人性角度上，完整人性的形成所必需的家庭伦理、后天教化与人类繁衍和进化的过程是天然合一的，不可能被技术操作程序取代。（3）科学角度上，作为其理论基础的基因决定论正受到科学事实的否定。[2]

（二）优生义务观是孕检技术应用的法理基础

虽然人们大多都希望获得健康的孩子，但是尽己所能地保证生出的孩子健康是否构成一项法律义务则不甚明确。越来越多的人认为生育不仅仅是一项自由，负责任的生育也是父母的义务。加利福尼亚州一家上诉法院在"科林德诉生物科学实验室"一案中开创了新的纪录：该法院论证说，父母对孩子有一种义务：避免残疾儿出生，即使这意味着需要避免孩子的出生。这里，在知情的情况下生育一个有残疾的孩子被认为是一种疏忽行

---

① 吴刚、伦玉兰等：《中国优生科学》，中国科学技术文献出版社2000年版，第13—17页。

② 嵇宏：《从多维度审视基因优生———一个不能实现的人类梦想》，《科学技术与辩证法》2003年第2期。

为，可以在过失法律名义下起诉。[①] 虽然这种看法随即遭到废弃，但无疑反映了一种观点，自由的生育并不代表可以不负责任地生育。孕检技术的普及，法律关于孕检的提倡等，正在使孕检具有更多法律义务性质。

二　孕检技术应用的社会功能

(一) 预防出生缺陷，提高人口质量

出生缺陷也叫先天异常，先天畸形，是指婴儿出生前在母亲子宫内发生的发育异常。它包含两个方面：一是指婴儿出生前，在母亲腹中发育紊乱引起的形态、结构、功能、代谢、精神、行为等方面的异常。形态结构异常表现为先天畸形，如无脑儿、脊柱裂、兔唇、四肢异常等；生理功能和代谢缺陷常常导致先天性智力低下，以及聋哑、致盲等异常。二是指婴儿出生后表现为肉眼可看见，或者辅助技术诊断的器质性、功能性的异常，如先天性心脏病、白血病、青光眼等，但不包括出生时损伤造成的异常。

出生缺陷成为影响人口质量的主要因素，也是拉低人均寿命的主力。据估计，中国出生缺陷总发生率约为 5.6%，以全国年出生数 1600 万计算，每年新增出生缺陷约 90 万例。[②] 出生缺陷在全国婴儿死因中的构成比顺位由 2000 年的第 4 位上升至 2011 年的第 2 位，达到 19.1%。出生缺陷不但能引起新生儿死亡，而且即使能够存活，大部分新生儿都会留有残疾，严重地影响着将来的生活质量，同时，给家庭造成的经济负担和精神痛苦是无法计算的。

为减少出生缺陷，医学界主张对出生缺陷进行"三级预防"[③]。一级预防主要是防止出生缺陷的发生。包括婚前检查、遗传咨询、选择最佳的生育年龄、孕期保健。具体做法包括优生科普教育和采取技术手段干预（包括增补叶酸、染色体检测、预防接种等）。二级预防用于减少出生缺陷儿的出生。主要在孕期内通过开展产前筛查及高风险人群检测，早发现、早诊断和早采取措施。三级预防是对已出生的缺陷婴儿进行有针对性的治疗。实际上三级预防已经非真正意义上的预防，而是治疗。而预防的

---

① ［美］H. T. 恩格尔哈特：《生命伦理学基础》，范瑞平译，北京大学出版社 2006 年版，第 258 页。

② 中华人民共和国卫生部：《中华人民共和国卫生部中国出生缺陷防治报告 (2012)》。

③ 国家人口和计划生育委员会：《国家人口和计划生育委员会关于开展出生缺陷一级预防工作的指导意见》(2007)。

重头在一级和二级，而这些都主要是通过产前对准父母和胎儿的医疗检查来发现和防治病变和缺陷的。进行孕检，是预防出生缺陷的主要途径。

（二）改善个人及家庭成员生命品质

无法弥补的出生缺陷严重影响出生者生存质量。如先天愚型是刚生下来的孩子中最常见的导致先天性痴呆的常见染色体疾病。又称"唐氏综合征"，民间称为"呆子""傻子"。此病的特征主要表现为严重的智力低下，有独特的面部和身体畸形，如眼距宽、低鼻梁、吐舌、肢体短小等，其中50%患儿伴有先天性心脏病，还常伴有消化道畸形、白血病，男性患者无生育能力，女性患者偶有生育能力，但所生子女中的一半可能会患和妈妈一样的病。目前对此病还没有好的治疗办法。开放性神经管缺损在出生缺陷中也占很大比例，主要有无脑儿、显性脊柱裂等畸形，民间称为"蛤蟆胎""怪胎"。开放性神经管缺损是神经管发育过程中不能闭合所致，常造成死胎、死产、瘫痪。这些缺陷往往无法医治，患者生存质量非常低下。

患儿家庭也承担巨大的经济和精神负担，生存质量受到影响。蔓延欧美的"不当出生"（Wrongful Birth）之诉，就是这种事实的反映。深圳一名脑瘫儿的父亲殴打救治医生，获得诸多民众同情。[①] 其原因就是患儿带给家庭的巨大经济负担和精神负担不是一般民众能够承受的。美国1973年的一个案例评论提出一种更激进的观点：如果一个孩子的生命质量有严重问题，并且如果对孩子进行治疗将会对家庭和社会造成很大的负担，那么就应该停止治疗。[②] 但这种提法面临重大的分歧和争议，而将问题在产前解决则简单得多。

（三）降低社会因出生缺陷而承受的负担

出生缺陷给社会和家族都带来了沉重的精神压力和经济负担。在美国，在儿科住院病人中25%—30%的病人是患有出生缺陷的儿童，每年用于护理有出生缺陷儿童的总费用超过了14亿美元。美国残疾人的第一位致残原因是脊柱裂，患有脊柱裂的病人大多终身下肢瘫痪，并合并有脑

[①] 龙锟：《父亲担心男婴是脑瘫要求放弃抢救　医生救人被踹》，2011年11月12日，http://www.qq.com/a/20111112/000524.html。

[②] 肖（A. SHAW）《关于孩子的知情同意难题》，《新英格兰医学杂志》2009期（1973年10月25日），第885—890页。转引自[美]H. T. 恩格尔哈特《生命伦理学基础》，范瑞平译，北京大学出版社2006年版，第264页。

积水、智力低下、大小便失禁等病症，美国每年为脊柱裂患者花费的各种费用的总和约为2亿美元。

根据全国出生缺陷监测的结果，出生缺陷中占第一位的是神经管畸形，有8万—10万。患有神经管畸形的婴儿大部分出生前、出生时或出生后一年内死亡，据估计因此中国每年造成的经济损失约2亿元人民币。通过产前检查，发现严重缺陷，及早诊治处理，对于避免家庭和社会陷于严重负担具有积极作用。

第三节　孕检的强制与免费

一　孕检应否强制

强制婚检作为预防出生缺陷的一个有力手段，随着2004年《婚姻登记条例》出台，变成一项由个人决定的事项。2003年10月，我国取消强制婚检意在取消强制而非婚检，目的是为了更充分尊重个人的隐私权和选择权。然而，仅两年以后，黑龙江省率先恢复强制婚检，当时招致种种批评，或被指斥是"制度倒退"，或被质疑为"变相牟利"。学者据此提出强制婚前检查和孕前检查问题。那么，到底是坚持婚检还是孕检，或者缺一不可？

（一）婚检还是孕检

由于出生缺陷增加被人们归因于强制婚检的取消，因而引起了恢复强制婚检的呼声。是恢复强制婚检还是倡导强制孕检，人们争议不断。

1. 关于婚检与孕检的争议

（1）主张恢复强制婚检

主张强制婚检的学者，其理由大体包括以下几点：

第一，强制婚检有助于降低出生缺陷率。随着强制婚检的取缔，婚检率急剧下降，新生儿出生缺陷急剧攀升。取消强制婚检后，2005年出生缺陷发生率是取消前2002年和2003年合并出生缺陷发生率的1.11倍。这表明取消强制婚检后，我国出生缺陷发生率有所上升，取消婚检与这一趋势可能存在一定关系。[1] 不过，这些声音并没有引发对取消强制婚检的

---

① 王灏晨、郭超：《强制婚检政策取消前后我国出生缺陷发生率变动的meta分析》，《中国计划生育学杂志》2013年第2期。

反思，其中新生儿先天性缺陷增多就是重要原因。卫生部统计资料显示，在2002—2006年这五年中，我国人口出生缺陷发生率呈上升趋势，这组数据恰好与同时的婚前检查率成反比，这五年的婚前检查率呈下降趋势。学者呼吁为了继续防止我国新生儿出生缺陷率，提高我国人口素质，建议立法恢复强制婚检。①

第二，恢复强制婚检是对婚姻双方和后代负责任。现代西方社会，人们为生育健康而主动进行婚前检查已成为普遍现象。如在日本，婚检完全出于男女的自愿。在日本人的观念中，结婚前主动交换健康诊断书既是对对方负责，又是建立和谐夫妻关系的一个重要的内容。在一些阿拉伯国家（如埃及、叙利亚、摩洛哥、阿拉伯联合酋长国等），政府鼓励适龄青年进行婚前检查。② 但在我国婚检却没有成为人们的自觉行为。婚检本是一件对后代负责的利国、利民和利己的好事，是男女双方对自己、对方及后代负责的积极行为。特别是对身体有遗传性疾病和各种传染性疾病的人来说，进行婚检能及早发现疾患，采取诊治措施，以免使生育后代的过程演变成为失守的"马其诺防线"，夫妻双方因相互传染疾病或将疾病传染给下一代而后悔莫及。

第三，孕检无法替代婚检的功能。婚检与孕检的区别，从来都不简单只是个生理体检问题。男女双方在婚前彼此不能拥有对方身体健康的知情权，会孕育出种种社会问题。过度注重个体私权名义下的自由，会让其他人或者社会支付更大代价。当一种个体自由可能妨碍到社会自由或者公民权利，就必须慎重对待，甚至加以限制，这才是理性负责的。自愿婚检不能很好地保护公共利益，也不能保障个人的知情权。③ 中国婚姻发展到今天，绝不再只是一件生儿育女的事，而是维系着人们幸福情感的一种家庭模式，更是维护社会自由与公共安全的一条纽带。强制婚检对个人自由实现当然不是最好的，但在孕检无法真正代替婚检的情况下，恢复强制婚检

---

① 李小红：《恢复强制婚检制度的立法建议》，《当代法学论坛》2011年第2辑。

② Albap M. A. , Counseling about Genetic Disease：An Eslamic Perspective［J］. Eastern Mediterranean Health Jlournal, 1999, (6).

③ 王怀章：《婚检制度改革的背景、缺陷、完善及发展趋势——从政府与社会分权的视角》，《行政法学研究》2005年第2期。

是对更大自由与安全的一种负责之举。①

（2）主张实施强制孕检

反对强制婚检，主张强制孕检的学者，其论据主要有以下几点：

第一，结婚和生育是人生的两个不同阶段。婚姻毕竟是公民私事，过去那种实行强制婚检的主张，事实上与维护人权的现代法治精神距离渐远，远不符合政府治理中体现的以人为本的法治精神。影响生育的一些疾病并不能剥夺两个真正相爱的人结婚的权利，只要婚后不生育就不会造成缺陷儿。

第二，婚检查不出新生儿缺陷问题。婚检只是检查身体的基本健康状况，检查不出通常所说的可能导致新生儿缺陷的问题，要控制新生儿缺陷率，要通过怀孕前后的身体检查。实际上，很多夫妇也是选择了怀孕前而非结婚前检查身体。学者通过对人口生育中婚检制度由强制改为自愿以来，各地婚检率下降，新生儿出生缺陷率攀升的事实进行分析，探讨了现代生育文化背景下结婚与生育之间的因果联系环节出现分离的必然性及其实行婚检制度的局限性，提出政府将过去的"强制收费婚检"、现在的"自愿免费婚检"制度调整为实行"强制免费、依法孕检"制度的对策建议。②

2. 建议自由婚检，强制孕检。

在婚育问题上，为维护人本原则和控制人口出生缺陷，我国政府经历了从强制到自愿、从收费到免费，甚至重归旧制的过程。尽管当年《婚姻登记条例》中不再有要求强制婚检条目，但在《母婴保健法》中还是保留了相关要求。法律的效力高于行政法规，恢复强制婚检当然可以获得制度支持。然而，强制婚检与社会发展进步的方向相悖，自愿免费婚检"叫好不叫座"。控制人口出生缺陷的任务迫在眉睫，提高我国人口素质，笔者认为，以强制孕检取代强制婚检更为科学。

第一，结婚与生育的分离使得婚检难以达成优生目的

从预防出生缺陷目的出发，强制婚检的意义有限。而且结婚和生育已经逐渐分离为两项相对独立的事项。

① 单士兵：《为什么要恢复强制婚检》，2012 年 2 月 24 日，http：//www. api. k. sohu. com/api/paper/view. do？ m = news&sid = 4&pubId = 2&termId = 9456&pageNum = 4&newsType = 3&short = 2&newsId = 1838891&p = 2。

② 王文科：《关于婚检与孕检的策略构想》，《人口与经济》2010 年第 5 期。

　　结婚并不意味着即时生育。法律和主流文化观念都提倡晚育。婚期和孕期相隔一段时间，使得婚检中的数据失去效力。人的身体状况不可能一直保持在结婚时的状态，因此此前的婚检对生育的参考意义非常有限。至于孕后的身体状况变化更是需要通过孕检即时跟踪。

　　结婚也并不意味着一定生育。正如康德所言缔结婚姻的男女生养和教育孩子的目的可以永久被认为是培植彼此欲望和性爱的自然结果，但是，并不一定要按此来规定婚姻的合理性。即在婚前不能规定务必生养孩子是他们成为结合体的目的，否则，万一不能生养孩子时，该婚姻便会自动瓦解。① 虽然大多数人或选择结婚生子，但毕竟仍有例外，因此不能以符合生育要求作为允许结婚的条件，"丁克"家庭的出现即明证。

　　结婚也不意味着需适合生育。依据相关法律法规，艾滋病人、智障人士等也可结婚，甚至不育也不是法律禁止结婚的条件。可以说，除了近亲、同性、婚龄等个别事由，没什么能够阻止当事人结婚。

　　因而婚检毋宁说是对法律个体利益的一种关心，这种情感表达应该是以相对个人自愿接受为宜，强制反而不美。来自广州社情民意研究中心的最新一项民调显示，在婚姻自由的理念下，对免费婚前检查，市民偏向"个人自愿参加"②。

　　第二，婚检的内容不能保证优生目标的实现。

　　婚检只是对两性身体健康状况的检查，虽然能够部分地筛检出一些可能导致出生缺陷的情形，但却不能全面预防出生缺陷。在公众认为出生缺陷率源于婚检强制的取缔时，政府也对此进行了调研。2005 年 4 月 25 日至 5 月 11 日，由国务院联合调查组分赴北京、内蒙古、上海、浙江、河南、云南进行专题调研，最终提交给人大的报告显示：自《婚姻登记条例》实施以来，各省的统计数字显示，新生儿出生缺陷率有升有降，缺陷儿出生率是波动的，而波动的原因是多方面的。婚检对预防出生缺陷作用有限，且婚检存在大量"走过场"的现象。该报告明确表示，新生儿疾病检出手段均为孕中检查、临床诊断查出，而非婚检检出，婚检并不能

---

　　① ［德］康德：《法的形而上学原理》，沈叔平译，商务印书馆 1991 年版，第 95 页。
　　② 《婚检自原　孕检强制》，2012 年 3 月 22 日，http：//www. health. voc. com. cn/id_40481. html。

完全预防出生缺陷。① 在出现未婚先孕现象时，婚检根本无能为力。

第三，强制孕检有理有据。孕检强制既避免了强制婚检带来的诸多尴尬，又确保了新生儿质量，可谓一箭双雕。并且，"强制孕检"较之"强制婚检"，"更具有人文关怀，对于那些欲做父母的人来说，更容易被接受，总没有谁希望自己生一个不健康的孩子吧"②! 而卫生部和民政部于1986年9月联合下发了关于婚前健康检查问题的通知。1995年颁布的《母婴保健法》都对此孕检加以规定。强制孕检合情合法。

(二) 孕检强制的法理分析

第一，抚育的社会化是国家强制孕检的理论基础。

生育在现代社会已经不是单纯的个人事务，而具有显著的社会意义。在一个孩子抚育越来越社会化的时代，国家在孩子抚育方面承担越来越多的公共义务，因而也得以获取越来越多的发言权。当孩子的教育、医疗甚至抚育都部分甚至绝大部分由政府埋单时，政府当然有权利对孩子的制造过程进行干预。出生缺陷的孩子会增加政府在抚育孩子方面的负担，会占用比健康孩子更多的资源。因此对此类风险进行防范，就是政府自身利益的诉求。生育行为是一种为后代负责的、实行人口出生缺陷控制的"社会行为"③。李银河说："生孩子的权利目前在城市是国家予以分配，在农村是国家予以限制。虽然在这个问题上还有一些观念未能厘清，但是这种做法显然具有极大的合理性……当生育的指标已经具有全民族生存攸关的资源这一性质时，国家就完全有权利来看守这个资源。"④

有关研究从经济学的角度，以投入—产出模型和机会成本为理论基础，通过构建以出生缺陷减少为产出收益的免费婚检、孕检投入产出分析模型，并以广东省某区的经验数据进行实证检验，对免费婚检、孕检推行的可行性进行分析。发现推行免费婚孕检的产出与投入的净现值指数为2.08，明显大于1，说明免费婚检、孕检项目可行且效益明显，值得在更

---

① 《国务院联合调查组称婚检作用有限不宜强制》，2005年7月28日，http://www.news.sina.com.cn/c/2005 - 07 - 28/10246550399s.shtml。

② 吴应海：《"强制婚检"不如"强制孕检"》，2005年7月25日，http://www.beelink.com.cn/20050725/1893061.shtml。

③ 王文科：《关于婚检与孕检的策略构想》，《人口与经济》2010年第5期。

④ 李银河：《生育与村落文化　一爷之孙》，文化艺术出版社2003年版，第56页。

大范围内推广。①

　　第二，出身缺陷多发、致病原因多元和孕检率较低是强制孕检的现实基础。

　　2011 年 9 月 21 日发布的《中国妇幼卫生事业发展报告（2011）》指出，我国最近 15 年的新生儿缺陷率，由 1996 年的万分之 87.7 上升到 2010 年的万分之 149.9，增幅高达 70.9%。② 高出生缺陷率表明这已经成为一个严重的社会问题。而致病的原因已经不再局限于传统的遗传等主因，而是现代社会污染、不安全食品药品等造成，这是整个社会原因所致，个人的防范已经软弱无力，不再有效。在 2002 年一项针对 105 个县的相关调查显示产前检查率为 91.5%，但早期孕检率为 40.4%，有 8.5% 的妇女没有做过产前检查，产前检查中发现 14.8% 的孕妇有异常情况。③ 这组数据显示自愿孕检就成为一种较高风险的选择。强制孕检则是降低风险的必要措施。

　　第三，民众的优生诉求是强制孕检的民意基础。

　　来自广州社情民意研究中心的最新一项民调显示，80% 的市民支持"市政府实施人口出生缺陷干预工程"。在婚姻自由的理念下，对免费婚前检查，市民偏向"个人自愿参加"；而对于怀孕期间的胎儿缺陷检查，49% 的市民认为应由"政府强制推行"，由政府承担起公共责任。④ 有学者提出通过柔性婚检和孕检管制手段的结合，加上既有的新生儿检查，保障母婴健康、提高出生人口素质的管制目标可望能够更好地得到实现。⑤

　　实践表明，加强孕前和孕期检查，不仅可以减少部分先天性疾病的发生，而且严格的强制孕检完全能够取代婚检而发挥预防出生缺陷的作用。尤其重要的是，随着社会文化背景的变迁，决定了现实社会中实行强制孕检比起强制婚检来更有说服力。

---

　　① 罗明忠、杨永贵等：《免费婚检、孕检的投入产出分析——以广东某区为例》，《南方人口》2009 第 3 期。

　　② 卫生部：《中国妇幼卫生事业发展报告（2011）》，2012 年 9 月 17 日。http://www.wen-ku.baidu.com/view/8a1dab6aa45177232f60a23f.html。

　　③ 段平、王歌欣、王晓莉：《105 个项目县妇女产前保健现况分析》，《中国公共卫生》2002 年第 2 期。

　　④ 《婚检自愿　孕检强制》，2012 年 3 月 22 日，http://www.health.voc.com.cn/id_40481.html。

　　⑤ 章志远：《制度变迁、利益冲突与管制重塑——立足于婚检管制模式演变的考察》，《法学家》2007 年第 6 期。

二　孕检应否免费

免费孕检是指为孕妇提供免费孕期医学保健服务。通过定期的孕期医学保健，能及时发现影响孕妇胎儿安全的传染病、孕期并发症和合并症等，可对胎儿早期遗传性疾病和先天性发育畸形等进行筛查，并对胎儿生长发育给予正确指导。

第一，免费孕检符合法理。如果立法规定孕检为强制性的，那就构成对公民的一项义务。为保障公民能够切实履行此项义务，国家对此埋单也是顺理成章的。没有废除强制婚检前，人们多将取消强制婚检的视点放在个人隐私和收费垄断上，部分地方也出现了婚检的形式化。如果孕检强制却不免费，势必引发同样的问题。由于医疗保障体系的建立，为未来公民提供必要的医疗保障在法律上也没有任何异议。目前全国已开展免费孕检的城市有广东全省、北京、杭州、上海、西安、三门峡等。武汉市目前仅有江汉区开展此项工作。①

第二，免费孕检符合效益原则。武汉市的一项研究表明，在该市江汉区免费孕检开展后，到妇幼保健所进行产检的人数逐年增加。2008 年末实行免费孕检时产检人数为 576 人，到 2009 年实行免费孕检后人数增至929 人，比 2008 年同比增长 61%，2010 年产检人数为 1718 人，与 2008年同比增加 198%。两年间，共为辖区孕妇减免费用 828 511 元。高危筛查数 2009 年为 151 人，与 2008 年同比增长 169%，2010 年高危筛查数119 人，与 2008 年同比增长 112%。艾滋病和梅毒筛查率近年一直保持100%，其中，2009—2010 年筛查出梅毒阳性孕妇 1 例。② 广州某区通过推行免费婚检和孕检等项目，成功地将婚检率提高为 2006 年的 48.56%，有效地防治了传染性疾病的扩散；同时至 2007 年成功阻止了一例无脑儿、一例 18 三体、一例死胎婴儿的出生，产生了巨大的经济和社会效益。基于该区的数据进行收益核算，该区通过推行免费婚检、孕检等项目挽回经济损失约为 225 万元。该区推行免费婚检、孕检等项目共投入成本经匡算

---

① 蔡春华、严明升等：《武汉市江汉区实施免费孕检成效的探讨》，《中国妇幼卫生杂志》2011 年第 4 期。

② 同上。

约为 110 万元。①

第三，免费孕检符合社情民意。来自广州社情民意研究中心的最新一项民调显示，对于怀孕期间的胎儿缺陷检查，49% 的市民认为应由"政府强制推行"，由政府承担起公共责任。② 免费蛋糕人人喜欢，笔者也不认为政府对于民众的免费意愿都应满足。但是孕检作为医疗保障体系的一部分，减免是应有之义。依据效率原则，孕检免费是利大于弊。考虑到生育对于国计民生的深远意义和我国日益雄厚的经济实力，在此满足民众合理需求不过是顺势而为，无可非议。

免费孕检的范围如何界定？医学建议孕妇做的常规孕检项目包括：超声波检查，有家族遗传性疾病者做绒毛膜采样检查、量体重和血压、身体各个部位检查、听宝宝心跳、检查子宫大小、抽血、验尿、"胎儿颈项透明层"的筛查、唐氏症筛检、妊娠糖尿病、妊娠胆汁淤积症筛检、乙型肝炎抗原、梅毒血清试验、评估胎儿体重、孕期进行心电图、肝胆 B 超等。③

2005 年 9 月起，广州某区正式实施免费婚检。根据规定，夫妻一方户籍在该区的人员均可到妇幼保健院参加免费婚检，婚检项目包括：（1）体格检查；（2）血常规检查；（3）尿常规检查；（4）转氨酶及乙肝表面抗原检查；（5）红细胞脆性实验；（6）G6PD 缺乏（蚕豆病）筛查；（7）梅毒筛查；（8）淋病筛查；（9）HIV（艾滋病）检测；（10）ABO，Rh 血型。2007 年 10 月，武汉某区开始实施免费产前医学检查服务项目，简称"免费孕检"，根据该区有关规定，夫妻一方户籍在该区的政策内怀孕妇女和夫妻双方户籍均不在该区，但在该区连续居住满半年以上且领取了户籍地核发的《流动人口婚育证明》的政策内怀孕妇女，可享受一次每人 258 元标准的免费产检服务。检查项目包括：血常规＋血型、尿常规＋尿妊娠试验、白带常规、肝炎病毒检测（两对半）＋肝功能、梅毒血清学筛查；心电图、B 超、50 克糖筛查试验、血糖、胎儿电子监护、HIV 筛查 11 个项目。

---

① 罗明忠、杨永贵等：《免费婚检、孕检的投入产出分析——以广东某区为例》，《南方人口》2009 年第 3 期。

② 《婚检自原　孕检强制》，2012 年 3 月 22 日，http：//www. health. voc. com. cn/id＿40481. html。

③ 贾和、张峥程：《280 天孕检时间表》，《母婴世界》2007 年 12 期。

可以说，孕检免费的范围是由医学需要和政府财政两个因素决定的。医学上公认必要的和财政能够支付的检查，可以免费提供。同时辅以个体自费的检查，必然能够最大限度防范出生缺陷。

三　强制免费孕检的实施

（一）免费孕检的强制实施

强制孕检的目的在于预防出生缺陷。计划孕育的夫妻或个人应该实施孕检，特别是孕期检查。对于绝大多数孕妇而言，免费孕检是无须强制的。免费孕检制度是民意的反映，只要政府部门宣传到位，孕检认真落实而不流于形式，相信民众都会自愿配合。我国有强大的计生队伍，宣传政策应不成问题。法律应明确政府部门的责任，具体包括计生部门组织宣传的责任和医疗机构认真检查的义务等。

其他人或机构不能基于孕育以外的目的强制自然人孕检，否则即侵犯他人隐私与身体自由权利。昆明某大学三名毕业生遭遇孕检便愤而辞职。三名女大学生被昆明一家名叫"嘉百利商贸有限公司"录用后，公司要求她们去医院做 HCG 检查。三人不知道什么叫 HCG，去了医院才知道是孕检。于是与公司人事经理理论，而人事经理明确告知：不做孕检不准上班，若是怀孕必须流产后再来上班。公司的理由是员工如拖着身孕上班会大大削减整个团队的"战斗力"，不存在侮辱女性人格。三人理论无果，愤而辞职。①

（二）违反强制孕检义务的责任

但法律不能不考虑到政府职能部门和部分父母可能会有的不负责任的行为，因此在立法中明确违法责任是应有之义。

改革开放以来，我国优生工作已从以往一般性的咨询、宣传教育、普及知识阶段，进入不仅了解知识，而且采用科学手段，用科学控制优生的阶段。有学者据此提出"凡是有生育意愿的夫妻双方，必须要通过先行免费孕检，在具有孕检权的医院取得相关健康证明，到国家计生部门领取准孕证后，方可怀孕。如果不参加孕检，没有取得健康证明的，就可视为

---

① 《强制孕检：变态还是有理？》，2006 年 9 月 5 日，http：//www.bbs.southcn.com/archiver/tid－205317.html。

非计划生育，从而可以实行强制技术手段以避免生育结果的发生"①。对此笔者不能赞同。这种对私人生活强制、深入、粗暴的介入是违背人本主义的法治精神的。强制孕检是法律对个体的关爱，但不能以爱之名就为所欲为。在经济手段或其他策略可达目的时，尽量避免直接暴力是现代法制文明的一个体现。在孕检领域，也可以考虑其他较温和的手段。

笔者建议，对于拒绝履行强制孕检者以及检查出医方建议应中止妊娠的严重缺陷而拒绝中止妊娠的，国家医疗保障系统可以拒绝将因此出生的婴儿纳入社会医疗保障体系，而是由其父母对此类婴儿的健康风险全部负责，以惩罚不负责任的生育行为，警示违反强制孕检义务者。父母如想婴儿享受公共医疗保障，则需缴纳单独的罚款，以供社会抚养之用。如此一来，想必怀孕者皆会踊跃参加孕检。

当然法律还应规范计生部门在免费孕检方面的义务，对于不作为者课以责任。另外，为防范强制孕检流于形式，法律也应对卫生部门做出要求，对于检出严重缺陷者，医方应出具报告，建议孕妇中止妊娠。对于有吸烟、酗酒、吸毒等不良行为的孕妇，医方应特别警告。还有应规定先天缺陷漏检率的标准，对超出范围的漏检追究医院和当事医务人员的责任。如此三管齐下，相信出生缺陷率当可控制。

第四节　出生缺陷的风险负担

"不当出生"（Wrongful Birth）是指提供医疗服务的医务人员或者医疗机构未尽职责范围内的注意义务，没有提供有关信息或者向父母提供了错误的或者不准确的信息，致使父母误以为胎儿没有残疾而未堕胎，导致生下残疾儿。因为此种原因父母向医疗者请求损害赔偿的诉讼被称为"不当出生"之诉。"不当出生"之诉源于美国，波及欧洲，有蔓延世界之势。

1974 年 11 月 29 日，Sharron Blake 来到 Kamiah 诊所接受 Cruz 医生的检查。她感觉身体不适，担心是有了身孕。同时她认为自己可能染上了麻疹，因为她的脖子上有一些疹子，并且最近在她儿子患此病时未采取隔离措施。她特别要求医生对怀孕与麻疹两项目标进行检测。Cruz 医生肯定

---

① 王文科：《关于婚检与孕检的策略构想》，《人口与经济》2010 年第 5 期。

了 Blake 夫人的早孕事实，诊断其疹子只是某种玫瑰疹，并告之她未患麻疹。医生没有抽取血样进行检测以确认其诊断结论，也未向 Blake 太太建议尽快进行这些非常重要的检测。同年 12 月 8 日，Blake 夫人来到 Oh 医生那儿，后者立即为其抽取血样进行麻疹检侧，但由于此时已超过了检测期而致不能得出肯定结论。1975 年 6 月 3 日 Dessie Amindia Blake 出生。出生后两周，Dessie 被诊断为是一个严重先天性缺陷的麻疹病儿。Blake 对 Cruz 医生提起了诉讼。①

2010 年，宁波市某法院受理一起这样的案件：一婴儿出生后家属发现婴儿的一只手发育不全，只有两个手指，婴儿父母认为，医院在印制的广告中宣传"该院的全息数码彩超是全球影像医师最推崇的实时数字化全息成像设备，具有成像清晰，诊断准确的特点"，所以，原告选择了该医院进行孕期检查。按照我国《母婴保健法》规定，胎儿有严重缺陷的，医师应当向夫妻双方说明情况，并提出终止妊娠的医学意见，由于医院在孕期检查不仔细，没有及时发现胎儿有严重的缺陷，造成有残疾的婴儿不当出生，要求医院承担赔偿责任。②

一　出生缺陷风险负担问题的提出

希望生育一个健康的宝宝，是所有准父母的共同心愿。借助现代医学技术，绝大多数准父母都可以实现上述愿望。然而，时常会有一些心碎的父母，不得不面对生来就患严重残疾或畸形的孩子。一个错误的出生，一个残缺的生命，给父母和家庭带来的情感负担、经济压力到底有多大，也许不是旁人可以了解的。谁应当对此负责呢？是未能善尽职责的医院，还是自认命运不济的父母？法院正在尝试对此加以妥善处理。

在重庆永川，法院处理了一起案件：B 超显示腹中胎儿发育正常，哪知生下来的竟是个重症肢残儿。由于协商未果，2003 年 11 月产妇吴秀秀母子俩以侵犯生育选择权为由，将医院告上永川市法院，获 1.8 万元精神损失费。③ 稍后，福建漳州市法院也处理了一起同类案件：福建人文女士

①　高艳：《"不当出生"导致医疗损害赔偿的法律研究》，硕士学位论文，南京师范大学，2007 年，第 3 页。

②　郭静波：《残婴不当出生谁该担责——医疗科技引发的新纠纷》，《社会观察》2010 年第 6 期。

③　《生下残儿 产妇状告医院》，2007 年 10 月 26 日，http：//www.efaw.cn/html/fzzb/2007/1026/07102683167EC4B1JIGFDFEFK5CFIH.html。

怀孕后，一直由漳州市医院提供产前保健服务。但怀孕期间进行的5次B超检查中，均未能正确显示胎儿的完整情况。生下肢残儿后，文女士以侵害健康生育选择权为由，将医院告上法庭。2004年9月30日，法院作出终审判决：漳州市医院赔偿原告医疗费、残疾者生活补助费、精神损害赔偿费等552783.36元[①]。

同样性质的案件，一起获赔1.8万元，另一起获赔55万余元，即使考虑到两地生活水平的差距，也仍会使人觉得差距过于悬殊，到底法院做出如此不同的判决，理由何在？法律对此应如何规制？

二　出生缺陷风险负担的法例与学说

希望生育一个健康的婴儿是所有为人父母者的心愿，但是每年仍有相当多残疾新生儿诞生。在技术不能提供帮助的年代，这也是无可奈何之事。但在医学足以揭示此种事实及危险时，生育选择成为可能。因为医院以及医师的疏忽而未告知孕产妇，致使严重残疾胎儿出生，在国内外已引发多起诉讼。[②]

（一）相关法例

1. 英美法系

在英美法系一些国家，此类诉讼常常被称为"不当出生"之诉。"不当出生"，英语原文为"Wrongful Birth"，是源于美国的一种称谓。"不当出生"案例中，严重残疾或重症疾病儿童的父母起诉医师或就医的医院，称这些儿童本来就不该出生，指责医师或医院没有把这些胎儿的健康问题告诉他们，没有让他们了解现有的产前筛检方法，而这些筛检结果可以帮助他们决定是否要做人工流产。在美国实践中，孩子主张的索赔案通常被概括为"不当生命"之诉；由孩子父母提起的该主张通常被冠以"不当出生"的称呼，这是由于被告的过失而致父母生出了一个具有遗传病或其他先天缺陷的孩子而为该父母所提起的诉讼。英国1976年即颁布"生而残障民事责任法"规范类似问题。在美国，仅1990年一年中，全国几十个州一共受理了300多件父母以"不当出生"或"不当生命"为由提

---

① 《产前检查案件："健康生育选择权"获法院支持》，2007年8月19日，http://www.zjyl120.com/ac_huangye/fck/2007/8/2007081918032673499.html。

② 在我国，有多起以侵犯生育选择权为由的相关诉讼，在美国，有"不当出生"之诉，都是起诉医院以及医生未经注意和告知义务，致使严重残疾儿出生。其中一些诉讼获得法院支持。

起的诉讼。① 这一诉讼也早已蔓延至欧洲。美国早期的判例以"损害计算上的困难"等理由拒绝承认此类诉讼请求；而后来则改弦易张认可医疗机构在存在过失时应承担责任。② 美国 2000 年通过立法，规定自 2001 年3 月 28 日开始，不允许以"不当出生"为诉因提起诉讼。但是实践中存在不同观点。

支持不当出生之诉的论点主要出于以下政策上的考虑：第一种考虑建立于发展医疗科技能力，以在怀孕或出生前预测出生缺陷，认为强加责任于医生表明了以减少基因缺陷为目的的社会利益。第二种考虑源于一般的侵权原则。一个因过失而剥夺了某位妇女决定是否流产的选择权的医生，应当就其前后引起的损害进行赔偿。这种视不当出生为一项求偿主张的做法得到了法庭的一致认可，并最终被所有考虑这一问题的十三个管辖区认可。③

2. 大陆法系

对于出生前就已经严重残疾的案件，德国通常是以契约上请求权处理这类案件，这一点与英美法国家仅考虑侵权做法不同。在联邦最高法院判决中，法院肯定因医师过失而生出缺陷儿的父母，须依债务不履行请求该医师赔偿抚养此缺陷儿比一般婴儿多出的额外费用，包括财务与劳力之付出。④ 德国法院仅赋予了父母损害赔偿请求权；而法国法院则同时赋予了父母和婴儿自己的损害赔偿请求权。⑤ 我国台湾，在台湾士林法院 1995年度重诉字第 147 号民事判决乙案，台湾士林法院认定被告医院与原告间医疗契约成立，医院负善良管理人的注意义务，被告医院应就其医生的过失与自己过失负同一责任，而依不完全给付债务不履行规定，负损害赔偿责任。⑥

（二）相关论点

在我国，此类"不当出生"案件通常被作为侵犯生育选择权诉讼提

---

① 黄丁全：《医疗·法律与生命伦理》，法律出版社 2004 年版，第 433 页。

② 冯恺：《胎儿的损害赔偿请求权探究》（中），2007 年 1 月 30 日，http://www.civillaw.com.cn。

③ 同上。

④ 刘永弘：《医疗关系与损害填补制度之研究》，硕士学位论文，东吴大学，1996 年，第150—151 页。

⑤ 克雷斯蒂安·冯·巴尔：《欧洲比较侵权行为法》（下），张新宝译，法律出版社 2002 年版，第 74 页。

⑥ 王泽鉴：《侵权行为法》，中国大学出版社 2001 年版，第 140 页。

起。对于谁应当为"不当出生"埋单，实践中存在不同观点。

一类观点支持不当出生之诉，认为有过失的医疗机构应对此负责，其理由主要有以下几点：

第一点理由认为强加责任于医生表明了以减少基因缺陷为目的的社会利益。缺陷胎儿的出生会给社会带来巨大的医疗和护理的费用，放任其出生是不善用医疗资源的表现。现代医疗科技可以在怀孕或出生前预测出生缺陷，避免此种负担。现代医疗科技能力，可以在怀孕或出生前预测出生缺陷。现有的医学技术对于绝大多数先天缺陷都是可以通过产前检查发现和干预的。之所以发生越来越多的"不当出生"之诉，与一些医师责任心较差，工作态度欠认真有关。真正是那些医学技术难以检测和发现的先天缺陷，当事人也极少会吹毛求疵的要求医方承担责任。

第二点理由源于一般的侵权原则。依据侵权法过错责任原则，行为人因自己过错行为给他人造成损害的，依法就应承担相应的侵权损害赔偿责任。一个因过失而剥夺了某位妇女决定是否流产的选择权的医生，应当就其因此引起的损害进行赔偿。在缺陷生命面前，并非"生"就比"不生"有价值。

第三点理由源于债务不完全履行导致的违约责任。医师没能发现其本应发现的胎儿缺陷、没有告知孕妇潜在的风险以及检测的需要，从而使孕妇失去了选择的机会，是对医疗契约的不完全履行。因医师过失而生出缺陷儿的父母，须依债务不履行请求该医师赔偿抚养此缺陷儿比一般婴儿多出的额外费用，包括财务与劳力的付出。

另一类观点反对"不当出生"之诉，认为不应由医疗机构承担本应由父母承担的对子女抚养的责任。其理由主要有以下几点：

第一点理由认为不当出生之诉本身是对残疾孩子人性尊严的否认。损失与利益的平衡是将孩子当作了私人财产。这一审查损害了人类生命的尊严性，而且会对残疾人带来极大的负面影响。[①] 强调对孩子亲权损失或其死亡的损赔额进行估价的假设成立基础是：孩子生命是有价值的，其损伤或死亡可归结为对父母的损失。这种假设与国家公共政策中应当体现的对人类生命的尊重不一致。

第二点理由认为照顾与抚养孩子是父母的基本义务，法律不能解除这

---

① ［加］许志伟：《生命伦理：对当代生命科技的道德评估》，中国社会科学出版社2006年版，第336页。

一基本义务，否则后患无穷。[1] 如果解除父母对孩子的照顾与抚养的基本义务，将导致大量的问题。此等解除不仅严重违反家庭法，而且可能导致年长的兄姐提出要求其父母亲少生弟妹的主张。

第三点理由，我国一些法院认为医疗服务合同的性质是服务性的，它只要求医疗机构提供就医者需求的医疗服务，不能保证就医者提出的标准和要求，只能按照医学标准和规范提供力所能及的服务。医疗行为是高风险行为，在医疗服务合同履行过程中，虽然没有达到医疗目的，但医院也不应承担责任。从专业角度来讲，常见的产前检查手段之一是 B 超检查，在妊娠 16—22 周的时候进行，因为这正好是一个胎儿肢体逐渐发育完全的过程。但是由于体位的关系，由于羊水量的关系，都可能会造成在 B 超检查的过程当中，无法看到一个很清晰的图像。

三　出生缺陷风险负担问题的分析

一个残疾婴儿的降生无论对其父母抑或社会都会带来沉重负担，谁应背负这一重担？现代立法其实质是一个利益识别、利益选择、利益整合及利益表达的交涉过程。马克思指出："法的利益只有当它是利益的法时才能说话。"[2] 全面、正确地识别利益，是制定"利益的法"，即符合社会利益客观规律的法的客观要求，唯此法才能够在利益调整中有效地发挥作用。解决社会利益和个人自由间的冲突，要采用立法的手段来完成。立法是对社会利益的确认过程。[3] 通过立法对各种利益的判断，明确权利的界限、确定权利的位阶，就是权利冲突解决的一个重要路径。科斯主张，在权利冲突时，法律应当按照一种能避免较为严重的损害的方式来配置权利。[4] "不当出生"诉讼反映的是个人生育自由与医疗机构利益的冲突。立法是对社会利益的确认过程。[5] 对此，应优先保护准父母的利益还是医院的利益？"好的法律应该提供的不只是程序正义。它应该既强有力又公

---

① ［美］安德鲁·金伯利：《克隆——人的设计与销售》，新闻编译中心译，内蒙古文化出版社 1997 年版，第 157 页。

② 《马克思恩格斯全集》第 3 卷，人民出版社 1972 年版，第 178 页

③ 刘作翔：《权利冲突的几个理论问题》，《中国法学》2000 年第 2 期。

④ 苏力：《〈秋菊打官司〉案、邱氏鼠药案和言论自由》，《法学研究》1996 年第 3 期。

⑤ 刘作翔：《权利冲突的几个理论问题》，《中国法学》2000 年第 2 期。

平；有助于界定公共利益并致力于达到实体正义。"① 本书认为，医疗机构有过失时应承担相应的责任，理由如下：

（一）医疗机构负责是保障自然人生育知情选择权的要求

通常认为生育权的内容包括"生育"的自由和"不生育"的自由。生育的自由包括决定"生"的权利、决定生育子女的数量、质量、选择子女的性别以及生育方式的自由；不生育的自由包括进行避孕、绝育以及堕胎。② 生育权主要包括六个方面的内容：（1）选择生育或选择不生育的自由；（2）有权选择节育方式。（3）决定生育孩子数量和生育间隔的权利。（4）选择生育方式的权利。（5）决定生育时间的权利。（6）安全生育和生育能力不受侵害的权利等。③

行动的自由源于精神的自由，而精神的自由取决于人们对信息的掌控。主体只有在充分了解生育的相关信息的前提下，才可能作出真正自由的选择。因此，对生育信息的知情是生育自决的前提。生育知情权是指生育权主体对与自身生育相关的信息所具有的了解知晓的权利。生育知情权是生育权的主要内容之一。④

生育知情权的实现途径有两种：一是公法主体的依法告知；二是其他民事主体的告知，主要包括生育关系伙伴以及医疗卫生机构的告知。

《世界人口行动计划》中确定"所有夫妇和个人都有自由负责任地决定生育孩子数量和生育间隔并为此获得信息、教育和手段的基本权利"，《进一步执行（世界人口行动计划）的建议》指出："各国政府应刻不容缓地普遍提供关于达成所希望的子女人数的资料、教育和方法，帮助夫妇和个人获得他们所期望数目的子女。计划生育资料、教育和方法应包括所有医学上认可的、适当的计划生育办法，包括自然的计划生育，以确保民众能够根据变动中的个人和文化价值作出自主自由的选择，应特别注意人口中处于最脆弱地位和最不易接触到的人群。"其他相关国际文件中也有类似表述。这一规定将生育信息的告知作为一项政府义务加以规定。

为履行该项公约的国际法义务，我国也制定了相关规定。《中华人民

---

① ［美］P. 诺内特、P. 塞尔兹尼克：《转变中的法律与社会：迈向回应型法》，张志铭译，中国政法大学出版社 2004 年版，第 82 页。

② 樊林：《生育权探析》，《法学》2000 年第 9 期。

③ 单陶峻：《论述育权》，硕士学位论文，南京师范大学，2004 年，第 29 页。

④ 胡冠军：《论生育权》，硕士学位论文，四川大学，2004 年，第 29—33 页。

共和国人口与计划生育法》第三十三条特别规定了医疗保健机构的此项职责："计划生育技术服务机构和从事计划生育技术服务的医疗、保健机构应当在各自的职责范围内，针对育龄人群开展人口与计划生育基础知识宣传教育，对已婚育龄妇女开展孕情检查、随访服务工作，承担计划生育、生殖保健的咨询、指导和技术服务。"

希望生育一个健康的婴儿是所有为人父母者的心愿。实践中一些医师疏忽职守，对于能够检查出来的问题未能认真检查，致使误诊、漏诊，以致贻误患者的决定，实际上已经损害了患者的生育知情权。

（二）医疗机构负责有助于促进医学发展，提高医师医风医德。

有人认为"父母有生育的权利，但父母也有生育健康后代的义务，此一义务既是对后代所承担，也是对社会所承担，生育一个残疾的后代既不利于子女利益，也不利于社会利益"[1]。在医疗技术不能提供帮助的年代，这也是无可奈何之事。但在医学足以揭示此种事实及危险时，生育选择成为可能。选择生育一个健康的婴儿已经成为准父母的一项权利。对此负有义务的是与准父母们存有医疗服务关系的医疗机构以及其他违反不作为义务的主体。其中，医疗机构负有积极的义务，必须应准父母的请求为适当的医疗检查和诊治，告知相关的医疗诊治信息。在医疗机构对生育主体提供相关服务的情形时，医疗机构负有告知义务。医疗卫生机构应将相关医学检查结果、医院相关处置措施及其风险、医生建议等医疗单位已知或应知的有关生育的信息告知怀孕、生育、节育者及其生育伙伴。医疗单位的告知义务不限于已知信息，还包括应知信息。应知信息是指依照医师的职业要求、医院的检查设施以及行业的医疗水平对患者诊治后应该知道的信息。

然而，现在的误诊率是令人颇为忧虑的。中华医院管理学会误诊误治研究会一份调查报告显示，在对标准误诊文献 15048 篇中的 46 万份报道病例进行计算机处理中，发现有 12.8 万份误诊病例，误诊率为 27.8%。[2]广东省卫生厅副厅长廖新波发表博文《医生的诊断有三成是误诊?》提

---

① 黄丁全著：《医疗·法律与生命伦理》，法律出版社 2004 年版，第 432 页。

② 李吉明：《医生 50% 的误诊率，打烂了谁的睾丸?》，2008 年 4 月 10 日，http://www.blog. iqilu. com/55542/viewspace－15950。

出，如果在门诊看病，误诊率是 50%，如果住到医院误诊率是 30%。[①]
这不禁让我们胆战心惊，原来我们所信任的白衣天使出错率如此之高，原
来我们每个人遭遇误诊的几率如此之大！排除技术因素，是什么原因导致
如此高的误诊率，让我们时刻生活在误诊的恐惧中呢？现在医风医德是颇
为令人忧虑的。几乎所有的人到医院看病都会遇到这样的情形：医生简简
单单问几句，马上就开上一大堆药来。其中奥妙不言自明。在医生关心个
人提成，医院在乎创收的情形下，有多少误诊是"故意"而为之的？

　　患者付出了远较过去昂贵的多的费用，为什么就不能得到更为认真和
准确的诊疗呢？记者调查发现，如今在北京生育一个孩子要四五千元，甚
至上万元不等。专家称，20 世纪六七十年代生个孩子只要几元钱，80 年
代要四五十元，90 年代要两三千元，现在则已涨到四五千元，生育一个
孩子的费用较 20 年前涨了 100 倍。杭州产妇如果做一个剖宫产，大约要
花掉 2003 年杭州市城区居民人均可支配收入的一半甚至更多，这是杭州
市卫生局 2004 年公布的一项统计数据显示的。[②] 更遑论产前检查的费用。
在我们付出了这么多费用之后，我们就不能要求医院提高服务的水准吗？
医德医风的提高，不是单纯的思想教育或政治宣传就能够实现的。告知义
务的扩充会促使医生努力去掌握最新的知识和诊断技术，减少误诊和错
诊。医院因误诊、漏诊而告知信息错误或不完全，就是对告知义务的违
反。通过法律规制，让医师医院负起自己该负的职责，才能更好地促进医
风医德。

　　（三）让医院负责有助于化解、分散风险。

　　科斯主张，在权利冲突时，法律应当按照一种能避免较为严重损害的
方式来配置权利。[③] 一个残疾新生儿的出生，往往带来沉重的负担。如果
由一个家庭独立担负，显然过于沉重，甚至是毁灭性的，无论是经济上或
是情感上。而此类风险如果由医院承担，则可以一定程度上遏制、化解或
者分散风险。因为准父母们除了应医生要求进行产前检查，往往缺乏可以
控制风险手段。对于此类风险最直接的化解方式就是早发现，早处理。

---

　　① 《广东省卫生厅副厅长称门诊看病误诊率 50%》，2008 年 4 月 10 日，http://www.sina.
com.cn。

　　② 《我国国民生育能力下降　生育费 20 年涨了 100 倍》，2007 年 4 月 9 日，http://www.
chinagate.com.cn。

　　③ 苏力：《〈秋菊打官司〉案、邱氏鼠药案和言论自由》，《法学研究》1996 年第 3 期。

而发现与否，最直接的主导者是医院。法律如果规定了医院漏诊、误诊的责任，医院就更有积极性去发现和防治此类风险。否则，医疗中的怠慢、疏忽就难以避免。在笔者自己的生产经历中，发现医院除对第一次 B 超检查较为认真，以后的数次则统统简略之极，报告单也多以无法清楚显示做结论。就是这样的医风才会出现产前 5 次 B 超检查仍漏诊严重残疾的案例吧。

科斯认为，假如一个非优先的权利存在可替代的机会，那么这种假定就是合理的。但如果一个非优先的权利没有合理的可替代的机会，而一个假定优先的权利存在可替代的机会，那么这种假定就是不合理的。① 在医院与患者权利的冲突中，确定优先保护哪一方，还应考虑到替代机会问题。科斯认为，假如一个非优先的权利存在可替代的机会，那么这种假定就是合理的。但如果一个非优先的权利没有合理的可替代的机会，而一个假定优先的权利存在可替代的机会，那么这种假定就是不合理的。② 在此问题上，医院通过提高收费、增加检查次数、提高检查准确率、参加保险等方式，是可以将风险消除或转移的，而患者除了去医院检查，没有别的避险方式。因此，让医院负责也是分担风险的一个选择。

避免一个严重残疾儿的出世，对于社会、家庭和个人都是有利无害的。现在技术上既然可以实现，而且权利人也希望避免严重残疾儿的出生，那么法律就应该保障这种权利的实现。如果对此不予救济，不只会使权利人的健康生育选择权落空、带来许多不幸福的生命；而且对于提高医师的责任心、改进医师医德有害无益，会放任更多不负责任的医疗行为；并且会影响一国优生优育政策的实现、增加整个社会的负担、降低全社会的福利。因此，对此应予以救济。

四　出生缺陷风险负担问题的解决

从学理上分析，医疗机构误诊致孕妇产下严重残疾儿符合一般侵权法的原则，权利人因他人过失行为受到损害，须额外支出抚养严重残疾儿的经济费用，肩负一生照顾残疾者的沉重负担，承受巨大的心理痛苦，对此不予救济是不公平的。我国研究此问题的学者对此也多持肯定态度。有的

---

① 王克金：《权利冲突论——一个法律实证主义的分析》，《法制与社会发展》2004 年第 2 期。

② 同上。

学者赞成美国实务中对"不当出生"诉因的一般认可态度。① 一些学者认为英美法国家以侵权行为为由提起损害赔偿诉讼，大陆法系以契约不完全给付为由提起损害赔偿诉讼。我国应根据契约法来处理这类案件，对相关损害赔偿请求应根据违约责任的基本原理来处理，被告应对可预见性损害承担责任。其最简单的计算方式是：抚养一个健康的子女与抚养一个不健康的子女的差额。胜诉的原告有权依违约赔偿的标准尺度得到赔偿，即就"可预期的"损失得到赔偿。这一赔偿额旨在使原告处在合同得到履行时他本应处在的地位。②

　　笔者对此也持基本赞同态度。从社会现实来看，准父母因医方过失行为受到损害，需额外支出抚养严重残疾儿的经济费用，肩负一生照顾残疾者的沉重负担，承受巨大的心理痛苦，对此不予救济是不公平的。就医疗技术而言，现在技术上既然可以实现产前的健康筛检，赋予生育权人生育选择的权利就具有坚实的科学基础和技术手段，那么法律就应该确认和保障这种权利的实现，避免严重残疾儿的出生。从学理上分析，不当出生符合一般侵权行为的构成要件，也具备契约不完全履行的要素。生育权人完全可以选择进行侵权之诉或违约之诉。避免先天严重残疾儿的出世，对于社会、家庭和个人都是有利无害的。

　　本书以为，对于医疗机构而言，不能放任医疗机构不负责任地行为，误诊致孕妇产下严重残疾儿；但是也不能一味要求其负责，因为过严地要求会迫使其进行防御性治疗，加大医疗成本，而这些最终会转嫁到患者身上，加重医疗负担。患者可以依据双方明确的约定要求医方承担不完全履行之违约责任。但在当事人约定不明时，主张违约不易。法律也可以直接规定，在满足以下条件时，认定构成侵权，患者可主张医方承担侵权责任：

　　首先，有先天严重残疾儿童出生。哪些属于所谓"严重残疾"可以依据相关医事法律和社会经验加以确定，也可出台医事法律对此加以明确，并定时修订。如在永川市法院审理的案件中，孩子肢体严重缺失，右手只有三根指头，左手肘关节以下部分全都没有，左脚只有两根脚趾，右

---

① 冯恺：《胎儿的损害赔偿请求权探究》（下），2007 年 1 月 30 日，http://www. civillaw. com. cn。

② 张宝珠等：《缺陷生命之诉探析》（下），2006 年 12 月 2 日，http://www. civillaw. com. cn。

脚膝盖以下部分缺失。法院无疑可以直接认定属于先天严重残疾。

其次，医疗机构在履行义务中存有过失。医疗行为具有一定风险，虽不能完全要求医师检查出所有严重残疾，但按照现有的技术水平应该能够筛检出缺陷或畸形而未能筛检出来，应当告知孕妇相关事实或风险而未尽告知义务等，都是存在过失。"法律一般情况下不会对初出茅庐者、羽翼未丰者或经验不足者作出让步，对他们适用的仍是一位合理的、能胜任的、有经验的人的注意标准。"[①] 如在永川市法院审理的案件中，法院认定"医院应发现胎儿畸形而没有发现，报告单内容过于简单，存在一定过错"，就是比较准确的。对于该类过失，依据现行法律规定采取举证责任倒置的责任承担方式，由医方来证明自己已尽责并无过失，否则就推定有过失。

再次，严重残疾儿的出生与医方的漏诊之间存在因果联系。在不当出生之诉中，双方并不是在争论何种原因致使孩子残疾，而是在讨论何种原因使残疾胎儿出生。因此致残的事实原因是环境污染，或是先天遗传都不是问题的关键。法律应关注的是：准父母是否得到机会来进行选择？在此，除非证明如果父母事先知道胎儿有严重残疾，仍会坚持生下孩子；否则就应认定医院的未告知和残疾儿的出生两者间有因果联系。福建漳州文女士案件中，一审法院以文女士生出残疾女婴与医院的医疗行为并无因果关系为由驳回其诉讼请求，二审改变一审结论，认定侵权行为成立，就是准确地把握了法律上的因果关系之链。如果证明医院行为致使新生儿残疾的，那就是既侵害了准父母的生育知情选择权，同时也侵害了新生儿的健康权。

最后，行为具有违法性。所谓违法行为，是指公民或者法人违反法定义务，违反法律所禁止而实施的作为或不作为。我国《人口与计划生育法》、《母婴保健法》等都规定了医师的诊疗、告知义务。《产前诊断技术管理办法》对产前诊断有明确规定。第17条规定了"经治医师应当建议其进行产前诊断"的情形；第24条规定在发现胎儿异常情况下时经治医师的告知义务。可以看出，医生有进行产前诊断和将诊断结果及进一步处理意见告知孕妇的义务，该义务属于法定义务。对于该义务的违反，足以说明其行为的违法性。

---

① 赵西巨：《医事法研究》，法律出版社2008年版，第254页。

　　具体到救济的范围，各国的司法都比较谨慎。因为这里还折射出生命尊严问题，赔偿正义和生命价值间可能发生冲突。通常可能折射出残疾儿生命负面信息的赔偿项目会被否决，而能够促进残障儿童成长的赔偿项目，如为弥补残疾所需的额外开支易获得法院的支持。[①] 其最简单的计算方式是：抚养一个健康的子女与抚养一个不健康的子女的差额。这些赔偿范围包括用于康复治疗的医疗费、残疾儿童抚养费、残疾儿童护理费、精神损害抚慰金等。胜诉的原告有权就损失得到赔偿。这一赔偿额旨在使原告处在得到一个健康婴儿时的相同地位。在前述案件中，漳州市中级法院判决漳州市医院赔偿原告医疗费、残疾者生活补助费、精神损害赔偿费等就比较科学地掌握了赔偿范围。在原告也有过失的情况下，责任承担就必须考虑到双方过错的大小来进行分配。在永川市法院审理的案件中，法院认定原告吴本人错过了最佳检查期，且没有遵照医嘱住院诊治，自身存在一定过错。在行为人也存在过错时，属于法律上的混合过错，行为人也要为自己的过错负责。这也可以解释为什么相较于漳州市法院，永川市法院判决的损害赔偿如此之少。

---

① 赵西巨：《医事法研究》，法律出版社 2008 年版，第 186 页。

"意识到多数人的出生纯为意外是令人沮丧的，不悦的。多数人的受孕最好而言是非有意的，最差而言是多余的。"

———［美］弗莱彻

第五章　节育技术应用的法律规制

第一节　节育技术概述

一　节育技术应用的历史发展

节育技术包括避孕、堕胎和绝育三大类。用于达成节育目的的手段包括使用药具和进行手术两种方式（为行文方便，本书将两者都称为节育技术）。节制生育并非近代独有的现象。在很久以前，许多地方的人们就已采取各种手段来控制生育了。生育控制在中国出现也很早，不过从一些关于生育控制的记录来看，在宋代以前，生育控制手段的使用主要限于上层社会和大都市，很少涉及普通民众。大体而言，到了宋元明清时代，生育控制才在中国一些地方逐渐普及，成为这些地方人口行为的重要特征之一。① 但不容否认的是，一般而言，多数近代以前的节育手段效果颇为有限。

（一）避孕

避孕就是避免受孕，即在不影响性生活和身体健康的前提下，运用医学科学的方法，干扰或阻止受孕条件中的任何一个环节，以达到在一定时期内阻止受孕的目的。

---

① 李伯重：《堕胎、避孕与绝育：中国古代先进节育术》，2011 年 8 月 7 日，http://www.gdcct. gov. cn/agritech/feature/artificialabortion/part03/201108/t20110807_ 541546_ 1. htmlJHJtext。

1. 避孕技术的历史发展

虽然世界历史上人口增殖是主流思想，但是几乎在每个社会中都不同程度地存在着控制人口的愿望和实践。古希腊、古罗马时期，随着基督教的产生，也出现了基督教追求独身、少生、厌生的生育观念，并成为西欧人少生、厌生生育观念和习俗的最早发端。柏拉图和亚里士多德都提出了节育的思想。主张通过严格的婚姻制度，限制结婚和家庭关系，调节生育、限制生育。①

几千年来，世界各地的妇女都在吞服粉末或乳液，或在局部涂抹药膏，希望能阻止怀孕。古代妇女用过涂抹鳄鱼粪、蜂蜜、橄榄油、醋，或把榨过汁的柠檬放入阴道内等方法避孕。中断交接和体外射精更是长寿的避孕方法。② 其中蜂蜜在相当长的历史时期内，一直是避孕的常用"药品"。蜂蜜中含有避孕物质在公元前1850年前后就已被人类发现。当时，人们把鳄鱼粪做成药栓形，放在蜂蜜中浸泡后使用，可起到避孕作用。据史料记载，利用柠檬的酸性以达到避孕效果，是古埃及妇女常用的办法。她们把半个榨过汁的柠檬当作避孕帽放入阴道内防止怀孕，柠檬酸会引发子宫内膜炎，可阻止受精卵着床坐胎。古希腊女性曾使用橄榄油和贡松树胶避孕，而古代南亚及中东的妇女则把希望寄托在垂柳树上，她们用这种树上的某些东西制作避孕药栓。人们还将羊毛放入妇女子宫内避免受孕。宫内节育器（IUD）的历史可以回溯到阿拉伯时代，牧民将小鹅卵石塞入骆驼的子宫内，以避免它们在穿越沙漠的长途旅行中怀孕。

男用避孕药具发展相对较晚。据说罗马帝国的贵族是用羊肠膜作膜具来避孕的。在16世纪的欧洲，法洛皮奥发明了第一个用动物肠子制作的非常简单的男用避孕套，无意中开辟了促使男性加入与女性共同分担避孕任务的新纪元。两个世纪后，英国人开始普遍使用这种避孕工具，从而大大减轻了以往总是由妇女单方面采取避孕措施的压力。③

我国历史上也有避孕的方法。比如《山海经·西山经》上有云："曰嶓冢之山，……其上……有草焉，其叶如蕙，其本如桔梗，黑华而不实，名曰蓇蓉，食之使人无子。"这可以算中国最古老的避孕药材记录了。民间传说和中医中使用的避孕药物有麝香、藏红花、水银、砒霜、马钱子

---

① 齐晓安：《西方生育文化发展研究》，《人口学刊》2006年第2期。
② 伍燕：《古代各国的避孕方法》，《人口与计划生育》2003年第6期。
③ 大水：《人类妇女避孕历程》，《现代妇女》1997年第1期。

碱、柿子蒂、紫茄花、油菜子等。宋元明清（特别是明清）时江浙中医所使用的主要节育药物，大多数都是常见中药，价格也不甚昂贵。这更使得节育药物的获得成为一件相对容易的事。某些食物对人的生育机能会发生一定影响。这一点，宋元明清人知之甚多，所以医书和其他文献中每每有"食疗"之法。棉籽油，即从棉花种子（棉籽）榨出来的油。经现代科学检测，棉籽油中所含的棉酚，具有抑制男子生育功能的作用。棉酚在高温强碱条件下会分解消失，但用旧法榨油，不能彻底清除棉酚。因此长期食用旧法榨制的棉籽油，会造成不育。我国现在还有一些农村的居民，因一直食用棉籽油而造成多年不育的。但是如果停止食用，过一段时间后，生育能力仍有可能恢复。因此之故，有人称棉籽油为"安全可靠"的"强力避孕药"。另外还有明矾绝育、药蛤蟆粉绝育等偏方。此外，由于商业化的发展和医学界对节育看法的改变，以牟利为目的的堕胎医生或业余堕胎医生也随处可见，因此一般民众要获得有关服务，也是颇为容易的。① 古代文献中还有安全期避孕法的介绍，也有使用"安全套"的记载，是使用动物的肠衣，有说是羊的，还有说猪膀胱是早期的"避孕套"，中国古人还用鱼鳔作"避孕套"。在博物馆的收藏物中，有古代人用绵羊肠子制成的避孕套，有点接近于现代避孕套的雏形。掌握妇女生理特点而采用的另一种非药物避孕方法，是调节房事和延长母亲为婴儿哺乳的时期。后者为现代科学证明是一种有效、安全、低成本的节育良法。古代中国人积累了不少有关避孕的知识。后来更是由中医研制出多种避孕药方，不一一赘述。20 世纪 50 年代，我国上海第一医院妇产科还开展中药避孕的科学研究工作，增设中医节育指导门诊，以 200 名妇女采用几个较为可靠的中药方子进行试验。②

　　近现代的避孕运动则由西方发起。1822 年，弗朗西斯·普雷斯（Francis Place）在他最小的儿子出生后不久，在伦敦和英格兰北部广泛散发了一系列众所周知的"魔鬼似的传单"，表示不同意晚婚，指责"道德抑制"是神学禁欲主义，主张不限制性生活而采取避孕措施，号召工人和上流社会已婚夫妇们使用性交中断法和阴道隔膜进行避孕，发动了一场

---

① 李伯重：《堕胎、避孕与绝育：中国古代先进节育术》，2011 年 8 月 7 日，http://www.gdcct. gov. cn/agritech/feature/artificialabortion/part03/201108/t20110807_ 541546_ 1. htmlJHJtext。

② 杨发祥：《当代中国计划生育史研究》，博士学位论文，浙江大学，2003 年，第 57 页。

大众避孕宣传运动。① 普雷斯著《人口论之引证》，洞察了他死后爱尔兰
下一代人口削减的背景——天灾饥荒，认为道德抑制违背人的本性，提出
用机械方法避孕，成为现代避孕的最早提倡者。1854 年，格雷斯德尔
（George Drysdale）在伦敦出版《社会科学的元素》一书，提出性道德与
婚姻问题的观点，讨论并提倡普及小家庭，该书曾被译成 10 种文字，再
版达 35 次之多，成为当时宣传节育的最畅销书。② 1832 年，美国人查
理·诺尔顿（Charles Knowlton）在一片反对声中，匿名出版了《哲学的
果实》一书，从医学的角度论述节育，建议人们性交后使用冲洗剂以避
孕，并开出了避孕冲洗剂处方，用这种溶液可冲洗阴道避孕。普雷斯和诺
尔顿都有一些门徒，播下的种子在 19 世纪开花结果，在较大的圈子里传
播避孕生根发芽。③ 尽管诺尔顿曾因出版这本书两次受罚，但是书的销路
却极广，《哲学的果实》在大洋彼岸一版再版。19 世纪初，英国的群众开
始使用化学方法和机械方法来避孕。1823 年，英国开始介绍和推广海绵
堵塞法和阴道冲洗法。1831 年开始推广阴道灌洗器。1830 年以后，法国
流行用安全期和体外排精法避孕，导致生育率逐渐下降。④ 1838 年德国人
弗雷德里克·阿道夫·威尔德发明了子宫帽。1844 年制造了橡皮避孕套。
同一时期，门幸加博士发明了阴道隔膜。1878 年，荷兰女医师杰科布斯
（A Jacobs）创立世界第一个节育指导所（或称节育诊所）。⑤ 后来，一位
德国医生偶然在一位不孕妇女子宫中发现了一小块骨头。子宫内置入异物
便可导致不孕的秘密被发现了，于是宫内节育器（IUD）诞生了。现在全
世界约有 8000 多万妇女使用 IUD，其中 70% 在中国。在我国，IUD 的使
用居各种避孕措施之首，约占节育总人数的 40%。⑥

　　2. 避孕技术的类型简介

　　现代避孕有如下途径：（1）抑制精子成长，如男性避孕药；（2）抑
制排卵，如口服和注射女性避孕药；（3）避开排卵时间，使进入宫腔的

---

　　① ［美］M. 薄兹、［英］P. 施尔曼：《社会与生育》，张世文译，袁文校，天津人民出版
社 1991 年版，第 376 页

　　② 孙沐寒：《中国计划生育史稿》，北方妇女儿童出版社 1987 年版，第 37 页。

　　③ ［美］M. 薄兹、［英］P. 施尔曼：《社会与生育》，张世文译，袁文校，天津人民出版
社 1991 年版，第 377 页。

　　④ 杨发祥：《当代中国计划生育史研究》，博士学位论文，浙江大学，2003 年，第 34 页。

　　⑤ 陈功：《家庭革命》，中国社会科学出版社 2000 年版，第 268—269 页。

　　⑥ 贾晓惠、梁沂滨：《走向理性的城育革命——中国计划生育科技成就大观》，《科学中国
人》1995 年第 4 期。

精子不能和卵子相遇，如安全期避孕法、自然避孕法；（4）阻止精子和卵子相遇，如使用避孕套、阴道隔膜、体外排精等；（5）用药物杀死进入阴道的精子，如使用避孕药膏、药片、药栓、药膜等；（6）改变子宫腔内的环境、使其不利于受精卵着床，如使用宫内节育器等。

现代常用的避孕方法有：（1）内服避孕药（contraceptive drugs）。应用避孕药物是节育的重要措施之一。目前常用的几乎全部是女用避孕药，大多由孕激素和雌激素配伍而成，也有一些非甾体药物，它们能影响生殖过程中的不同环节，从而达到抗生育的目的。（2）外用避孕药具。外用避孕药具是利用屏障的作用阻断精子进入阴道和宫颈，使精子不能和卵子相遇，或利用杀精剂杀伤精子而达到避孕目的。目前使用的主要有宫内IUD（节育环）和避孕套。

口服避孕药，有女性口服避孕药和男性口服避孕药。目前常用的几乎全部是女用避孕药，大多由孕激素和雌激素配伍而成，也有一些非甾体药物，它们能影响生殖过程中的不同环节，从而达到抗生育的目的。避孕药自1960年开始使用，女用避孕药的主要作用，包括抑制排卵，并改变子宫颈黏液，使精子不易穿透，或使子宫腺体减少肝糖的制造，让囊胚不易存活，或是改变子宫和输卵管的活动方式，阻碍受精卵的运送。男用避孕药的研究和使用进展缓慢，目前临床上尚无满意的药物。[①] 还有一些避孕药是皮下埋植的，或者注射方式使用的，如长效避孕针。还有医药公司开发喷射型避孕药。该药只需要简单的操作，就可以将避孕药喷洒在皮肤上，药物经过渗透、扩散进入血液。[②] 皮下埋植避孕法是一种新型的避孕方法，目前已被较广泛地采用。皮下埋植剂具有高效避孕、长效性、高度可逆性、安全性高，术后24小时即可发挥避孕效果。埋植一次可避孕3—5年，埋植剂一经取出能较快地恢复生育能力。如果需要连续避孕，可在取出原皮埋剂的同时再植入一组新的皮埋剂。手术操作过程简便、安全，只需在妇女左上臂内侧4—6厘米处切一小口，在局麻状态下将埋植剂植入皮下组织，伞形排列。全过程约5—10分钟，创口小，痛苦小。其缺点是部分妇女皮埋术后出现月经提前、错后、经期紊乱、点滴出血、淋漓不尽，出现闭经等现象。

---

① 《避孕药》，2013年11月12日，http：//www.wiki8.com/biyunyao_101900/。

② 《喷射避孕：节育技术的革命》，2013年11月12日，http：//www.healthoo.net/szjk/200703/25744.html。

　　外用避孕药皆是利用屏障的作用阻断精子进入阴道和宫颈，使精子不能和卵子相遇，或利用杀精剂杀伤精子而达到避孕目的。外用避孕药具有避孕套、阴道隔膜、宫颈帽、阴道避孕海绵和杀精剂。这些避孕方法的共同特点是作用于局部，不干扰机体的生理功能，因而很少有副反应，特别适用于对宫内节育器和甾体避孕药有禁忌的妇女。避孕套又称阴茎套，避孕套是天然乳胶制成的圆筒状，也是目前我国应用较为普遍的一种男用避孕工具。在国外，也有女用避孕套。避孕套的功能是在性生活时积存精液，阻止精子进入女方阴道，使精子和卵子不能相遇，从而达到避孕的目的。同时，它还能隔离双方体液或生殖器官的细菌或病毒，避免疾病的传染。在经济发达的国家，避孕套的使用非常广泛。在日本有90%的育龄夫妇使用这种方法，美国瑞典有40%的人使用。仅在美国、加拿大，避孕套每年的销售量就达到10亿只之多。① 目前全世界约有4000多万对夫妇采用避孕套避孕。② 特别是近年来，由于性病和艾滋病的传播与流行，人们为了防止其传播和自我保护，更增加了避孕套的使用率。

　　宫内节育器（IUD）的历史可以回溯到阿拉伯时代。牧民将小鹅卵石塞入骆驼的子宫内，以避免它们在穿越沙漠的长途旅行中怀孕。节育环的避孕原理是改变受精卵着床和发育的环境，影响孕卵在子宫内着床，从而达到节育目的。1929年公认IUD有避孕作用以来，大量研究认为其抗生育作用是多方面的，主要是子宫内膜长期受异物刺激引起一种无菌性炎性反应，白细胞及巨噬细胞增多，子宫液组成也有改变，可能起破坏胚激肽的作用，使受精卵着床受阻。节育环的避孕原理是改变受精卵着床和发育的环境，影响孕卵在子宫内着床，从而达到节育目的。凡是要求避孕的经医生检查身体健康的育龄妇女均可放环。据统计，我国占世界使用IUD避孕总人数的80%，是世界上使用IUD最多的国家。国内外已有数十种不同种类的宫内节育器，为了提高避孕效果，曾对节育器的形状、大小、制作材料进行了多次改进。

　　目前，我国科研工作者在此方面已先后取得了多项重大科研成果。而且，我国现已具备世界上最大的避孕药具生产能力，年产各类宫内节育器3000多万只，各种口服避孕药约10亿片，避孕栓、套等3亿多枚。我国科技工作者研制了长效、短效、口服或注射的避孕药和探亲药，各种外用

① 天音：《避孕套的知识》，《人口与计划生育》2000年第3期。
② 同上。

避孕药栓、膜或胶冻，功能各异的避孕套等。特别是近年来，我国科技工作者研制成功催经止孕新药米非司酮和长效皮下埋植避孕剂。避孕疫苗的突破，更为广大育龄夫妇提供了多种可供选择的安全、高效、简便的避孕节育方法。目前，皮下埋植避孕法正在全国各地推广应用，逐步在全国城乡实现计划生育多种方法的"知情选择"。

（二）堕胎

1. 堕胎技术的历史发展

人工流产，俗称堕胎，是指用手术或药物这些人工的方法终止妊娠。它很早便是防止婴儿出生的办法，但一直面临技术、道德乃至宗教的争议。古希腊女性利用雪松的酸性树胶作为流产药物。柏拉图在《泰阿泰德篇》里提及一位接生婆能在怀孕初期助人堕胎。《国家篇》中他甚至主张年过四十的妇女应该强制堕胎。希腊法律在当时对堕胎行为不予追究。亚里士多德更赞成城邦有权强迫妇女堕胎，除控制人口外，还可减轻穷人生活负担。古罗马时代社会风气开放，堕胎现象比较普遍。罗马女性采取堕胎方式处理并不想生育的胎儿是习以为常的。古罗马法律不仅允许堕胎还允许杀婴。公元前450年，古罗马第一部成文法典《十二铜表法》：对奇形怪状的婴儿应即杀之。美国最高法院法官布莱克门，回顾堕胎的历史感慨道："古希腊和古罗马法律对未出生的婴儿提供的保护少之又少。"欧洲中世纪以前，流产和避孕都是要受到宗教反对的。但英国19世纪之前的习惯法对胎动之前的堕胎是不禁止的。当时虽然堕胎被认为是不当行为，但美国大多数州允许胎动以前堕胎。19世纪中叶以后，一批由专业外科医生组成的团体开始推动限制性的堕胎立法。

我国古代中医也研究堕胎问题，当然是以治病救人为出发目的，通过去劣胎保优胎方式来进行医疗。中医有"劣胎绝之"的思想。"劣胎"系指有损母体健康又不利胎儿发育的妊娠，以及"怪胎"即畸形胎。"绝之"，就是指终止妊娠。《诸病源候论》中也有"妊娠之人扁瘦或挟疾病，既不能养胎，兼害妊丹，故去之"的记载。对有害于母子的胎孕及畸形胎，中医学早在汉代、隋朝时期，就主张尽早终止妊娠。[①] 明朝张景岳在《景岳全书》卷三十八"胎动欲堕篇"说："凡气血衰弱，无以滋养其胎，

---

① 张克尘：《论中医对优生学的贡献》，《恩施医专学报》1991年第1期。

或母有弱病，度其中不能成者，莫若下之，以免他患。"① 《妇女良方》："若气血虚弱，无以滋养，其胎终不能成也，宜下之，以免其祸。"人们使用药物控制生育，也已有长久的历史。公元 984 年写成的著名医书《医心方》中就有堕胎药方。南朝时代的医书《小品方》中，也有堕胎和断产的药方。隋唐时期最重要的几部医籍（如德贞常的《产经》、孙思邈的《千金要方》与《千金翼方》、王焘的《外台秘要》），都收录了一些"断产方"、"疗妊娠欲去之并断产方"等。到了清代中期，药物节育知识在江浙一带民间已非常普及，因此当时著名的江苏人口学者汪士铎，才会在其《汪悔翁乙丙日记》中，提出将"广施不生育之方药"和各种"断胎冷药"，作为控制人口增长的主要手段之一。有关手术堕胎的记载，始见于清代。清代江苏医家王孟英在其对《沈氏女科辑要》所作的按语说："今有狡黠稳婆，故为恫吓，要取重价，阴而去之，索谢而去。"这些批评也反映了这种原始的堕胎手术——毁胎术，不仅已运用于临床，而且运用颇为普遍的事实。此外，使用中医的按摩推拿之法也可堕胎。这一点，宋人可能已知之。南宋时按摩术颇为流行，而且也运用于妇产科治疗。据《夷坚志》，当时名医庞安常即用按摩术为难产孕妇助产。这种助产按摩术，倘若施于怀孕早期的孕妇并用力较大，即可造成流产。推拿堕胎的方法在清代江南民间使用很普遍。② 对各种原因导致的胎儿发育障碍，经检查确认胎儿畸形者，则宜去之，即施以堕胎，这是古代条件下所采取的一种积极有效的优生方法。③

但古代中医对于单纯的堕胎似乎仍较为避忌。南宋时代的妇科权威、建康府医学教授陈自明在其《妇女大全良方》卷十三"断产方论第六"中明确地提出："欲断产者，不易之事。虽曰天地大德曰生，然亦有临产艰难，或生育不已，或不正之属，为尼为娼，不欲受孕，而欲断之者。故录验方以备其用。"这是很另类的思想。清代纪昀《阅微草堂笔记》卷九中的一则故事，反映堕胎问题上正统观念与现实情势之间的冲突。故事当然也是托诸传闻：有一医生，"素谨厚"，一夜有老妪持金钏一双，向他买堕胎药，他"大骇，峻拒之"。第二天晚上，老妪

---

① 沈红：《古人对优生优育的认识》，《中医药文化》2006 年第 6 期。
② 李伯重：《堕胎、避孕与绝育：中国古代先进节育术》，2011 年 8 月 7 日，http://www.gdcct. gov. cn/agritech/feature/artificialabortion/part03/201108/t20110807_ 541546_ 1. htmlJHJtext。
③ 张孔文、张虹：《中国古代优生思想文献考》，《中医文献杂志》1997 年第 1 期。

又加上两枝珠花，再向他买药，他仍坚决拒绝。过了半年，他梦中被拘到阴曹地府，说有人指控他杀人，见一女子披头散发，脖子上勒着红巾（表明她是自缢而死），哭诉向他买药遭到拒绝的情节。这医生辩解说：药是用来救人的，岂能用来杀人（堕胎）以谋利？你自己通奸事情败露，怎能怪我？但那女子反问他：我派人向你买药时，刚刚怀孕，胎儿尚未成形，如果堕胎，我就可以不死，"是破一无知之血块，而全一待尽之命也"，但你坚决不卖药给我，我只好将孩子生下来，结果孩子被扼死，我也被逼迫自缢而死，"是汝欲全一命，反戕两命矣，罪不归汝，反归谁乎？"听了她的辩词，冥官喟然叹息道：你所说的，是从实际情势考虑；而他（医生）所执的却是"理"！冥官虽然同情女子，最后却只能判医生无罪，他对那女子说：宋以来，固执一"理"而不揆事势之利害者，独此人也哉？汝且休矣。

现代医学已经把堕胎作为避孕失败补救的一种常规措施。虽然在一些国家和地区，基于种种原因，对堕胎多有限制，但已经很少绝对禁止堕胎的立法了。堕胎是避孕失败的补救措施。避孕失败率高，一项调查显示，上海市已婚妇女人工流产者中25%未用避孕措施，75%是避孕失败。[①] 避孕失败后，主要的补救措施就是堕胎。

2. 堕胎技术的类型简介

现代医学界采用的堕胎技术主要包括药物堕胎和手术堕胎两大类，有以下几种主要方法：

药物堕胎：在怀孕早期不需手术而用打针或服药的方法达到人工流产。应用药物使妊娠终止，药流是近20年来的最新发展。目前常用的药物是米非司酮片（Ru 486）和前列腺素联合应用，前者使子宫蜕膜变性坏死、宫颈软化，后者使子宫收缩，促使胚胎排出。20世纪80年代抗早孕药米非司酮问世，具有划时代的意义。到了90年代人们再一次发现用治疗胃溃疡的药物——米索前列醇（misoprostor），同前者合用，应用于终止早期妊娠效果更佳。这大大避免了器械人工流产所导致的并发症，为节育失败对象提供了一种有效的辅助措施。

手术堕胎的技术有几种：

刮宫术：刮宫是早期人工流产最常采用的方法。刮宫虽然不用开刀，

———————————

① 上海市计生科研所编：《生殖健康经验和政策建议》1994，转引自高向东《避孕药具更新换代与成本效益分析》，《西北人口》1998年第1期。

但也是一种妇科手术。手术分为二个步骤进行，第一步先把子宫颈扩张到足够大小，第二步是用刮匙伸到子宫腔内，把胚胎刮下来。一般只有在怀孕三个月以内才能用刮宫的方法把胎儿刮出来，超过三个月就不宜采用刮宫手术了。

手术取胎：怀孕在三个月以上，如果因为健康等特殊原因不宜继续怀孕时，就要用另一种手术来把胎儿取出。可以剖腹后切开子宫取出胎儿，也可以由阴道内切开子宫颈或子宫峡部取出胎儿。

人工流产吸引器堕胎：这个方法与刮子宫的方法差不多。第一步也是先把子宫颈扩大，不过接着不是用刮匙直接插到子宫腔内去刮，而是插一根吸管进去把胚胎组织吸出来。这个方法的优点是不需要把子宫颈管扩张得像刮宫时一般大，所以手术的时间要短一些，同时因为不是直接去刮子宫内膜，因而对母体的组织损伤较小。

另外，中医还有针灸堕胎：有些医生曾经用针灸的方法把胎儿拖拉了下来，但另外一些人试验没有成功，因此还不能肯定针灸堕胎的实际效果。

现代堕胎技术发展的方向似乎是追求更为安全和舒适。由于人流给女性带来较多的伤害，且以往的人流常使女性承受较大的痛苦，对手术疼痛的恐惧及对舒适的追求，使无痛人流手术的呼声日渐迫切。于是，无痛技术产生并发展到现在，真正可以做到在术中术后毫无疼痛感。可视技术方面，以往的可视技术不够直观、清晰，而目前可视技术发展飞速，体内几毫米的异常病变都可以看得比较清晰。微创技术方面，降低对受术者身体的损伤程度。"微创"则是在当今医学发展日新月异的时代，在医学崇高的理念激励下，产生的一种全新的理念。与常规手术相比，人流时尽可能给患者造成最小的创伤，这种创伤包括医学结构和心理上的。

（三）绝育

绝育是指使个人或夫妇在正常性生活的情况下，人为地永久断绝生育能力，是阻断精子和卵子相结合的永久性节育措施。

1. 绝育技术的历史发展

在《性如何改变世界》的纪录片中，反映欧洲一度有对男童的阉割，目的是追求其"天籁"般的嗓音。据英国广播公司（BBC）2010年6月8日消息，波兰近日颁布了该国最新的法律条文，该条文规定触犯强奸罪及栾童罪的人（男性）将必须被予以阉割。①

　　学者指出，中国见于史书记载的堕胎行为从汉代就开始了，并且形成药力、外力、针灸三种堕胎技术。唐宋以后，由于人口增长的压力，堕胎在一些地区出现了普遍化倾向，导致堕胎的公开化和职业化。但由于传统重生育、反堕胎观念的存在，堕胎技术一直受到歧视，得不到完善，人们为此付出了长期的血的代价。② 例如保存于《医心方》中的堕胎药方——《医心方》卷二十二中有七个堕胎药方，号称"千金不易"。此外还有诸多如麝香堕胎、红花堕胎等记录。

　　中医对药物绝育的探讨，很早就已出现，因此在《小品方》中已有妇人服后"终身不产"的"断产方"。隋唐以来的许多医书中，都有绝育之方，从王旭东《中国传统性医学》附录一收集的七个绝育方（无出处），可以略窥中医绝育方药的大概。大体而言，明代以前的方药，可靠性较差。例如《千金要方》《千金翼方》《外台秘要》《太平圣惠方》《妇人大全良方》等书，都收录有一个用蚕故纸（即春天孵化幼蚕的空壳纸）来绝育的单方。明清医家提出了一些较为安全、可能也相对可靠的绝育配方。例如，用零陵香绝育的方法，见于《本草纲目》。③

　　以手术破坏生殖机能的方法在中国出现很早，施于男子者通常称为阉割，施于女子者则称为幽闭。距今约 5000 年前，中国已经出现"寺人"。所谓寺人，指被施行绝育的太监，见于《周礼》中《天官·宰》中"寺人王之正内五人，内竖倍寺人之数"的记载。学者曾对《周礼》进行专门考证，认为寺人全是阉人。④ 民间私阉自宫是违法的，因此这种办法的使用在民间并不多见，但也并非没有其例。清初墨憨斋主人新编小说《十二笑》第三笑《忧愁婿偏成快活》中讲了一个发生在苏州府洞庭山的故事：一对夫妇感情不谐，妻子盛怒之下，与其母商议阉割丈夫。于是遂请之来施行阉割之术。由此可见，私阉在明清江浙民间依然有之。所谓幽闭，就是用外力人为地造成子宫脱垂，从而绝育。这些绝育的方法危险性很大。宋元明清时期人们所普遍知道的非药物节育方法，大体来说，主要

　　① 《波兰颁布新法律条文　强奸及栾童犯必须予以阉割》，2010 年 6 月 9 日，http://news.southcn.com/i/2010-06/09/content_12693930.html。

　　② 田艳霞、焦培民：《中国古代堕胎考略》，《医学与哲学》2007 年第 3 期。

　　③ 李伯重：《堕胎、避孕与绝育：中国古代先进节育术》，2011 年 8 月 7 日，http://www.gdcct.gov.cn/agritech/feature/artificialabortion/part03/201108/t20110807_541546_1.htmlJHJtext。

　　④ 阮元校刻：《十三经注疏》，中华书局 1985 年版，第 4 页。

是使用针灸来堕胎与绝育，以及通过食用某些食物来避孕。在绝育方面，早在明清以前很久，《针灸甲乙经》《千金要方》就已谈到针灸石门穴会导致妇女绝育。

由于优生思潮的泛滥，美国最先实行了对精神病人和重度智力低下者以及罪犯的强制绝育手术。1907 年，印第安纳州通过美国第一个强制性绝育法律，而之前医师已经在该州杰弗逊维尔管教所里实施输精管切除术，该所收容被判定收容"遗传性犯罪"或"其他遗传缺陷者"。到1931 年，美国有 30 余个州都有强制绝育的法律。制定强制性绝育法的理由主要有两个："其一是阻止有缺陷子女的出生；其二是降低养育那些其父母无力抚养的子女所带来的公共负担。"①

随着优生运动的声名狼藉与生育权利意识的觉醒，一些强制绝育的规定受到了质疑和挑战。首先是针对罪犯的强制绝育被取缔。1942 年斯金纳诉俄克拉荷马州（Skinner v. Oklahoma）案中，斯金纳因为屡次犯重罪，俄克拉荷马州总检察官依据《俄克拉荷马州对惯犯实行绝育法》启动了强制绝育程序。斯金娜提起诉讼，控告该法侵犯了自己的最基本权利，违反了宪法，要求宣布该法无效。最高法院支持了他的诉讼请求。自斯金纳诉俄克拉荷马州案以来，很少有州法规定对罪犯实行强制性绝育措施的；在涉及对罪犯进行强制性绝育的案件中，法院一般都会宣布对罪犯进行强制性绝育的规定无效。②

20 世纪 80 年代，美国开始了"绝育法律改革运动"，各州都更改或废除了强制绝育法。法律改革的目的是"通过对强制性绝育设立令人敬畏的障碍之方式，保护弱智者的利益"③。最重要的原因之一，是生育权的确立。弱智者生育权同样受到法院和立法机关的重视。人们一致认为，弱智者在智力允许的范围内，与正常人一样享有生育隐私权。④

2. 现代的绝育方法简介

绝育有不可逆性和可逆性两大类。一种预防式的绝育手术为子宫卵巢

---

① Elizabeth S. Scott. Sterilization of Mentally Retarded Persons：Reproductive Rights and Family Privacy. Duke Law Journal. November，p. 810. 1986。

② ［美］凯特·斯丹德利：《家庭法》，屈广清译，中国政法大学出版社 2004 年版，第390 页。

③ Elizabeth S. Scott. Sterilization of Mentally Retarded Persons：Reproductive Rights and Family Privacy. Duke Law Journal. November，p. 808。

④ Ibid，pp. 808 – 816. 1986。

摘除术及睾丸摘除术。这种方式为不可逆手术，一旦进行了便不可能再次恢复怀孕的可能性。因此除非是肿瘤等问题，人类一般不太会选择此方式进行绝育手术。极端情形下的子宫摘除术也成为绝育的选择——如在我国 2005 年曾发生南通市儿童福利院将两名智障少女送进医院做子宫切除手术的事例。

另一种就是可逆性的绝育手术，即一般为求避孕而进行预防性的结扎手术。好处是在希望怀孕时，可以通过输精管复通术和输卵管复通术来达到目的。

绝育又可分为女性绝育和男性绝育两类。女性绝育，也称"输卵管绝育"，是通过手术或手术配合药物等方法，堵塞输卵管。在大多数发展中国家，输卵管绝育术是最常选择的避孕措施之一。男性绝育，也称"输精管绝育"，是通过手术切断等阻断输精管。以输精管为靶点的节育技术在男性节育中占有重要的地位，多年来研究人员进行了不断地研究和实践，取得了一定的效果。

现代的绝育方式，一度多为外科手术实现，"绝育手术"，即"结扎术"，是指使用羊肠线等将人体或生物体的某些管道（如血管、输精管、输卵管等）结扎住；现在更研发出了皮下药物埋植等方式，来实现绝育的目的。所谓的结扎就是将男人的输精管扎死断开，女人将输卵管扎死断开，实现绝育目的。结扎术早期是不可逆的避孕手术，但现代医学已能实施输精管复通术和输卵管复通术。

男性输精管结扎是将输送精子的输精管切断结扎，使睾丸产生的精子无法通过输精管排出，从而达到绝育的目的。输精管结扎术包括输精管结扎术、输精管栓堵术、输精管电凝术、输精管内节育装置（IVD）绝育术等。目前全球应用输精管结扎术前 5 位的国家有：加拿大约 15.2%，澳大利亚约 10.4%，瑞士约 8.3%，西班牙约 8%，中国约 7.2%。[①] 手术不会损伤睾丸，睾丸的曲细精管和间质细胞仍然能继续产生精子和分泌性激素，以维持男子正常的性功能，并保持男子的第二性征。所以，输精管结扎不会使男性丧失性能力。

女性输卵管结扎术是用手术把输卵管切断并结扎，结扎以后，精子和卵子不能相遇，达到永久避孕的目的。这项手术的发展至今已有百年以上

---

① 韦平：《男性输精管绝育技术新进展》，2012 年 3 月 5 日，http：//www. yixue360. com/Front/XueShuLunWen/Article. aspx? ArticleID＝166522。

的历史，同时也是已开发国家妇女最常采用的避孕方法之一。其避孕原理是把输卵管通道封闭，使卵子无法与精子结合，从而达到避孕的目的。女性结扎手术是一项具有永久性的、一劳永逸的避孕方法。

非手术绝育术就是不作切口的绝育方法，其历史也很悠久。从1849年开始，就有人用导管套着裹有硝酸银的探针，通过子宫颈管至宫腔内输卵管开口处，腐蚀输卵管以进行绝育。20世纪60—80年代栓堵输卵管的研究进入高潮，1982年的国际女性非手术绝育会议把它统称为"经子宫绝育术"。

2003年由陕西省科技厅组织的专家鉴定认可了"输卵管金属栓塞绝育技术"①。可复性记忆合金硅橡胶输卵管栓塞获国家发明专利授权。硅橡胶塞能够达到完全将输卵管堵塞，使本发明真正达到了经济、简便、安全、有效的避孕要求。②

近年来，我国全国范围采用绝育作为计划生育措施的夫妇数量，仅次于宫内节育器，位居第二。在这男性节育技术方面，我国一直走在世界前列。但是我国男用避孕方法现用率仅为12.3%，2000—2009年，男性绝育术现用率从8%降至4.9%。③鼓励男子承担更多的避孕责任并采用避孕措施，提高男用节育方法的应用比例，不仅是基于性别公平、公正，同时男用节育方法也更安全、简便、经济。

印度国家家庭福利规划，基本上都将绝育术作为避孕方法的重点。受益于绝育术的适宜夫妇比例稳步增长，从1965—1966年的1.6%达到1989—1990年的30.1%，而且这一水平已稳定10年（29.1%，1998—1999年）。随着适宜夫妇总数的稳定增长，印度实施的绝育术总数也逐渐增加（从1996—1997年的387万增加到2000—2001年的467万）。1992年，WHO估计，全世界已有超过1亿育龄妇女接受过输卵管绝育术，而在今后20年内，发展中国家还将有超过1亿妇女接受绝育术。④

---

① 宫平：《输卵管金属栓塞绝育技术》，2003年9月26日，http：//www.sxdaily.com.cn/data/kyxp/20030926_8749392_7.html。

② 《避孕节育新技术和新方法的研究——女性绝育新技术的研究》，2010年10月21日，http：//www.sdsjss.com/article_article.php? aid=237。

③ 刘小章、岳焕勋：《全球男性节育方法的应用状况》，《中国计划生育学杂志》2012年第4期。

④ Mittal S.：《女性绝育之输卵管结扎技术：RHL评论》（最新修订：2003年6月21日），WHO生殖健康图书馆；日内瓦：World Health Organization. 2009年8月3日，http：//apps.who.int/rhl/fertility/contraception/smcom2/zh/index.html。

二　节育技术应用的理论基础

（一）经济基础

1. 社会视角——协调生产力与生产水平关系

人们早已注意到人口与土地、生活资料之间的关系，并据此来研究控制人口的问题。1798 年英国经济学家马尔萨斯的《人口原理》，书中系统地阐述了人口问题，并推导出人口增长如果不受到贫穷、饥荒、疾病、战争或节育等因素的限制，便会大大超过土地生产食物的能力。

控制人口包括控制人口积极增长和人口负增长等。研究人口经济学的一些学者如美国经济学家 A. 汉森从宏观角度研究了人口和经济的关系，认为人口增长刺激投资增长，从而经济也会增长；人口停滞，经济也会停滞。他主张鼓励生育，增加人口。另一些学者，如《人口爆炸》（1968）一书作者 P. R. 埃利希，《增长的极限》（1971）一书作者 D. H. 梅多斯则持有另外的看法。他们认为人口增长已经超过食物增长，使自然资源枯竭，环境和大气污染，"世界行将人口爆炸，人类灾难就要来临"。他们主张全球必须保持平衡，出生和死亡人数相等，投资率和折旧率相等，人口和工业都要实现"零值增长"。还有一些学者主张"经济适度人口"理论，如法国的 A. 索维和美国的 J. J. 斯彭格勒分别在 60 年代和 70 年代发表了《人口通论》和《人口经济学》，考察了人口增长和消费需求、人口增长与自然资源、人口增长与投资的关系。他们认为人口增长一方面需要加快资本积累，以便增加开发自然资源的投资，另一方面由于要把国民收入的更大部分用于消费而降低资本积累的速度，于国民经济发展不利，因而主张控制人口增长，最好是有个"适度人口"①。近现代以来，在世界人口总体过多繁殖成为社会负担的情况下，生育节制主义便有了广泛的群众基础。

控制人口增长速度使其适应经济发展的需要就成为人口政策的一个重要内容。认为人口增长太快的国家包括非洲、亚洲、大洋洲、中美洲和加勒比地区的多数发展中国家。相反，认为人口增长适中的国家包括多数发达国家以及南美洲的多数国家和非洲及西亚的少数国家。认为人口增长太

---

① 《人口经济学》，2012 年，5 月 10 日，http：//www. hudong. com/wiki/% E3% 80% 8A% E4% BA% BA% E5% 8F% A3% E7% BB% 8F% E6% B5% 8E% E5% AD% A6% E3% 80% 8B。

慢的国家主要位于西亚和东欧。① 而国家对人口增长速度的认识以及采取的相应措施都会对节育技术的研发和使用产生或积极、或消极的影响。例如多数发展中国家认为自己的人口增长太快，实行降低生育率的计划生育政策，大力推广节育技术；而一些国家认为自己的人口增长过慢，在这些国家虽然不会全面禁止节育技术的研究，但却会限制其宣传和使用。但总体而言，"计划生育的范围不断扩大，居住在不发达国家的60%以上的夫妇现在实行计划生育，而在1960年代仅为10%"②。

　　从经济学角度分析，在发达国家由于人们已经接受了节育的观念，加之社会保障制度完善，家庭的生育意愿降低，导致人口增长缓慢甚至下降，劳动力减少，在劳动生产率没有明显提高的条件下，必将促使资本需求减少，从而不利于经济发展，这些国家只能选择鼓励生育。而发展中国家一直采取的控制人口增长的政策是由于这些国家的现有人口总数已经达到资源所能支持的上限，在新领土发展基本无望、新资源发展又需很长周期的情况下，持续大量的新增人口将拖累经济的发展，控制人口增长也是这些期待崛起的国家们的选择。

　　2. 个体视角——生育成本控制

　　生育并非人类的本能。依据社会生物学的观点，"基因似乎可以说是一心一意只关注在人类的近亲属中复制自己，在这些人的细胞中碰巧会发现自己"③。社会生物学据此判断生育是人的一种动物本能，是基因操纵的结果。但是费孝通先生对此持相反观点，费先生指出："所谓本能，不管它的意义的伸缩性有多大，总是指不学而能，由生理结构所决定的行为。"④ 避孕、堕胎、杀婴和疏忽致死，都非个别现象。这表明生育并非人类本能，因此，"新人物的供给……在人类里并不能完全靠自然的保障，所以得添上人为的保障了。这个人为的保障就是生育制度"⑤。对此，波斯纳解释认为："一个理性的人则平衡基因的主张和其他的主张，他感受到基因的牵引力但并不屈从于这种牵引力。如果不是由于这种平

① 于学军、郭维明：《国外人口政策法规概观》，载《人口学刊》2000年第2期。

② 联合国人口与发展委员会：《2002年世界人口监测简要报告：生殖权利和生殖健康，特别是人体免疫机能丧失病毒/后天免疫机能丧失综合征（艾滋病毒/艾滋病）》，第22页。

③ ［美］理查德·A. 波斯纳：《性与理性》，苏力译，中国政法大学出版社2002年版，第142页。

④ 费孝通：《乡土中国　生育制度》，北京大学出版社1998年版，第107页。

⑤ 同上书，第115页。

衡，……许多人不要孩子就无法理解了。进化生物学解释的是人类行为的趋向，它并不解释行为本身。"① 理性的人并不是简单的生物意义上的人，他的目标也绝不仅仅是复制自己的基因。因此理性人并不受基因牵引力的支配，而是会综合平衡各种主张，形成不同的选择。

生育存在成本。"生"是"损己利人"的行为。费孝通先生认为"在生物基层上说，营养是损人利己的，而生殖是损己利人的"。"且不说单细胞生物，在生殖过程中，母体一分裂就失去她的存在，也不必提那种蜘蛛在性交之后，雄的照例要丧失性命，即以我们人类来说，孕妇的痛苦、临盆的危险、哺乳的麻烦，自是无法掩饰的事。""营养和生殖处于相克的地位。"② 这"损己"对女性而言是尤为严重的，对男性则相对较弱。妇女进行生育，除了提供卵子，还要忍受一系列的限制和痛苦。为了怀孕所做的诸多准备，在怀孕期间忍受身体的种种不适、平常的活动受到身体不便和胎儿健康的限制，分娩时承受巨大的痛苦和生命健康的风险，分娩后承担哺乳和照料新生命的种种责任……与之后承担的负担、痛苦、烦琐等相比，提供卵子或精子可能是最微不足道的奉献——虽然它们对于新生命的形成是至关重要、不可或缺的。

"育"是长期付出的活动。男女在"生"的问题上的分工有性别差异，体现"男轻女重"之别，在"育"的问题上则都需倾尽己力。法律规定父母有抚养子女的义务。夫妻对孩子的养育需尽力而为，通力协作；非婚男女在孩子养育方面一样需要巨大付出，甚至离异配偶不仅要对子女负抚养义务，而且对经济条件不佳的配偶也有扶养责任。所以较之于"生"的奉献，"育"要求更为持久和持续的付出。这方面，道德和情感的要求远比法律责任更为严格。

鉴于生育的这种高成本，个体希望利用节育技术控制生育行为，以降低相应成本就成为个人的一项自主权利。在工业革命前，欧洲已经有了自愿限制生育的迹象。由于当时没有像今天这样品种多样、功能齐备、安全可靠的避孕药具，人们只能靠控制结婚，限制性生活，强迫堕胎，溺杀女婴，分居等办法，来限制生育，达到控制人口增长的目的。③ 近代科学技

①　[美]理查德·A.波斯纳：《性与理性》，苏力译，中国政法大学出版社2002年版，第142—143页。

②　费孝通：《乡土中国　生育制度》，北京大学出版社1998年版，第110—111页。

③　杨子慧：《计划生育在中国》，辽宁人民出版社1987年版，第3页。

术特别是解剖医学的发展，为发明和生产现代方式的避孕药具提供了必不可少的理论基础和科学指导，为家庭避孕提供了物质前提。① 在此情景下，计划生育成为家庭的一种理性选择。

当然，生育是存在成本的，但是正如所有经济行为一样，有成本自然也有收益。对于生育这笔账，怎么算，多数人的意见并不能代替个体的感受。正如媒体报道许多德国妇女不要孩子要奔驰，因为在这些妇女看来，养孩子的投入大于买奔驰车的花销，不值得；但是也有的妇女千方百计想生孩子，一些不能自然生育的妇女甚至不辞辛苦、不计投入的进行成功率并不是很高的人工授精、试管婴儿技术。因此个人的生殖成本是个体要算的一笔账，但却不是一笔统一明了的账，其选择是见仁见智。

（二）伦理基础

1. 社会视角——性别平等，优生优育

节育技术的使用有助于促进性别平等，优生优育。欧洲国家的经验表明：低生育率现象是个体导向的社会机制所倡导的两性平等与家庭导向的社会机制在事实上的性别不平等之间强烈冲突的结果。在社会发展过程中，不同制度演进对两性地位平等的推动步调是不一致的。家庭关系与社会制度对女性定位存在的巨大差异导致女性担任的多重角色之间的冲突。对个人权利和自由的追求促进了个体导向的社会机制的建立和发展，并推动两性平等。个体导向的社会制度安排对两性平等的推动与家庭导向的制度安排对两性不平等的维护之间所产生的冲突导致了生育率下降到极低的水平。② 低生育率是女性减少在家庭中的投入，追求社会成功，实现两性平等的一种选择。调查显示当妇女走出家庭，走进社会后，她们似乎更愿意推迟生育、少生育或不生育。虽然这种后果不是所有人都乐于接受的，但是女性社会化的进程不可逆转，让其回归家庭不能强制；相反为了维持其平等地位，社会必须坚持女性的此种自主选择权。

女性融入社会和承担母亲角色之间存在冲突。女性在融入社会方面取得了部分成绩，如投票权、教育权以及就业权等方面已经和男性并驾齐驱。但是在家庭导向的社会制度中，家庭内部的两性化过程却进展缓慢，女性在家庭中依然是最主要的照料提供者和家务操持者，性别分层依然盛

---

① 陈功：《家庭革命》，中国社会科学出版社2000年版，第269—271页。
② 涂肇庆：《生育转型、性别平等与香港生育政策选择》，《人口研究》2006年第3期。

行，女性在家庭内的相对弱势地位没有太大改变。① 历史上妇女争取堕胎权，要求自愿成为母亲的女权主义运动就是这一冲突的极致体现。生育权这一概念最早出现于19世纪后期，是伴随着西方女权主义运动而被提出的，并且仅仅作为妇女专有的权利。当时女权主义者要求享有"自愿成为母亲"的权利，即对生育控制的要求，其本质是当事人的自我决定和自由选择的权利。当时生育权的含义是指妇女有权决定是否生育、何时生育和怎样生育，并将生育问题与妇女在政治、经济上的解放运动联系在一起。而保住女性获得和提升社会地位更多地依赖于她在社会而非家庭中的成功。生育，特别是没有计划的生育，往往影响女性的社会工作。今天，多数女性在她们受教育和社会化的过程中都被期望在扮演家庭角色以外还能扮演个人角色。因此，那些注重个人发展的女性就处在两难困境：个人发展与未来家庭角色承担之间存在着明显冲突，必将导致她们中的一部分选择不婚或少育的办法来维持两者之间的平衡。女性为追求社会成功而选择降低生育率。那些女权主张国家出现的超低生育率，是妇女劳动参与率迅速提高的同时，而帮助女性平衡生育与工作之间角色冲突的社会制度安排缺失所造成的后果。② 节育技术在帮助女性实现生育控制，从而实现性别平等上居功至伟。

另外，节育技术的使用也使得生育从重量转向重质。以前多子多福的观念彻底改变，优生优育的文化盛行。多子女势必分散父母的投入，无论是经济抑或是情感投入；少子女则会使得父母更注重子女的抚养和教育，达到优生优育的目的，供给社会更高质量的生产力。

当然在"多少"的"度"的把握上，仍然有许多值得思考的问题。我国的独生子女政策，催生了诸多独生子女问题，人口质量是提高了还是下降了，值得研究。而且在"独生政策"的强制下，独生子女父母承担了"失独"的高风险：一旦失去独生子女，父母就失去了血缘的传承和生活的依靠，生存状况堪忧。此种脆弱的倒金字塔人口结构，对人口数量和人口质量的影响，向来是毁誉参半。直面此问题，已是不容回避的现实。

2. 个体视角——生育自决

生育的历史也正是人们控制生育的愿望不断强化的历史，是生育控制

---

① 涂肇庆：《生育转型、性别平等与香港生育政策选择》，《人口研究》2006年第3期。
② 同上。

的实践逐渐强化的历史。生育是人体的机能，与人身紧密相关，人身自由是基本人权，生育自由也是基本人权。延续后代是人的一种本能。生育控制是超越这种动物本能的一种内在渴求，是生育从单纯的生物性转向社会性的要求。到处可见的避孕药具、堕胎手术的广告以及治疗不孕不育的宣传，表明了潜在的控制生育的巨大需求。科学家们对生殖技术的热衷研究，绝不仅仅源于对真理的渴求。人们控制生育的需求是刺激生殖科学技术发展的原动力。

在生育权利化的进程中，因为特定的社会条件限制，为了维系种族的延续、社会分工结构的完整，满足人海战争的需要等目的，生育曾经经历了从自然到义务的历程。在人类历史上，集权国家为着种族和国家利益经常对个人的生育自由进行干涉，如强迫民众早婚、惩罚不婚，甚至强迫老年男性公民将年轻的妻子送给强壮者交配以便生出健壮的战士等。这使得生育被看作国家、民族、种族的"公事"。公民只有生殖的义务，而无权利可言，更谈不上受到保护。

生育是人类的生存和延续不可缺少的，是人的自然权利。人是社会生活的主体，具有对自己的生育和性作出负责决定和知情选择的能力。尊重人是社会的目的，而不是将人当作仅仅是达到其他目的的手段，人在生育上应有属于自己的选择权和自由权、自主权。"实际上，那些属于生存、生理一类性质的需要以及高级的精神需要本身，就是人的不可剥夺的应有权利。"[①] 法律的发展史，一定意义上可以说就是应有权利法律化的历史。将生育权确定为应有权利的终极意义，无非是追求这一权利的法律化。为了将应有权利转化为适宜的法定权利，需要进一步研究应有权利的内涵，以便准确界定其属性。

现在社会条件下，否认人们对生育控制的正当性已经丧失了社会物质基础。生育权作为应有权利，已经得到承认；作为基本的人权已经被写在诸多国际人权公约中；作为法律权利在国内法中也得到了认可。现代社会已经不可能再逆历史潮流，将生育视为义务。"人有权把他的需要作为他的目的。"[②] 生育作为应有权利应当被认可，生育权利化已经成为不可忽视的一种趋势。如果自由意志是人的本质体现，那么认可人们控制生育的自由就是顺理成章的。

---

① 公丕祥：《法制现代化的理论逻辑》，中国政法大学出版社 1999 年版，第 257 页。
② ［德］黑格尔：《法哲学原理》，范扬、张启泰译，商务印书馆 1961 年版，第 126 页。

（三）法理基础

1. 社会视角——防卫社会

使用生殖技术，包括节育技术的权利，是个体防卫社会，阻止公权力过度介入最隐秘之私生活的需要。霍布斯说过，"权利存在于做或不做什么的自由之中"，"在列举上，一项权利是一项自由"。[①]如果没有现代的生殖技术，生育不是完全可选择的事项，那么奢谈生育自由或生育权利都是没有意义的。拥有技术，若没有使用的权利，那同样无助于自由的实现，因为此项自由可能受到来自公权力和私权利的压榨。节育技术的使用权利是主体生育自由、对抗公权力挤压和私人侵害的需要。

能够对抗权力的只有权利。一项利益若不能获得权利之名，其地位就岌岌可危。在我国，主体享有生育权是有法律依据的；但是由于对生育权的性质认识不一，生育权还未能在民法中得到应有的肯定，因而其地位是动摇不定的，或者说是模糊不清的。这样一种状态使得该项权利很容易受到公权力的压制甚至剥夺。近来一些地方性规定，就已经极大地限制了《人口与计划生育法》以及《妇女权益保护法》赋予主体的生育自由。有地方性法规规定，符合法定生育条件的妇女在怀孕14周后，没有正当事由不得自行堕胎。这些规定能否达到立法的目的，是值得质疑的；但是这类规定极大地限制了妇女堕胎的自由是确定无疑的。如果医院严格执行这类规定，那么一名妇女堕胎时，还必须向医院证明自己不符合法定生育条件或者符合法定生育条件但是有正当的堕胎理由，这给堕胎设置了多大的障碍！她可能未婚先孕，可能结婚但已经生育，或者可能结婚未育但面临婚姻危机，不管什么情况她都必须向医院证明，而这种证明给她带来了沉重的负担，甚至于剥夺了她堕胎的自由。有些人可能只能求助于黑诊所，从而将自己的生命健康置于危险之中。因此仅仅认可生育权的人权属性或宪法权利的性质是不充分的，允许其合法的使用节育技术，才能切实保障主体的生育自由。

现实中，已经发生了许多生育权纠纷，因为法律规定的欠缺，一些权利人的合理主张没有得到支持，一些权利人的损害得不到救济。例如一起案件中，一名妇女想要在丈夫死亡后堕胎，公婆不许，而法院也不支持妇女堕胎的要求。不想生的被迫生育，想生的却不能生育。这种种不合理现

---

① 夏勇：《人权概念的起源》，中国政法大学1992年版，第140页。

象的存在，都表明建立、界定节育技术使用的限度和范围是非常必要的。

2. 个体视角——私法自治

生育权的历史与人们争取自主使用节育技术密切相关。19 世纪 70 年代，美国的女权主义者发起了西方历史上第一次争取生育权的运动。这次运动又叫"自主母亲"运动。女权主义者主张妇女有自愿成为母亲的权利，有自己决定什么时候生育的权利。这项运动直指妇女获得和使用节育技术权利，认为妇女有权获得避孕、堕胎方面的信息、产品与服务，从而决定是否、何时成为母亲。20 世纪上半期，女权主义者在美国发起了争取生育权运动的第二次高潮。女权主义者宣传女性生育的自主权，反对女性对男性的从属和不平等地位，大力提倡性教育和避孕措施的推广。

在此，妇女的生殖自由和胎儿利益、政府的人口利益等交织在一起。法律的选择是艰难和摇摆的。在英国，19 世纪初通过了第一个《堕胎法案》[1]，基于胎儿生命利益保护限制了主体的生育自由；20 世纪又通过了"生而残障民事责任法"，基于胎儿健康利益保护限制了准父母的生育等自由。美国则通过《康斯托克法》及之后的一系列案例来解决生育权与胎儿权益的冲突。1973 年，美国最高法院的罗伊诉韦德案判例（Roe V. Wade），进一步扩大了个人的生育和隐私权，承认了妊娠早期的堕胎合法化，但仍限制中晚期堕胎。我国《人口与计划生育法》明确规定"公民有生育的权利"，但是必须计划生育，禁止性别选择、超生等。

使用节育技术是主体实现私生活自治的需要，是私法自治的一项具体要求。否认人们对生育控制的正当性已经丧失了社会物质基础。"人有权把他的需要作为他的目的。"[2] 如果自由意志是人的本质体现，那么认可人们控制生育的自由就是顺理成章的。传统的生育观念是将生育仅仅局限于婚姻家庭中，无论是生育的权利还是义务，法律的保护都是以婚姻家庭为前提。随着现代社会向多元化的方向发展、婚姻家庭正日益受到单身、非婚同居、同性恋家庭等各种非传统家庭形式的冲击。各种各样的生育权主张已成为一个不容忽视的社会问题。在以个人为本位的社会中，应该承认每个人的人格独立，充分尊重个人的自由和选择，并保障个人权利和选择的实现。国家在对生育自由进行适度规制的同时，对这种多样性应给予平等的尊重和保障。美国最高法院法官奥康娜在"关于滨州限制堕胎案

---

① 王利明：《人格权法研究》，中国人民大学出版社 2005 年版，第 337 页。

② ［德］黑格尔：《法哲学原理》，商务印书馆 1961 年版，第 126 页。

法院意见书"中阐述宪法保护妇女堕胎决定的理由时，对于生育问题与个人尊严和自由的关系有过这样一段精辟的论述："我们的法律提供了宪法保护，允许个人去决定婚姻、生育、避孕、家庭关系、抚养子女和教育。这些事务涉及人在一生中可能做出的最秘密和私人的抉择；这些抉择对人的尊严、自主以及第 14 修正案所保护的自由具有中心意义。在自由的中心，乃是个人行使权利，以自行定义其存在、意义、宇宙以及人类生命奥秘的观念。假如这些信念在州政府的强制下形成，那么他们将不能定义人格的特征。"①

第二节　节育技术研究应用中的性别公正问题

美国 20 世纪 70 年代激进女权主义者阿特金森（Ti-Grace Atkinson）、费尔斯通（Shulamith Firestone）认为，性别冲突是人类冲突的最基本的形式，是所有其他冲突形式的根源。妇女受压迫的根源是生理性的，由于生育和抚养孩子造成的身体虚弱使她们为了生存不得不依赖男人。这种生物家庭内部发展起来的权力关系，为了解其他各种压迫形式和种族主义、阶级社会提供了一种模式。由于妇女受压迫的原因主要是生物性的，所以妇女的解放只有依赖生物革命即人工生殖和代孕技术的发展。按照这种观点男女"平等不仅意味着法律上的平等，甚至也不只是满足基本需求方面的平等。它还意味着妇女跟男人一样不一定生育孩子"②。妇女解放需要进行"生物革命"，只有现代技术才可以在历史上首次使妇女摆脱生育和养育孩子的最根本的不平等成为可能。

现代节育技术作为调节人类生育活动的一个重要手段，它的出现和应用，宏观上使得人类社会避免了因"人口爆炸"而导致的生态灾难，消除了全球性贫困；微观上使得个体可以根据自己的意愿控制生育，造福无数夫妻，特别是广大女性。它使妇女可以有计划地生育，减少了流产和孕产妇死亡率，提高了女性的健康水平和人类两性生活的质量。更深层面，节育使得妇女可以挣脱生育的羁绊，获得自主选择生活的权利，为性别平等作出了积极的贡献。

---

① 张千帆：《西方宪政体系》（上册），中国政法大学出版社 2000 年版，第 253 页。
② 李银河主编：《妇女：最漫长的革命（当代西方女权主义理论精选）》，三联书店 1997 年版，第 290—291 页。

但美中不足的是，就像在生育分工中存在两性差异一样，在节育技术的应用中也显示出显著的性别差异。《人口与计划生育法》对夫妻双方在计划生育中应当履行的责任和承担的义务作出了明确规定。法律提出了男性的生育权利和义务问题。我国的计生政策也从严禁避孕节育、鼓励生育到"一环二扎"和对计划外怀孕的女性实施强制性流引产，在20世纪后半叶的几十年里，国家的生育政策发生了根本的变革。但在实践中，一个无可否认的事实是女性成为节育义务的主要承担着。男性承担生育义务的情形却不容乐观。生育义务的负担展现出明显的性别失衡状态。

一 节育技术研究应用中的性别失衡现象

节育技术的研发和应用表现出了严重的性别失衡现象。

（一）节育技术和产品研发中的性别失衡

现代避孕法主要有甾体激素类药具（口服避孕药、避孕针剂、皮下埋植剂等）、宫内节育器、屏障器具（避孕套、宫颈帽、阴道隔膜等）、化学制剂（各类杀精子剂）等。国内最早推广的短效避孕药一号和二号，都是女用避孕药。到1979年底生产的避孕药有口服、注射和外用三种；分为短效、长效和速效。外用有片、膏、栓、薄膜四剂型，避孕器械有节育环、窥阴器、扩张器、流产吸引管、女用隔膜、男用阴茎套和男女节育器械手术包。[①] 其中男性使用的避孕节育手术只有输精管结扎术、用具仅为避孕套。其余绝大部分技术和产品是供女性使用的，诸如避孕药、宫内节育器、输卵管结扎等目前世界上最广泛采用的避孕方式几乎无一例外地应用在女性身上。这种丰富的供应，貌似多元而自由的选择，不仅破坏了女性的生理平衡，还造成了很多女性疾病的发生，给女性的身心健康造成伤害。

（二）节育技术和产品应用中的性别失衡

近十年来，男性虽然参与计划生育决策，但多因素分析结果提示：我国男性尤其是农村男性参与计划生育程度有待提高。[②] 2011年卫生部统计数据显示，属于男性承担的输精管结扎手术在节育手术中的占比逐年下

---

① 史成礼：《建国以来计划生育工作概况》，《西北人口》1980年第6期。
② 楼超华、彭猛业等：《男性参与计划生育状况及其影响因素分析》，《生殖与避孕》2004年第3期。

降，女性结扎率与男性结扎率之比逐年增加。其他为女性承担的节育手术，如放置节育环、输卵管结扎、堕胎等占比总体递涨。（见表5－1）

表5－1

年份	节育手术总例数	输精管结扎		输卵管结扎	
		人数	%	人数	%
1971	13051123	1223480	9.4	1744644	13.4
1981	22760305	649476	2.9	1555971	6.8
1991	38135578	2382670	6.2	6753338	17.7
2001	17070650	254229	1.5	1549700	9.1
2011	21948224	196064	0.9	1595105	7.3

数据来源：卫生部：《2012 中国卫生统计年鉴》，2014 年 1 月 22 日，http://www.nhfpc.gov.cn/zhuzhan/sjcx/201303/3702dc9231c546398d99e7eda44f435f.shtml。

在存在多种男用节育技术的情况下，应用最广泛的仍是女用节育技术。在大多数发展中国家，输卵管绝育术是最常选择的避孕措施之一。[①]在印度，当达到计划的生育数后，大多数夫妇选择输卵管绝育术作为唯一的避孕手段。因此，印度的基层卫生保健人员通常建议妇女们产后到医院做绝育术。[②]

1992 年 WHO 估计，全世界已有超过 1 亿育龄妇女接受过输卵管绝育术，而在今后二十年内，发展中国家还将有超过 1 亿妇女接受绝育术。[③]

然而即使是学界最为推崇的女性结扎手术，仍会危害女性的身体健康。结扎手术可能会使卵巢的工作出现不正常、月经出血增加，经期间不规则出血等问题。统计指出，结扎手术过后因为一些妇科问题而需要切除子宫的几率比一般人高，出现结扎后征候群。

---

① United Nations Population Division, Department of Economic and Social Affairs. Levels and trends of contraceptive use as assessed in 1998. 2012 年 3 月 5 日 http://www.un.org/esa/population/pubsarchive/wcu/fwcu.htm（accessed on 15 January 2004）.

② Standards of sterilization. New Delhi, Ministry of Health and Family Welfare. Government of India 1999. 转引自 Mittal S. 《女性绝育之输卵管结扎技术：RHL 实践意义》，（最新修订：2003 年 6 月 21 日）。WHO 生殖健康图书馆；日内瓦：World Health Organization。

③ Central Statistical Organization. Percentage of couples currently practicing family planning methods. New Delhi, Ministry of Statistics and Programme Implementation, India. p53：2000.

二　节育技术研究应用性别失衡的原因分析

（一）现有男用节育技术的制约

男性节育技术和产品研发不足。输精管结扎手术是成熟的男性节育技术，但其可逆性差。如前表所示，在 2011 年全国进行的节育手术中，男性承担的不到 1%。导致男用避孕药发展缓慢的有生物学原因。一般认为女性每个月排出一个成熟卵子，而正常男性每天可产生一亿个精子，每次射精也要排出几千万个精子；因此，女性避孕药物要消灭的只是一个"敌人"，而男性避孕药却要面对几千万甚至上亿的"敌人"，只要有个别漏网，就可能导致避孕失败。这种观念可能制约了男用节育技术的发展，虽然这种观念近来被证明是一种误读。学者欧湘在其《男性避孕药——一种正在构成中的科技之传记》一书中指出，这种生物学困难被证明根本站不住脚，关于男性避孕药检测的结果显示它的药效不比女性避孕药的药效差。① 男性避孕药物的使用者对它的安全性要求近乎苛刻，不能有任何不可接受的副作用。男性的药物节育还没有一种相对来说安全、有效、经济、可逆药物出现。目前的状况可以形容为"可逆的男用方法不可靠，可靠的不可逆"。可选择的男性节育方法不多，且其有效性和可接受性尚存在不足。男性因而承担节育义务较少，客观上导致避孕的义务过多分配给了女性。

（二）传统男权主义文化的辐射

虽然根据男性药研发科学家的说法，男性避孕药物的副作用如引起的服用者头痛、不舒服等都要比女性避孕药要小。而且男性激素类避孕药的研究也已有近 60 年的历史了，但整个 20 世纪并没有一项新的男性避孕技术获得实际应用。② 这表明，在技术之外，还有许多原因影响男性使用节育技术。

1. 男尊女卑的文化传统制约男性承担节育义务

由于传统的男尊女卑思想，使得男子、丈夫在避孕问题上也享有更多决定权。一些男性单方面的把此项义务分配给了妇女，另外许多妇女则因

---

① 李尚仁：《男性避孕药成为可能》，《科技发展》2007 年第 1 期。

② 孙志权：《男性避孕新发现》，2005 年 9 月 26 日，http://eladies.sina.com.cn/lx/2005/0926/1802195433.html。

此种文化的熏陶而自愿承担起避孕的义务。传统的性别分工是"男主外，女主内"。避孕无疑是家庭内部的事项，因此也被认为是妇女应主要负责的事项，妇女被视为避孕的主要义务主体。男性在市场经济中的优势地位使得他更易获得家庭中的优势地位，从而避免节育义务的承担。在我国农村，许多妇女认为男子是家里的顶梁柱，不能有任何风险，而避孕药或手术都存在不确定的风险，因此她们自愿承担了此项风险，而不愿冒着失去顶梁柱的风险让丈夫去做手术。

据央视《今日说法》2004 年 7 月 1 日报道，广东佛山女子平平 2003 年经婚介所介绍，认识了中年男子范先生。于是，他们开始交往，一年后，结婚的问题摆在俩人面前。平平没有结过婚，范先生离异，有两个孩子，所以他不想再生孩子了。于是范先生提出要平平做绝育手术。而深爱范先生的平平为了能够和他结婚，几乎没怎么犹豫就去了医院，范先生代替家属签了字。然而手术后不久，范先生拒绝了平平的结婚要求。平平认为他侵害了自己的健康权和生育权，将其告到了法院。最终广东佛山中院判处范先生赔偿平平精神损失费 10 万元人民币。这是男权主义极端体现的一个实例。

2. 传统阉割文化影响男性节育技术使用

性能力是男性性征的重要体现，阉割则是剥夺男性性能力的一种手术。阉割也称"去势"，指出于非医疗目的破坏人或动物的生殖器官，使其丧失生殖功能。在中国的奴隶社会和封建社会，对太监和囚犯都大量使用，从甲骨文考证，阉人在殷商时代已出现了。在我国，一些人容易把男性结扎等手术和阉割联系起来，产生排斥心理。有些人认为男性避孕会影响男性的性能力或生养能力，因此对男性避孕不屑一顾。哪怕只有极低的风险，男性也会竭力避免。一项调查结果显示：主要是居住在农村、西部地区、年龄较大、子女数较多的对象采用男性绝育术。① 至于男性性功能的问题，它真正的发病率并不高。但是，由于人们无法区别因年龄增加导致的性功能下降与年轻时使用避孕方法导致的性功能下降，因此，往往产生后悔情绪和性心理的障碍，这也影响男性节育术的应用。

3. 男性性放任传统削弱男用节育技术使用

男性的性放任传统使得男性相对缺乏采取节育措施的动力，也使得女

---

① 楼超华、彭猛业等：《男性参与计划生育状况及其影响因素分析》，《生殖与避孕》2004年第 3 期。

性甚至社会不容易信任由男性采取的节育措施。男性性放任的文化传统使得男性的性行为成本较低，道德评价相对宽松，使其在节育上的愿望通常弱于女性。男性避孕技术发展的速度不如预期的快，是因为研发和生产者不太相信男人愿意扛起控制自己生殖能力的责任。一些节育用品的生产商拒绝制造相关产品，因为他们预期此类产品很难打开销路。

　　而男性的这种行为模式也使得女性对由男性单独采取的节育措施信心不足。依据传统性文化，女人不但要为自己的性行为承担一切责任，还得被迫地给男人的性行为承担责任。荷兰报纸就强调女人难以把避孕这么重要的事情托付给男人。英国家庭计书协会的欧文女士说："我们全力支持男性避孕技术的发展，但不赞成开放让年轻男子接种避孕针剂，因为在发生性行为之前倘若男方宣称已注射，女孩根本无法确定。"欧文女士指出纵欲的少壮男子，可能会借此诱骗女孩在床笫间疏于采取保护措施。① 中国的传统文化在两性关系中一向更多约束女人、放纵男人。女性不采取节育措施，最终都是女人倒霉，意外怀孕不仅使妇女身心受损，未婚者甚至可能会因此身败名裂，因此女性被迫"自愿主动"承担起节育义务。

　　男性对男用节育技术的兴趣缺乏，使得男用节育技术应用的预期经济效益不高。避孕药物在短期内可以带来的直接经济效益并不高，特别是在我国，由于国家实行计划生育政策，避孕节育产品具有社会公共产品的特征，其产生经济效益更低。科研机构和科研人员在研制男性避孕药方面表现出相当大的积极性。但不得不面对的现实是目前还没有一种男用避孕药上市。大部分医药企业对男性避孕药的研制并不十分有热情，企业的研发投入很少，也在一定程度上制约了其研制的步伐和市场化的进程。曼彻斯特霍普医院的伍弗瑞博士说："药厂兴趣缺乏，是阻碍男性避孕针剂研发的主因。我们已掌握所有技术，但需要制药工业的支持。近几年来人们一直有偏见，认为男性避孕市场不会有发展，药商根本不看重这项技术，甚至懒得进行市场调查，去听听男性的心声。"②

　　（三）男性主义法律政策的影响

　　在计划生育义务负担方面，虽然婚姻法和人口与计划生育法都是把夫妻作为计划生育的义务主体。但是在具体的法律特别是政策执行方面，义

---

　　① 孙志权：《男性避孕新发现》，2005 年 9 月 26 日，http：//eladies. sina. com. cn/lx/2005/0926/1802195433. html。

　　② 同上。

务的分配却更多倾向于女性，已婚育龄女性成为被特殊关照的对象。

1. 下位法中节育义务向女性倾斜

卫生部《关于落实向农村实行计划生育的育龄夫妻免费提供避孕节育技术服务的通知》规定的 5 类免费技术服务项目包括：（1）孕情、环情监测。（2）放置、取出宫内节育器及技术常规所规定的各项医学检查。（3）人工流产术、引产术及技术常规所规定的各项医学检查。（4）输卵管结扎术、输精管结扎术及技术常规规定的各项医学检查。（5）计划生育手术并发症诊治。其中只有第四项涉及男用节育技术，第五项虽然理论上也与男性相关，但男性结扎术不到节育手术 1% 的比例，实质关联度不大。可以说这是一个主要针对女性提供的免费蛋糕。再结合《节育并发症鉴定办法》中提及的"因节育手术直接造成手术对象死亡"、"因节育手术造成手术对象残废，完全丧失劳动能力和生活处理能力"、"因节育手术造成手术对象组织器官损伤"等的规定，就会知道这块蛋糕不是那么美味的。

卫生部 2003 年颁布的《流动人口计划生育管理和服务工作若干规定》第五条中明确规定"流动人口已婚育龄妇女是计划生育管理服务的重点，现居住地应为其提供计划生育、生殖保健的宣传咨询和技术服务"。第八条第五款规定"为流动人口已婚育龄妇女提供优质的避孕节育、生殖保健服务，定期开展计划生育和生殖健康检查"。再如《吉林省人口与计划生育条例》第四十三条规定"村（居）民委员会应当与育龄夫妻和流动人口中的已婚育龄妇女签订生育节育技术服务责任书"。此处流动人口中节育义务直接规定由"已婚育龄妇女"承担。

2. 强制节育措施多为女性承担

在政策执行中，节育义务被主要分配给妇女。在我国，要求妇女做结扎术或放置宫内避孕环就是许多地方计划生育的主要手段。农村普遍把给妇女结扎和放置宫内避孕环作为强制性节育措施。四川一个县给下面乡镇定的任务和指标：当年生育者安放节育环的应达 80% 以上。[①] 另一个强制节育措施是强制性流引产。它的"强制性"体现的一个方面就是采用地方性法规的形式强调流引产的必然性，一旦出现计划外怀孕，必须要终止

---

① 辛丹、彭志良：《四川省彭县实行节育技术责任制的经验》，《人口研究》1982 年第 12 期。

妊娠。①

一旦妇女承担了主要的节育义务后，法律强制她继续承担。按照国家计划生育政策，采取节育措施的育龄男女，在未获取国家计划生育管理部门许可的情况下，不得接受恢复生育手术。1983 年，最高人民法院、最高人民检察院、公安部发布了《关于依法惩处利用摘除节育环进行违法犯罪活动的分子的联合通知》。1993 年，最高人民法院、最高人民检察院又发布了《关于依法严惩破坏计划生育犯罪活动的通知》。1997 年刑法中增设了非法进行节育手术罪。刑法第 336 条第 2 款规定："未取得医生执业资格的人擅自为他人进行节育复通手术、假节育手术、终止妊娠手术或者摘取宫内节育器，情节严重的，处三年以下有期徒刑、拘役或者管制，并处或者单处罚金；严重损害就诊人身体健康的，处 3 年以上 10 年以下有期徒刑，并处罚金；造成就诊人死亡的，处 10 年以上有期徒刑，并处罚金。"非法进行节育手术罪，阻止他人在未经计生部门批准的情况下中止主体的节育行为。虽然此规定没有区分性别，但由于节育义务主要由女性承担，它阻止的主要还是针对女性的节育义务中止。

3. 绝育受术者的救济不完善

数据显示，男性与女性绝育术的比例四十年间已经由 1971 年的 3∶4 变为 2011 年的 1∶6，女性绝育手术是男性的六倍。时代在发展，女性节育的负担却不减反增。女性承担了节育义务，有时是以丧失生育能力为代价。但是在这方面，法律提供的补偿是不充分的。除了可以在离婚时得到子女抚养的照顾，其他甚少。如果夫妇失去（独生）子女，在离婚时，妇女的损害又有何种补偿呢？妇女绝育不仅是履行自己的计划生育义务，也是代丈夫履行夫妻的计划生育义务。最后的不幸由妇女独自承担，显然不合理。

我国孕产妇死亡率虽然逐年递减至 2011 年的 26.1/10 万，但高危孕产妇呈现逐年递增现象，2011 年已经到达 17.7%。② 女性在生殖方面，不仅承担着自然赋予她的义务，也承受着法律和社会强加给她的重担。

印度的国家家庭福利规划，把绝育作为避孕项目目标和实施评估的重

---

① 宗沪滨：《沉重的生育——超生女性的生育体验，1979—1999》，硕士学位论文，南京大学，2013 年，第 68 页。

② 卫生部：《2012 中国卫生统计年鉴》，2013 年 3 月 22 日，http://www.nhfpc.gov.cn/zhuzhan/sjcx/201303/3702dc9231c546398d99e7eda44f435f.shtml。

点。使用绝育术的适宜夫妇比例稳步增长，从 1965—1966 年的 1.6% 达到 1989—1990 年的30.1%，而且这一水平已稳定 10 年（29.1%，1998—1999 年）①。印度实施的绝育术总数也逐渐增加，从 1996—1997 年的 387 万增加到 2000—2001 年的 467 万。② 其中绝育妇女的数量可想而知。

　　限制妇女堕胎是节育义务承担不公的另一种表现。英国的习惯法，允许胎动（即怀孕 18 周）之前的堕胎，只是禁止胎动后的堕胎。1803 年，英国通过了《艾伦伯勒法》，开始对堕胎实施更多限制，受此影响，各州亦纷纷效仿，到了 1849 年，有 20 个州将胎动前的堕胎定为轻罪，将胎动后的堕胎，定为二级谋杀。1859 年，美国医学会年会通过决议，敦促各州立法限制堕胎，到了 1910 年，除了肯塔基州以外，美国所有的州都对堕胎进行了限制。同时，即使是在符合法律规定的特殊情况下，堕胎权也是掌握在医院的审查委员会中。在 1973 年 1 月 22 日联邦最高法院对"罗诉韦德案"的判决中，将堕胎合法化。2003 年，美国国会中的保守势力卷土重来，通过了禁止后期堕胎的法案。

　　涉及性别公正的另一个问题是一胎半政策实施带来的性别失调。一胎半政策强化了女孩无价值或价值小的社会观念，加剧了性别失衡。研究显示一孩半制增加性别比。在其他条件等同的情况下，政策的性别因素（一孩半制）提高儿童性别比，使其更加失常；相反，趋于平衡的性别比更可能在推行严格的生育政策和执行严格的计划生育责任制的社区出现；或在政策被严格推行的时期出现。③ 当然，这和技术关联不大，主要是政策使然。

三　重建节育技术应用中的性别公正

　　节育义务的分配，在法律貌似中性的规制下，出现了严重的性别失衡。在此领域，重构性别公正，合理分配两性节育义务，是法律正义价值的内在要求。

　　在 1995 年世界妇女大会上，社会性别（gender）概念成为讨论的重点。中国政府在其建议并始终参与起草的《北京宣言》中承诺："作为政府，我们特此通过和承诺执行以下《行动纲领》，确保在我们所有的政策

---

① Government of India. Annual report. New Delhi, Ministry of Health Family Welfare, 2002.

② Female sterilization: a guide to provision of services. Geneva, World Health Organization 1992.

③ 杨菊华：《生育政策的地区差异与儿童性别比关系研究》，《人口研究》2006 年第 5 期。

和方案中体现性别观点。"① 以性别视角探寻制度公正的积极变革意义在于，既然社会性别是指社会文化中形成的属于女性或男性的群体特征和行为方式，对性别的社会认识不是自然的，而是社会构成的产物，那么基于生理基础之上的性别压迫和不平等就是没有根据的，因而也是可以改变和消除的。② 因此性别平等的主张就自然而然地被提出了。性别平等是指无论在社会生活的公共领域还是在家庭生活的私人领域，男性与女性都有平等的权利和义务，这是性别平等最核心的内容。第一次世界妇女大会把性别平等界定为："男女的尊严和价值的平等，以及男女权利、机会和责任的平等。" 现在学者更进一步提出性别公正的主张。在一些学者看来，公正与平等是两个不同的概念。平等具有一定的客观性，可以被观察或衡量到，而公正则是对合理性的认定；平等要表达的是"是什么"，而公正要表达的是"应该是什么"。有些平等是公正的，而有些平等则与公正无关甚至相悖，此时，不平等则是公正的。性别公正的提法"反映了社会现实生活中'不公正'问题的增多，人们期待以'公正'的理论来解决这些问题"③。法律制度脱去"中性"的外衣，改善隐性的不公正，才能真正成为社会正义。鼓励男性投入计划生育中，有利于夫妻双方根据身体状况，选择适宜的避孕方法。④ 为达此目的，立法特别是执法上可以采取一些措施：

（一）加强男用节育技术的研发与推广

应加强男性节育技术应用的宣传和辅助男性节育技术的研发推广。计划生育宣传侧重女性节育技术的宣传，使得男性节育技术的宣传被忽视，或较薄弱。目前，管理者和服务提供者在宣传和倡导方面也存在很多误区。有学者批评说"宣传资料都很少提输精管切除术，输精管切除术好像不但被老百姓遗忘，管理层也在遗忘"。这在一定程度上影响了营造有利于男性参与计划生育/生殖健康的社会氛围。⑤ 民众没有获取男性节育

---

① 黄启璪：《黄启璪同志谈：性别观点纳入决策主流》，《妇女研究论丛》1996 年第 3 期。

② 郭慧敏：《社会性别与妇女人权——兼论社会性别的法律分析方法》，载谭琳、姜秀花主编《社会性别平等与法律：研究和对策》，社会科学文献出版社 2009 年版，第 2—3 页。

③ 闵冬潮、刘薇薇：《质疑 挑战 反思——从男女平等到性别公正》，《妇女研究论丛》2010 年第 5 期。

④ 吕红平：《性别文化与计划生育的相互影响》，《中国人口报》2012 年 3 月 5 日。

⑤ 邱红燕：《男性节育避孕方法的综合评价研究》，博士学位论文，北京协和医学院，2011年，第 62 页。

的足够知识，最终影响了男用节育技术的推广，从而影响到计生领域的性别公正。除不可逆性外，男性绝育现用率的下降与对男性绝育手术认识的误区也有关系。一些人认为男性结扎会大伤元气，影响男性能力等。我国以女性结扎为多，就是由于这种思想在作怪，并不是因为女性结扎比男性结扎好。一项以云南省两地区 2001—2008 年已施行男性节育术且为农业户口的 3264 名男性为对象的调查，发现调查对象虽然都是已经实施男性节育术的人，但了解结扎知识的人仅占 5.6%，绝大多数节育者缺乏结扎的相关知识，如结扎的手术过程、术后需要注意事项，以及结扎可能带来的问题。男性节育者缺乏计划生育知识，愿意选择以女性避孕为主的避孕措施。①

（二）宣传营造性别公正的节育观念

因此，树立科学的观点，应加强对男性的计划生育知识宣传，宣传男性节育是负责任有担当的表现。计生宣传部门应该要矫正此前一边倒的宣传口径。动员男性参与计划生育，是实现计生领域性别公正的重要措施。

男性绝育术的失败率最低，效果最好，被公认比女性绝育术更为安全、简便。周恩来同志曾提出男子绝育要造成风气。② 现有证据表明我国发明的直视钳穿法输精管绝育术是最安全的手术路径，已被列入坎贝尔泌尿外科学，是世界卫生组织推崇的最佳实践，正在成为国际标准。③ 卫生部的节育术后假期建议输精管结扎术后休息 7 天，输卵管结扎术后休息 21 天，说明官方也承认输精管结扎是较输卵管结扎创伤更小的手术。

但是极低的使用率说明我们在男性长效节育技术研究和应用方面的推广工作仍有待加强。在这方面也可以借鉴"西部少生快富工程"的做法，对目标人群直接奖励，另外对推广者同时予以奖励。因为男性结扎术和复通术的成本都较女性同类手术低，给予适度奖励也不会增加国家计生投入。

有人担心即使研究出来男性节育术，也不会有男性愿意使用。英国男子赫金森将怀疑男性节育的意见斥为"荒谬无比"，他说："如果某个作

---

① 白双勇、陆海音等：《云南省男性节育者计划生育知识和态度调查》，《中国健康教育》2009 年第 6 期。

② 史成礼：《建国以来计划生育工作概况》，《西北人口》1980 年第 6 期。

③ 邱红燕：《男性节育避孕方法的综合评价研究》，博士学位论文，北京协和医学院，2011 年，第 62 页。

丈夫的和妻子一样不希望生小孩。也愿意接受避孕注射，难道会比服用避孕丸的妻子更不值得信任吗？更何况女方还可能会忘记服药呢！"世界卫生组织的人类生殖研发训练的特别计划负责人韦特博士在一篇报告中呼吁全面发展这项男性避孕注射技术，他表示："最重要的一点是，世界各地的男性都有权利和义务分担家庭计划的责任。"①

（三）贯彻性别公正的节育法律制度

《宪法》规定"公民在法律面前一律平等"、"夫妻双方有实行计划生育的义务"。《人口与计划生育法》以"中性"的立场规定了夫妇的计划生育义务，在高位阶的宪法、法律这一层面维护了性别平等，为性别公正打下了坚实基础，因此我们无需从头去构建性别公正的法律体系。目前需要做的是把这一科学的法律理念与精神，通过配套法规的完善和执行工作的改进，贯彻到底，落实到位。

1. 在下位法中强调男性的节育义务

上位法的"中性"立场没能阻止部门规章和地方法规的男性主义立场，卫生部的规制、政策、地方政府的法规、政策以及实际执法层面的种种做法，实际上分配给妇女更多节育义务。政府部门需要检讨这种做法，在制定规章、法规和执法层面应该强调"计划生育丈夫有责"、"节育措施丈夫有责"的观念。在采取具体措施时，改变性别虚无主义做法，倡导男性节育，恢复性别公正。

2. 取消节育措施强制选择的做法

女性在节育义务方面的重负部分源于各地方法规或政策要求的强制节育措施。各个地方的计划生育条例几乎都有"提倡已生育过子女的夫妻，选择长效避孕节育措施"的规定。有的更进一步规定"已有两个或者两个以上子女的，一方应当首选绝育措施"（陕西省）。还有的规定"生育一个子女的育龄妇女宜选择以放置宫内节育器为主的避孕措施，生育两个或者两个以上子女的育龄夫妻宜选择以输卵（精）管结扎术为主的避孕措施"（湖北省）。这些表述上或温和、或强硬的文字，在层层传达到执行层面，可能都会实质限制女性的节育知情选择权。当节育手术成为必选项，那么公权力施加给夫妇的节育压力就会转化为男性对女性的压力，最

---

① 孙志权：《男性避孕新发现》，2005年9月26日，http://eladies.sina.com.cn/lx/2005/0926/1802195433.html。

终出现 2011 年卫生部统计数据显示的结果：男性承担了节育手术中的 0.9%。

取消节育措施选择方面的指导性或强制性规定，可以减轻女性在节育方面的压力。与进行输精管结扎术相比，男性更容易接受使用阴茎套来分担节育义务。当男性逐步承担更多节育义务，女性的节育负担有望减轻。

3. 给予绝育受术者切实的法律救助

如果节育只是个体行使生育权的一项个人选择，国家在法律上并无义务去救济。但是当节育成为公民对国家应尽的一项义务，当公民履行此项义务蒙受损害时，国家提供救助就义不容辞。

我们看到政府已经有一些这方面的措施，譬如节育手术费用的支付，接受节育手术后的休假等。卫生部、国家计划生育委员会《关于检发〈节育手术常规〉（第三版）的通知》（〔1984〕卫妇字第 1 号）中的"各种节育手术后假期的建议"一节规定：（1）放置宫内节育器：手术后休息两天，在手术后 1 周内不从事重体力劳动。（2）取宫内节育器：当日休息 1 天。（3）输精管结扎：休息 7 天。（4）单纯输卵管结扎：休息 21 天。（5）女职工怀孕不满四个月流产，应根据医务部门意见，给予 15—30 天的产假；怀孕四个月以上（含四个月）流产的，给予 42 天产假。对同时施行两种节育手术者，两种手术的假期合并计算。如引产加结扎，引产休假应为 42 天，结扎再加 21 天，共计 63 天。

但有些措施仍存在执行不到位的问题。1990 年卫生部《节育并发症鉴定办法》中规定因节育手术"直接造成"手术对象"死亡"、"残废、完全丧失劳动能力和生活处理能力"、"组织器官损伤"等的，依法给予救助。《节育并发症管理办法》规定的救助包括"医疗费、残废补助金、安葬费、抚恤费以及子女照顾"。但这些费用都由所在单位、街道、协会或集体会商民政部门解决，其执行力度会打折扣。

还有些损害则尚未有救济措施。如节育手术本身没有并发症，但由于家庭失独或者夫妻离异，一方或双方有合法生育需求时，手术绝育的障碍如何消除、救济？目前还未见全国性的法规政策，有些地方的条例反而走在前面。广西《人口与计划生育条例》第 25 条规定："因计划生育接受绝育手术的育龄夫妻，经县级人民政府人口和计划生育部门依法批准再生育的，可以施行复通手术。施行手术所需的经费，按本条例第二十三条规定的途径支付。"但广西的规定仅属个例，多数地方条例也无此项内容。

卫生部如能推广此种做法，虽不能消除，但可以缓解女性在节育领域承受的不公。

按照《最高人民法院关于人民法院审理离婚案件处理子女抚养问题的若干具体意见》中规定，"对于两周岁以上未成年的子女，父方和母方均要求随其生活，一方有下列情形之一的，可予优先考虑：（1）已做绝育手术或因其他原因丧失生育能力的"。这是个很合理、很人性的规定。但是如果双方失独，或者其他原因无子女（如一方已经育有两个或以上子女），这个规定就不能救济无子的绝育手术者。生育能力的恢复不仅成本较高，成功率也堪忧。在离婚时，如果不能在子女抚养上对此予以补偿，那么在经济上予以补偿就是合理合法的。因为此项节育义务的承担不独为自己，也是为配偶分担。此项负担最终不能只让一方（绝大多数时候是女方）来承担。

4. 明确制造节育性别不公者的责任

由于女性的生理特征——怀孕总是发生在女人身上和心理特征——女性更习惯忍受和顺从，在计生问题上对女性监管是较为便利的做法。但不顾公正与否，只追求行政的便利，是一种"懒政"做法。对于这样的行为人，法律应该给予严肃评价，对严重违规者，追究相关责任。如此才能抑制实践中的性别不公现象。像现在普遍实行的一刀切的"一胎放环，二胎结扎"政策，就应该放弃。固执己见的执行者应该承担责任。

第三节　未成年人节育的权利探讨

一　未成年人节育问题的提出

（一）未成年人的性行为"早发"

由于社会经济文化发展，不可否认的是今日青少年普遍比之自己的父辈、祖父辈性生理成熟年龄更为提前。未成年人性生理成熟催生了其性需求，其发生性行为的年龄也逐渐提前。

来自美国的一份"全美14岁以下青少年性行为调查报告"或可提供一些参考：美国2001年，18%—19%的14岁及以下的青少年有过性接触。4%—5%的12岁青少年有性行为；10%的13岁青少年有性行为；14岁则占18%—19%；在12—14岁有年纪相仿的异性朋友的孩子中，有恋爱关系包括性接触的比例有 13%。如果他们（她们）有年长两岁的异性朋友，有恋爱关系包括性关系的比例为 26%。有大三岁的异性朋友，比例为 33%。而大四岁，该比例则达到了 47%。

全世界色情网站总数约有 23 万个，而台湾地区即占了 1700 个。网际网络中的色情网站每日以 300—500 个以上的数量增长。根据蕃薯藤搜寻网站调查：台湾地区每大约有 60 万人次登录色情网站，其中学生所占的人数比例竟高达 70%。根据搜寻网站的统计，前 30 名最受欢迎网站中约有十个是色情网站。根据终止童妓协会 4—6 月监看国内外色情网站结果，全球至少有 34 个以儿童为主的色情网站。国内受访之网民中有 86% 表示曾上过色情网站。根据检察署调查之案件显示：色情网站最赚钱的是猥亵图片、媒介色情及成功交友等三种网站。色情网站呈现方式包括图片、平面文字小说、色情商品广告、网络色情短片、中介色情及寻找性伴侣。①

未成年人的性行为和性需求确实存在，虽然多数成人并不希望未成年人早早打开伊甸园之门，但现实并不以此良好愿望为转移。

（二）未成年人性犯罪现象"多发"

中国迄今为止还没有一份正式的调查报告全面反映这个问题的综合情况。据一份对海淀检察院未成年人案件审查组办理的 2005—2008 年（5月）未成年人犯罪案件的统计分析显示，犯罪主体为未成年人的案件涉及 37 种犯罪性质，其中性犯罪居于盗窃、抢劫、寻衅滋事、故意伤害四项犯罪后的第五位，为 45 件。② 2006 年《最高人民法院关于审理未成年人刑事案件具体应用法律若干问题的解释》第六条规定："已满 14 周岁不满 16 周岁的人偶尔与幼女发生性行为，情节轻微、未造成严重后果的，不认为是犯罪。"学者表示，"中国社会目前情况类似，未成年人发生性行为的数字大幅度上升，如果都判罪的话也会产生诸多问题。现在使之非罪化，表示不判罪，但也不是鼓励的意思"③。这从侧面反映了未成年人的性早熟与性冲动。

---

① 任苇：《从网络性爱看未成年人性道德教育的紧迫性》，《中国青年政治学院学报》2005年第 2 期。

② 《未成年人性犯罪现象分析及预防对策》，2009 年 2 月 4 日，http://www.bjyouth.gov.cn/gzyj/jyjl/246247.shtml。

③ 《司法新释未成年人性行为》，2006 年 3 月 3 日，http://www.66law.cn/news/5512_2.aspx。

（三）未成年少女堕胎现象"爆发"

不管父母多么希望孩子在成年之前保持性的纯洁性，事实是未成年人的性交在越来越早、越来越多地发生。

2012 年 5 月 19 日，中国社科院教授陈一筠在广州发表调查报告，称目前中国未成年少女做人流的低龄化趋势越演越烈，未成年手术患者比例达到40%—50%。据陈一筠调查，"在广西南宁调研时我们听到已有 9 岁少女堕胎的案例，而表示对此'负责'的是一个 13 岁男孩"。陈一筠说，这些无知少女们偷偷做完手术后便马上回去上课，甚至上体育课，"这种严重伤及身体的举动，正在使这些未来的母亲毁及自己当母亲的权利"①。

据统计，"1973 年以来美国每年有近 1500 万人堕胎，其中有 100 万人年龄在 15—19 岁，还有 3 万人甚至不到 15 岁"②。根据联合国 2002 年的一份报告，"1995—2000 年，全世界每年有大约 1400 万 15—19 岁的少女生育"③。我国少女怀孕、堕胎的现象现在也已经相当严重，据重庆市计划生育科学研究所提供的资料显示，2002 年我国人工流产总数为 149.3 万例，青少年约为 40 万例，占 1/4 强。④ 未成年人生育问题不容忽视。还有诸多未婚妈妈、未成年父母存在，印证了这个问题不会因父母的心愿而消失。

二 未成年人节育问题的分析

（一）未成年人节育的必要性

节育即人们对生育行为的调控和干预。在自然状态下，两性的性行为容易导致生育，费孝通先生将此描述为"性交—生育"的"自然链条"。独立的个体有生育的自由，其中包含生育控制的权利，这种权利是基本的人格权，人人享有。

当未成年人开始性行为时，这种权利行使就具有迫切的现实性。虽然

---

① 《人流低龄化 9 岁女孩堕胎 13 岁男孩负责？人流低龄化令人忧！》，2012 – 05 – 22 ht-tp：//tech. 92jn. com/weibo/2012/0521/74643. html。

② 《道德 VS 自由：美国历史上堕胎合法化之争》，2009 年 6 月 1 日，http：//news. ifeng. com/history/shijieshi/200906/0601_ 7182_ 1182959. shtml。

③ 联合国经济与社会理事会：《2002 年世界人口监测简要报告：生殖权利和生殖健康，特别是人体免疫机能丧失病毒/后天免疫机能丧失综合征（艾滋病毒/艾滋病）》，第 19 页。

④ 《未成年人意外妊娠成为我国日趋严重的社会问题》，2004 年 4 月 5 日，http：//news. xin-huanet. com/newscenter/2004 – 04/05/content_ 1401949. html。

大多数成年人普遍认为未成年人性交不适宜，性交对未成年人自身和社会均不利。但不可否认的是由于营养结构和社会环境的变化，今日未成年人性成熟远比历史上提早了。中国古语云"仓廪实而知礼节，衣食足而知荣辱"，性权利的理念和实践之所以在现代西方社会才真正的成熟和完备，这与现代西方国家发达的生产力水平、较高的物质生活水平、稳定的社会环境、发达的社会保障体系和医疗卫生体系是分不开的。人居环境的改善和孩子独立空间的增加客观上为未成年人性行为提供了空间。

对于未成年人的性需求，是疏还是堵，可谓见仁见智。虽然主流的文化和现存的制度还是以堵为主，社会试图构筑一条对未成年人性隔绝的防火墙，防止未成年人的一切性行为。不过社会现实中多发的未成年少女堕胎现象、未成年人性犯罪现象以及针对未成年人的性犯罪现象，即使不能证明这条进路的失败，也显示了这种代价的惨烈。

越来越多的人意识到了问题的严重性，提倡加强未成年人的性教育，应该提供给未成年人正确的性知识和高尚的性道德。这种认识和行动无疑是一种进步。但是我们不能过于乐观的预期：有了科学的性教育，就能够杜绝未成年人的性行为。早在1911年，当时颇有影响的教育家陆费逵，针对当时学部大臣明令禁止学生冶游（嫖娼）一事，发表《色欲与教育》指出："色欲是人类及生物生殖本能，抑制绝非善策"，解决方法除以政治之力禁娼外，"教育之力使青年有（彻底）了解而自知节制"亦是良策。[①] 不过这个良策从来也未能解决其对应的难题，一方面是因为这个"良策"从来不曾得到很好的贯彻——我们的性教育至今仍是"犹抱琵琶半遮面"；另一方面，即使是贯彻教育只怕也未必能奏奇效——对人性的欲望不可能只依赖禁止而加以杜绝，欲望需要被合理满足。从现代西方社会的性立法与实践的经验来看，性法律调整方式正沿着"宽容"与"不容"两条路径展开，即日益宽容合意的性、多元的性、不妨碍他人的性，日益不容暴力的性、违背他人意志的性。[②]

"堵绝"的进路实践不通，"放任"的进路选择不能，堵疏结合才可能奏效。一些成功的经验表明，在性教育普及的社会，同时还伴随着生育控制手段的普及，如避孕药具的可得性。一个社会对性的宽容程度、对性

---

① 陆费逵：《色欲与教育》，《教育杂志》1911年第9期。
② 李拥军：《从传统到现代：性法律理念的更新与调整方式的转换》，《法律科学》2009年第4期。

权利的承认与保护程度与该社会中民众的总体生活状况息息相关，一般来说，它们成正比例关系，即一个社会的民众的生活水平越高，民众对性的需求越强烈，社会对性的宽容程度越高，民众在性领域的自由度也就越大，民众的性权利意识与观念越成熟，性权利实践越发达。①

（二）未成年人节育的合理性

对于是否赋予未成年人以节育的权利，很少有人论及。但是基于诸多对未成年人性行为的反对，相信许多人也不会赞成赋予其此项权利。因为如此一来，倒似乎是默认了未成年人性交的权利，令人担忧的是，这有可能会变相纵容未成年人的性行为，从而带来道德滑坡。但是不允许其节育，无论在理论上还是实践中，又都是行不通的。

1. 未成年人节育有助于维护自身利益

（1）未成年人的生育权赋予其节制生育的自由

研究生育权的学者多认为生育权是一项人格权，是人人生而享有、终身享有、平等享有的人格权。② 此项权利不因年龄大小而有无，年龄只不过是在权利行使上发生影响。生育权的内容包括"不生育的自由"和"生育的自由"。在我国，虽然没有关于未成年人生育权的规定，但是由于避孕药具是公开发售，不需要特殊的身份资格，因而未成年人在获得避孕药具方面没有法律上的障碍。在堕胎方面，我国的医院通常也没有针对未成年人的禁止性规定，理论上应征得未成年人的监护人同意。在我国，目前的医疗机构实行堕胎行为时大多也是照此规定实行的。不过也有些医院在提供堕胎服务方面通常并没有严格执行该条法律规定。我国未成年人生育权的限制最主要体现在生育的限制：即依据相关的法律，未成年人生育不符合法律和政策，需要交纳社会抚养费。

（2）未成年人的性权利要求赋予未成年人节育权利

未成年人的性权利是个敏感话题。性行为的低龄化趋势虽不受欢迎，却似乎势不可挡。对于未成年人性行为，法律认为14周岁以下少女不具有承诺权，14—18周岁少女有相对承诺权。最高人民法院2006年《审理未成年人刑事案件司法解释》第六条规定："已满十四周岁不满十六周岁的人偶尔与幼女发生性行为，情节轻微、未造成严重后果的，不认为是

---

① 李拥军：《从传统到现代：性法律理念的更新与调整方式的转换》，《法律科学》2009年第4期。

② 周平：《生育与法律：生育权制度构建与冲突规制》，人民出版社2009年版，第54页。

犯罪。"

在法律无法禁止未成年人性行为时，允许其节育，对于维护未成年人此项权利，也有积极意义。

（3）未成年人的健康权、发展权等要求赋予其节育自由

未成年人生育直接影响自己的前途，有时会伤害其健康。承认未成年人的性权利和节育的权利，对于减少未成年人堕胎与生产，维护未成年少女健康，维护未成年人生活质量有积极意义。如前所述，现状之一是未成年少女堕胎现象爆发。如果确认并保障未成年人节育的权利，那么她们可以更便捷地获得避孕等知识和药具，就可以一定程度上减少堕胎现象，从而能避免或减少堕胎带来的健康危害。在我国 2005 年曾发生南通市儿童福利院将两名智障少女送进医院做子宫切除手术的事例，而这种不法行为在有法可依时，本来是可以避免的。

2. 未成年人节育有助于维护公共利益

就我国的现实而言，人口增长过快仍是主要矛盾，提倡晚婚晚育，限制未成年人生育是形势使然。而且未成年人生育，增加父母的负担，对出生的孩子也难以尽抚养之责，是于己于人，于家于国均弊大于利的。现实中一些未成年人生育，不仅给父母带来了沉重的经济负担，也带来了难以承受的道德负荷。未婚生育使父母感到颜面无存，通常都不愿负担出生儿童的监护职责。如重庆 12 岁少女生育，其父母最后就将监护权转移给了福利院。[①] 未成年人生育是弊大于利的。因此即使在对生育未加限制的国家，未成年人生育也被视作一个严重的社会问题来对待，而不是鼓励的。在性开放的北欧，对未成年人生育也不予鼓励。荷兰的一些学校会提供在何处可获得控制生育器具（45%）或如何使用避孕套（39%）的资讯。瑞典自 1933 年开展性教育以来，性病的患病率极低；20 岁以下女孩子怀孕生育的情况几乎没有；HIV 阳性率至今全国仅 5132 例；出生率和死亡率明显下降；堕胎率超低；性病和性犯罪比例也在不断下降。[②] 限制未成年人生育，虽然不可能完全杜绝此类现象，但是作为一项法律政策，能够发挥一定的引导、威慑作用，其存在就是合理和必要的。就上述几点而

---

① 《重庆"12 岁妈妈"被推上被告席　要被剥夺监护权》，2012 年 4 月 13 日，http://www.cslawyer.cn/article/article_ 2120. html。

② 倪丹丹：《对未成年人说性 各国有奇招》，2006 年 10 月 26 日，http://view.news.qq.com/a/20061026/000050. html。

言，笔者以为我国的做法比较符合实际，是合理的。

三　未成年人节育的法律规制

（一）未成年人绝育的法律规制

未成年人绝育一直是牵动大众神经的敏感问题。各国对此都较为谨慎。目前，美国各州的立法主要分为两种模式：禁止主义和准许主义。美国有几个州彻底禁止对医疗手术无法做出知情同意的弱智者实施绝育。准许主义的立法要求实施绝育在实体上必须符合强制性标准、或可自由裁量的最大利益标准、或替代判断标准；在程序上必须获得法院的许可。其中强制性标准是指只有在特定的情况下，法院才能准许实施强制性绝育。最大利益标准是指如果绝育符合患者的最大利益，法院可以准许。替代判断标准是指："法院的目标是通过获得假定患者拥有行为能力而作出的选择这一方法，为患者作出替代判断。法院的决定不应建立在大多数人的选择之上，也不应建立在法院认为最明智的选择之上。"①

在英国，对于未成年人的绝育也基本适用由布莱克斯通所列举的，并在判例法中得到确认的儿童法原则："当儿童的理解力和智力足以决定关于自己的事项时，父母的权利屈从于儿童的自我决定的权利。"② 对于非由法院监护的未成年人来说，如果年满 16 周岁可以对医疗行为自行同意；即使未满 16 周岁，如果对医疗行为有意思能力，也可以自行同意。"如果弱智儿童不能理解生育控制，其本人则无权同意采取绝育措施。如果由父母监护，则其父母享有同意权；如果法院监护，则法院享有同意权。"③ 原则上父母的同意无需法院批准，但"未经法院宣告绝育符合子女利益，外科医师即进行绝育很明显是不明智的"④，官方律师指出，在所有实例中，儿童绝育手术的实施事先都需得到最高法院法官的批准。⑤ 不过，基

---

① Kenneth Mck. Norrie. Family Planning Practice and The Law. Aldershot, Hants, England. 1991. p. 124.

② ［美］凯特·斯丹德利：《家庭法》，屈广清译，中国政法大学出版社 2004 年版，第 230 页。

③ Kenneth Mck. Norrie. Family Planning Practice and The Law. Aldershot, Hants, England. p112. 1991.

④ Kenneth Mck. Norrie. Family Planning Practice and The Law. Aldershot, Hants, England. p131. 1991.

⑤ ［美］凯特·斯丹德利：《家庭法》，屈广清译，中国政法大学出版社 2004 年版，第 261 页。

于治疗目的的绝育通常不需要申请法院准许。监护人实施同意权必须遵循子女最大利益原则。1976 年"D（未成年人）监护权 V 绝育"案中，一个 11 岁的女孩因为疾病只有约 80 的智商。女孩的父母为防止她被人诱骗、诱奸，要求为女孩做绝育手术，以防怀孕。但女孩有能力结婚，而且还可以参与一些家庭生活，因此计划受到挑战。黑伯龙法官（Justice Heilbron）认为此手术关系到剥夺人类基本权利，不应草率行事。法庭认为女孩长大后可以自行同意是否手术，但法院不赞同其父母在此时为她作出的这个决定。[①]"在儿童很可能拥有性生活的情况下，如果怀孕引起的痛苦大于生育控制措施引起的痛苦，采取生育措施就符合儿童的利益原则。"[②] 依据 1987 年一个未成年人绝育的判例——Re B（A Minor）（Sterilization）[③]，绝育应作为最后的治疗选择，即"只有采取日常服用避孕药的方法并不可行且通过诸如上避孕环或戴避孕器械等手段避孕也不可行"的情况下，才能够实施绝育。

在加拿大，监护人可以同意被监护人绝育；成年女性的绝育由法院依据患者最大利益原则确定。[④]

现行德国法对于未成年人是禁止绝育的；《德国民法典》1631c 条［子女的绝育］规定："父母不得同意给子女绝育。子女自己也不得同意绝育。"但是成年的"被照管人"则例外。《德国民法典》第 1899 条［数名照管人］第 2 款规定："对于同意被照管人绝育的决定，始终必须任命一名特别照管人。"第 1905 条［绝育］规定：

（1）如果要为被照管人做手术而被照管人对此不能够作出同意，则只在下列情形下，照管人可以同意：

ⅰ 绝育并不违反被照管人的意愿；

ⅱ 被照管人长期处于无同意能力的状态；

ⅲ 推定若不绝育将可能怀孕；

ⅳ 因此种怀孕将会使孕妇产生生命危险或使其身体或心灵的健康状况遭受严重损害的危险，而此种危险无法以可以接受的方式排除，并且

---

① 黄丁全：《医疗·法律与生命伦理》，法律出版社 2004 年版，第 408 页。

② Kenneth Mck. Norrie. Family Planning Practice and The Law. Aldershot, Hants, England. p112. 1991.

③ Re B（A Minor）（Sterilization）. ［1987］2 WLR 1213.

④ Kenneth Mck. Norrie. Family Planning Practice and The Law. Aldershot, Hants, England. p118. 1991.

ⅴ 不可能通过其他可以接受的方法避孕。

孕妇心灵健康状况的严重危险包括设若监护法院不得不对其采取与子女分离的措施而可能对其造成长期重大痛苦的危险。

（2）同意必须经监护法院批准。绝育只在批准生效后两周以后方可实施。做绝育时始终应当优先采用可以恢复受孕的方法。从条文的内容来看，德国法对非自愿的绝育实际限于成年的被照管女性。

我国对被监护人绝育没有单独立法，但是依据《医疗机构管理条例》第33条规定："医疗机构施行手术、特殊检查或者特殊治疗时，必须征得患者同意，并应当取得其家属或者关系人同意并签字；无法取得患者意见时，应当取得家属或者关系人同意并签字；无法取得患者意见又无家属或者关系人在场，或者遇到其他特殊情况时，经治医师应当提出医疗处置方案，在取得医疗机构负责人或者被授权负责人员的批准后实施。"由此推知，对于智力正常的成年人，其绝育以自愿为原则。对弱智者和未成年人进行绝育手术，由于他们不能作出法律上有效的意思表示，因此属于"无法取得患者意见"的情形，只需通过父母或其他监护人同意即可实施，是允许强制绝育的。

对被监护人绝育缺乏专门细致的规定，则是我国立法的不足。对可能会永久剥夺被监护人生育权的绝育，完全交由监护人决定，而法律不加监督，是一项法律漏洞，也是产生南通福利院事件的诱因。笔者建议立法规定：对于精神、智力正常的未成年人，监护人只能基于维护被监护人生命健康的医疗需要同意其实施绝育；非医疗需要的绝育应向法院申请，由法院事先审查批准。未成年人如非基于生命、健康需要，即使其本人同意，也不应准许绝育。因其意思能力欠缺，对绝育的意义未必能够全然了解；监护人如果真正为被监护人着想，也不应同意其绝育。因此，限制未成年人绝育是为保护未成年人利益，避免其因自己一时恣意或监护人的不负责任而抱憾终身。但是为了生命、健康利益，自应允许例外。

（二）未成年人避孕与堕胎的法律规制

在美国，经由判例，实际上认可未成年人有避孕的权利。在 1977 年凯瑞诉国际人口服务协会（Carry v. Population Service International）① 案

———————

① 　431 U. S. 678（1977）.

中，美国最高法院认为纽约州教育法关于向 16 周岁以下的未成年人出售或传播避孕工具或知识是犯罪行为的规定违反宪法。美国一些学者认为，考虑到未成年人怀孕的动因和社会背景，允许他们是可以理解的。因为在现代社会里，年轻人的自主性越来越强，其享有的私人空间也越来越大，在这种情况下，未成年人的性行为会越来越多，这是法律所无法禁止的。如果不允许未成年人进行避孕，将会带来许多社会问题，如弃婴现象、未婚母亲现象等。①

在英国，通过 1989 年的吉利克案，确定了儿童对于包括避孕在内的医疗行为有相对的自治权。在吉利克案中，卫生和社会安全署（Department of Health and Social Security，DHSS）通知医生们，在特殊情况下，他们可以未经孩子父母的首肯为 16 岁以下的少女开避孕处方，只要他们是真诚的，则认为他们的行为不触犯法律。吉利克女士有一个十几岁的女儿，她以 DHSS 和当地医疗机构为被告提出诉讼，认为通知内容和她作为父母的权利不符。此案被提交到上议院。上议院认为：法律没有规定孩子在到达一定年龄前，父母在孩子身上有绝对的权利；但是当儿童成长并且越来越自立时，父母的权利在减少……如果儿童有足够理解力和智力，父母的权利，应屈服于他或她自我决定的权利。所以，一个 16 岁以下的女孩不能仅仅因为她的年龄而缺乏对避孕表示同意的资格。② 但是吉利克案并没有赋予儿童绝对的权利。实际上上议院自己强调，就避孕而言，只有特殊的案例才可能没有父母参与其中。

在苏格兰，凡是与 13 岁以下的女孩发生性关系都被视为强奸，将受到终身监禁的严厉制裁。为此，英国医学协会和普通医生委员会告诫医生，如果他们确有把握认定受试女性足够"成熟"，就可以给任何年龄的女性开避孕药；如果受试女性的年龄在 13 岁以下，医生必须向警方或负责儿童安全的有关社会团体报告。③

在香港，法律对堕胎有限制，但根据《香港侵害人身罪》中第 47 条规定，合法终止怀孕手术的理由之一是：必须获得两名注册医生确实一致

---

① ［美］阿丽塔·L. 艾伦、理查德·C. 托克音顿：《美国隐私法　学说　判例与立法》，冯建妹等译，中国民主法制出版社 2004 年版，第 376 页。

② ［美］凯特·斯丹德利：《家庭法》，屈广清译，中国政法大学出版社 2004 年版，第 230 页。

③ 《给幼女服避孕药为哪般》，2005 年 5 月 19 日，http://www. news. sina. com. cn/o/2005 - 05 - 19/01035924628s. shtml。

认为孕妇年龄不足 16 岁。

在我国，对被监护人的避孕没有专门规制，客观上使得未成年人获得了避孕的自由，这是一种合理的留白。法律规定未成年人手术需征得监护人同意，避免了未成年人权利行使不当，对自己造成损害的可能。对未成年人生育加以限制，违法生育需交纳社会抚养费。笔者以为，在我国，对于被监护人避孕、堕胎的做法比较合理，可以保留。绝育问题则需慎重对待。

与国外相关法律比较，我国的规定与他们的主要区别在于：

首先，国外法律对于被监护人生育的，通常不加禁止，监护人也无权禁止。而我国对此有限制，未成年人生育属于违反计生政策法规的行为，需征收社会抚养费。

其次，对于被监护人避孕、堕胎，英美以监护人的同意为常态，无需同意为例外；我国对避孕实际是以无需监护人同意为常态，而堕胎以监护人同意为原则。

再次，对于被监护人的绝育，国外法律大多要求符合被监护人利益为原则，尊重被监护人意愿，且监护人的同意权通常需经过法院审查。而我国相关规定至为简略，只需监护人同意即可，当事人的意思被漠视，也无需法院事先审查。

鉴于未成年人的性行为客观上难以禁绝，法律又不认可其生育，因而允许他们自主避孕、在监护人同意下堕胎是一种较现实的选择。有无必要借鉴国外一些国家的做法，赋予较成熟的未成年人堕胎自决的权利？考虑到黑诊所的存在，加上我国青少年性教育整体较闭塞的事实，以及传统观念对婚前性行为的排斥，如果规定父母对未成年人堕胎的同意权，可能会使一些未成年人选择黑诊所，带来一定的生命健康风险，有悖法律保护未成年人利益的目标。但是，对于堕胎这类手术，其疗养护理也非常重要，如果不经过监护人的同意，往往很难得到监护人经济上的支持和生活上的妥善护理，同样会带来对被监护人的健康损害。而且，无需监护人同意，会增加未成年人等被监护人进行性行为的可能，引发更多堕胎现象。因此，笔者以为保留监护人同意规定是符合我国实情，是现实的、理性的选择。

监护人同意条款设立的目的是为了保护被监护人的利益，但监护人同意权的行使与未成年人的利益相左时如何处理？可能出现的情况是未成年少女的怀孕是由于父亲或其他男性监护人的性侵害行为所引起的，或者监护人就是性侵害行为的共同加害人；此时，监护人可能出于其个人的目的，对未成年人的堕胎决定权进行干预，这时他们还能行使同意权吗？这个问题值得思考。对此，美国司法创设了"迂回之道"（by-pass），被监护人若证明告知将不符合其最佳利益，则无需告知。我国台湾地区现行的《优生保健法》卫生署修订版中作了如下修改："未婚之未成年人或禁治产人，依前项规定施行人工流产，应征得法定代理人的同意。但法定代理人为性侵害犯罪嫌疑人或者被告时不在此限。如有特殊情形无法取得法定代理人同意时，须有咨商机构或专业人员咨商后施行。"值得借鉴。

提倡晚婚晚育，限制未成年人生育是形势使然。而且未成年人生育直接影响自己的前途，增加父母的负担，对出生的孩子也难以尽抚养之责，是于己于人，于家于国均弊大于利的。我国的做法比较符合实际，是合理的。关于未成年人避孕的空缺，是法律的合理留白，而非漏洞。

第四节　弱智群体应用绝育技术的规制

弱智群体也存在使用节育技术的问题，包括避孕、堕胎和绝育。其中绝育，由于其不可逆性，无疑是最严重的一种节育类型。本书只单列此类主体绝育问题研究，意在举重明轻，对绝育的规制，则其他节育方式应可参照适用。

一　强制绝育问题的提出

绝育作为一种节育方式，古来有之。绝育手术有自愿的，也有非自愿的。对于当事人自愿的，即知情同意的绝育，无可非议；对于非自愿的绝育，是否应准许，则不一而是。历史上，基于优生学影响，强制绝育曾经一度泛滥。20世纪，美国在人类历史上首先发起了一场宣扬优生学的运动。受该运动影响，印第安纳州于1907年通过了美国第一部绝育法，规定政府有权对罪犯、白痴、低能儿或者州专家委员会批准的其他人实施强制性绝育手术。不少家境贫穷的人也被秘密进行了绝育手术。美国马里兰大学的教授斯蒂文表示："穷人也被秘密进行了手术，因为他们被认为是由于基因不好或者是遗传不好才会贫穷的，所以他们也就成了绝育手术的重点。"其后，一些州也纷纷制定类似法律。美国30多个州先后给"非优生群体"实施强制或秘密绝育手术，"被害人"达6.5万。最终，这些令人不齿的事实和作法还是被公众所知，并受到了人们的唾弃。纳粹德国的强制绝育令大批犹太人丧失生育能力。日本曾实行针对麻风病人的绝育手术。今日各国大都摒弃了社会性和惩罚性的绝育。但为了医疗目的或其他考虑，法律对不能进行意思表示的未成年人、弱智者，是否应允许其绝育，则存有争议。

二　强制绝育合理性分析

（一）强制绝育合乎个体利益

原则上，每一主体都享有生育权，非经本人同意不得处分；但是，绝对的禁止不能满足社会所有正当合理的需求。有些无行为能力人或限制行为能力人不能进行意思表示，但有处分生育能力的客观需求，因此为了更周延地保护其利益，需要法律规定，在一些例外情形下即使无本人同意也可以对其生育能力进行处分。例如一些严重智障少女，由于其心智健康状态，不可能了解生育的意义，也难以承受生育的风险和痛苦；生育后也无法自己来照料子女；但又有较大怀孕的可能。还有一些智障少女，没有结婚怀孕的可能，也难以理解月经的意义和忍受痛经的生理折磨——如有的智障少女只要看见血就以为自己将要死亡，痛经时感到生不如死；切除子宫可能是让她解脱死亡恐惧和痛经折磨的最好选择。为此，一些国家法律规定经过法院或其他有权机构认可，本着符合本人最大利益的原则，可以选择适宜的方法进行节育或绝育；反之，则不能实行手术。这类规定，就能够较好地化解生育权与监护权的冲突。

（二）强制绝育合乎社会利益

在论及弱智者绝育问题时，有学者指出可能存在以下一些理由使机构照料者同意对其绝育：其一是"弱智者的怀孕或月经可能增加了监护机构及其工作人员的负担"。"怀孕或保留生育功能可能极大地增加了照料患者的难度；婴儿的出生将对同一照料者提出更高的要求，或者需要其他的人员或机构提供照料。"其二是"作为一个机构或社会服务计划的负责人，申请人可能面临着财政上和政治上的通过绝育阻止弱智者怀孕的压力。政治的压力可能来自于国家在减轻照料弱智者及其生育的、很可能也需要国家照料的后代所带来的财政负担方面享有的利益"。其三是"监护机构担心需要对发生在机构内部的强奸所导致的婴儿承担养育责任。监护机构的负责人认为，与其耗费资源阻止强奸行为的发生，倒不如采用绝育这一更加简便的方法来避免婴儿的出生"①。这其中有些理由是机构比较自私的考虑；但有些是切合大众利益的，如减少社会公共投入、降低智障儿童出生率、维护儿童生活质量等。

三　强制绝育的制度设计

对可能会永久剥夺被监护人生育权的绝育，完全交由监护人决定，而法律不加监督，是一项法律漏洞，也是产生南通福利院事件的诱因。基于保护被监护人利益的目的，法律对此加以监督，是有必要的，特别是在绝育这样重大的事项上，就更有必要。我们看到，在一些国家的立法中，即使是父母作为监护人同意绝育，也要接受法院的审查，如英国；有一些法律就干脆禁止对未成年人绝育，如德国。相比较而言，我国的法律对监护人是过于信任了，这其中自然就隐含着对被监护人的不够负责。

我国在这一问题上可以借鉴现有的一些合理做法，完善相关立法。笔者建议立法规定：对于精神病人以及严重智障者，监护人可以基于维护被监护人最大利益原则同意其实施绝育；非医疗需要的绝育应向法院申请，由法院事先审查批准。

（一）强制绝育的准许

对于精神病人、严重智障者，只要绝育符合其最大利益即为足够，而不限于生命健康权利的维护。各国或地区的法律以是否准许对弱智者实施强制性绝育为标准，可以分为禁止主义和准许主义两类。准许主义较优。其理由是：（1）生育权也应该受到法律的限制。（2）弱智者同样享有避孕利益且温和的避孕措施未必可行。（3）它有利于保护弱智者的父母。对于许可强制绝育的法律，又可以进一步做以下区分：以法律是否准许对未成年弱智者实施强制性绝育为标准，可以分为限于成年人主义和不限于成年人主义两类。所谓限于成年人主义是指法律绝对禁止对于未成年弱智女性实施强制性绝育。所谓不限于成年人主义是指既可以对于未成年弱智女性，也可以对于成年弱智女性实施强制性绝育。不限于成年人主义较优。其理由是它兼顾了普通弱智者的利益和"重度的未成年弱智者"之

① Joe Zumpano-Canto. Nonconsensual Sterilization of the Mentally Disabled in North Carolina: An Ethics Critique of the Statutory Standard and Its Judicial Interpretation. Journal of Contemporary Health Law & Policy. Fall, 1996. pp. 89 – 91.

利益。

（二）强制绝育的条件

以法律准许对弱智者实施强制性绝育的实体法上的理由为标准，可以分为强制性标准主义、最大利益主义、替代判断主义三类。最大利益主义较优。其理由是：（1）强制性标准主义不一定符合弱智者的利益。（2）替代判断主义具有缺陷。如果弱智者生来即是弱智，替代判断就是虚构的；如果其意思是较早作出的，替代判断也是不准确的。[①] 最大利益主义为英国、加拿大、苏格兰、美国多数州所采用。有些国家或地区要求绝育需以"医学上的需要"为前提。实际上，"即使并非医学上有必要，至少在如果不进行绝育就需要进行隔离或监督的情况下，绝育是符合重度弱智者的利益的"。新泽西州最高法院在格雷德案中就已经指出："当事人应该有机会在条件允许的范围之内过上有意义的生活。法院应该谨慎但坚决地帮助她实现这一目标。如果只有在怀孕的风险永久地消除的情况下，才能过上更丰富和更积极的生活，那么绝育是最为符合其利益的。"[②] 最大利益主义通常要求仅考量当事人本身利益，而排斥公共利益或其家庭利益。这也是平等原则的体现，正如我们不能强制一个健康的成年人为了公共利益或家庭利益放弃生育权，同样也不能为了公共利益或家庭利益剥夺弱智者的生育权。

（三）强制绝育的审查

以准许对弱智者实施强制性绝育是否经过法院裁决为标准，可以分为监护人决定主义和法院裁决主义两类。所谓监护人决定主义是指只要父母、监护机构等监护人认为进行绝育符合法定标准，即有权决定实施。法院裁决主义是指利害关系人必须向法院提出申请，如果符合法定条件，由法院准许实施。法院裁决主义较优。其理由是：（1）父母、监护机构等监护人与弱智者存在着利益上的冲突。（2）弱智者的精神状态难以判断。如果采用法院裁决主义，法院就可以委托专家来判断弱智者是否拥有意思能力。（3）如果采用法院裁决主义，法院还可以委托程序上的保护人，

[①]　张学军：《对于弱智女性实施强制性绝育的民事法律制度研究》，《当代法学》2006 年第 3 期。

[②]　Norman L. Cantor. The Relation Between Autonomy-Based Rights and Profoundly Mentally Disabled Per sons. 13 Annals of Health Law. Winter 2004，p. 73.

以维护弱智者的利益。① 法院事先审查优于监护人自行决定制度，是法律对被弱智者负责和关怀的体现。如前所述，由于监护人与被监护人存在利益冲突，为保障被监护人的生育权不因监护人滥用权利而被剥夺，法院的事先审查是法律必要的谨慎。法院审查可以通过委托专家鉴定，更准确地界定被监护人的精神状态，更客观地考量被监护人的利益，判断绝育是否符合被监护人的最大利益。"最关键的是程序立法，是否有严格的、可操作性强的程序规定将直接决定此类手术的正义与否。程序的规定应该细化，比如监护人的申请，有权主体的受理，证据的提供和审查，权威医学机构意见的采纳，审理结果的做出，复审机构的设立，手术的具体实施和术后护理等都必须有相关的法律规定，防止自由裁量权的滥用。"②

　　法院事先审查制度也符合国际人权公约的相关要求。对于智力和精神类残疾人权利的限制和剥夺，国际人权文件要求有程序上的适当法律保障，对他们实施重大手术必须经过独立的审查。联合国大会 1971 年《智力迟钝者权利宣言》第 7 条规定："智力迟钝的人因有严重残缺而不能明确行使各项权利或必须将其部分或全部权利加以限制或剥夺时，用以限制或剥夺权利的程序务须含有适当的法律保障，以免发生任何流弊。这种程序必须以合格专家对智力迟钝者出具社会能力的评价为根据并应定期加以检查，还可向高级当局诉请复核。"③ 联合国大会 1991 年《保护精神病患者和改善精神卫生保健的原则》第 11 项原则第 14 条规定："仅在国内法许可，据认为最有利于精神病患者健康需要并在患者知情同意的情况下方可对患者实施重大内科或外科手术。除非患者没有能力表示知情同意，在这种情况下只有独立的审查后方可批准手术。"④

---

① 张学军：《对于弱智女性实施强制性绝育的民事法律制度研究》，《当代法学》2006 年第 3 期。

② 曾争志：《智障者生育权的保护与限制——从一起智障少女子宫被切案出发》，《厦门大学法律评论》第 11 辑，2002 年版，第 219 页。

③ 陈新民主编：《残疾人权益保障：国际立法与实践》，华夏出版社 2003 年版，第 134 页。

④ 同上。

主要参考文献

主要参考著作

1. ［美］H. T. 恩格尔哈特：《生命伦理学基础》，范瑞平译，北京大学出版社 2006年版。

2. ［英］W . C. 皮尔丹：《科学史及其与哲学和宗教的关系》，李珩译，广西师范大学出版社 2001 年版。

3. 梁慧星主编：《民商法论丛》（第6卷），法律出版社 1997 年版。

4. 费孝通：《乡土中国．生育制度》，北京大学出版社 1998 年版。

5. ［意］彼得罗·彭梵德：《罗马法教科书》，黄风译，中国政法大学出版社 1998年版。

6. 李银河：《生育与村落文化：一爷之孙》，文化艺术出版社 2003 年版。

7. ［英］A. J. M. 米尔恩：《人的权利与人的多样性——人权哲学》，夏勇、张志铭译，中国大百科全书出版社 1995 年版。

8. 杨子慧：《计划生育在中国》，辽宁人民出版社 1987 年版。

9. ［美］M. 薄兹、［英］P. 施尔曼：《社会与生育》，张世文译，天津人民出版社 1991 年版。

10. 陈功：《家庭革命》，中国社会科学出版社 2000 年版。

11. ［英］韦恩·莫里森：《法理学：从古希腊到后现代》，李桂林等译，武汉大学出版社 2003 年版。

12. ［法］波伏娃：《给女人讨个说法》，牧原编，华龄出版社 1995 年版。

13. 佟新：《人口社会学》，北京大学出版社 2000 年版。

14. 查瑞传等：《人口学百年》，北京出版社 1999 年版。

15. 黄丁全：《医疗·法律与生命伦理》，法律出版社 2004 年版。

16. 高全印：《中国文化纲要》，厦门大学出版社 1999 年版。

17. ［美］理查德·A. 波斯纳：《超越法律》，苏力译，中国政法大学出版社 2001年版。

18. ［美］阿丽塔·L. 艾伦《美国的隐私法学说 判例与立法》，冯建妹等译，中国民主法制出版社 2004 年版。

19. ［美］阿尔文·托夫勒：《未来的冲击》，孟广均等译，新华出版社 1996 年版。

20. 周平：《生育与法律：生育权制度解读与冲突配置》，人民出版社 2009 年版。

21. ［美］罗纳德·德沃金：《认真对待权利》，信春鹰等译，中国大百科全书出版社1998年版。

22. ［美］博登海默：《法理学——法律哲学与法律方法》，邓正来译，中国政法大学出版社1991年版。

23. ［英］约翰·密尔：《论自由》，程崇华译，商务印书馆1959年版。

24. 康均心主编：《人类生死与刑事法律改革》，中国人民公安大学出版社2005年版。

25. ［美］艾伦·艾德曼、卡洛琳·肯尼迪：《隐私的权利》，吴懿婷译，当代世界出版社2003年版。

26. 梁慧星：《自由心证与自由裁量》，中国法制出版社2000年版。

27. 王利明：《人格权法研究》，中国人民大学出版社2005年版。

28. ［英］F. A. 哈耶克：《自由秩序原理》，邓正来译，三联书店1997年版。

29. ［英］彼得·斯坦、约翰·香德：《西方社会的法律价值》，王献平译，中国人民公安大学出版社1990年版。

30. ［德］考夫曼：《法律哲学》，刘幸义等译，法律出版社2004年版。

31. ［德］卡尔·拉仑茨：《法学方法论》，陈爱娥译，商务印书馆2003年版。

32. 谈大正：《生命法学导论》，上海人民出版社2005年版。

33. 李善国、倪正茂等：《辅助生殖技术法研究》，法律出版社2005年版。

34. 邓冰、苏益群编译：《大法官的智慧：美国高等法院经典判决选集》，法律出版社2003年版。

35. ［美］张哲瑞联合律师事务所：《裸露的权利——美国法与性》，法律出版社2005年版。

36. 郭自力：《生物医学的法律和伦理问题》，北京大学出版社2002年版。

37. ［美］理查德·A. 波斯纳：《性与理性》，苏力译，中国政法大学出版社2002年版。

38. 廖雅慈：《人工生育及其法律道德问题研究》，赵淑慧等译，中国法制出版社1995年版。

39. 王泽鉴：《民法学说与判例研究》4，中国政法大学出版社1998年版。

40. 巫昌祯等：《当代中国婚姻家庭问题》，人民出版社1990年版。

41. 王洪：《婚姻家庭法》，法律出版社2003年版。

42. ［美］杰里米·里夫金：《生物技术世纪——用基因重塑世界》，付立杰等译，上海科技教育出版社2001年3月版。

43. ［德］迪特尔·梅迪库斯：《德国民法总论》，邵建东译，法律出版社2001年版。

44. 梁慧星：《民法学说判例与立法研究》，国家行政学院出版社1999年版。

45. 杨遂全：《中国人口法律制度研究》，法律出版社1995年版。

46. ［美］李·希尔佛：《性、遗传和基因问题》，李千毅等译，湖南科学技术出版社

2000 年版。

47. ［美］P. 诺内特、P. 塞尔兹尼克：《转变中的法律与社会：迈向回应型法》，张志铭译，中国政法大学出版社 2004 年版。

48. ［美］理查德·波斯纳：《法律的经济分析》，蒋兆康译，中国大百科全书出版社 1995 年版。

49. ［德］马克斯·韦伯：《论经济与社会中的法律》、张乃根译，中国大百科全书出版社 1998 年版。

50. 冯建妹：《现代医学与法律研究》，南京大学出版社 1994 年版。

51. 张文显：《法理学》，法律出版社 1997 年版。

52. 潘光旦：《潘光旦文集》第 1 卷，北京大学出版社 1993 年版。

53. 吴刚、伦玉兰等：《中国优生科学》，中国科学技术文献出版社 2000 年版。

54. ［德］康德：《法的形而上学原理》，沈叔平译，商务印书馆 1991 年版。

55. ［德］克雷斯蒂安·冯·巴尔著：《欧洲比较侵权行为法》，张新宝译，法律出版社 2002 年版。

56. 谭琳、姜秀花主编：《社会性别平等与法律：研究和对策》，社会科学文献出版社 2009 年版。

57. 王泽鉴：《侵权行为法》，中国政法大学出版社 2001 年版。

58. ［美］安德鲁·金伯利：《克隆——人的设计与销售》，新新闻编译中心译，内蒙古文化出版社 1997 年版。

59. 赵西巨：《医事法研究》，法律出版社 2008 年版。

60. 孙沐寒：《中国计划生育史稿》，北方妇女儿童出版社 1987 年版。

61. ［美］凯特·斯丹德利：《家庭法》，屈广清译，中国政法大学出版社 2004 年版。

62. 公丕祥：《法制现代化的理论逻辑》，中国政法大学出版社 1999 年版。

63. ［德］黑格尔：《法哲学原理》，范扬、张启泰译，商务印书馆 1961 年版。

64. 夏勇：《人权概念的起源》，中国政法大学出版社 1992 年版。

65. 张千帆：《西方宪政体系》，中国政法大学出版社 2000 年版。

66. 李银河主编：《妇女：最漫长的革命（当代西方女权主义理论精选)》，三联书店 1997 年版。

67. 陈新民主编：《残疾人权益保障：国际立法与实践》，华夏出版社 2003 年版。

主要参考论文

1. 杨发祥：《当代中国计划生育史研究》，博士学位论文，浙江大学，2003 年。

2. 齐晓安：《西方生育文化发展研究》，《人口学刊》2006 年第 2 期。

3. 樊友平、杨宗孟：《中医孕育思想史略》，《国医论坛》1988 年第 4 期。

4. 谢涛、郑剑兰：《体外受精—胚胎移植与单精子卵胞浆内注射受孕双胎妊娠并发症及结局的比较》,《中国优生与遗传杂志》2013 年第 6 期。

5. 陈明侠:《亲子法基本问题研究》,载梁慧星主编《民商法论丛》(第 6 卷),法律出版社 1997 年版。

6. 徐海燕:《略论中国古代典妻婚俗及其产生根源》,《沈阳师范大学学报》2005 年第 4 期。

7. 南宫梅芳:《圣经·创世纪中的女性始祖》,《国际关系学院学报》2010 年第 2 期。

8. 王光辉、王琦等:《中医与优生》,《云南中医药杂志》2007 年第 1 期。

9. 郑媛、邹宇华:《浅谈中国古今优生观》,《中国社会医学杂志》2007 年第 4 期。

10. 沈红:《古人对优生优育的认识》,《中医药文化》2006 年第 6 期。

11. 蒋功成:《既非鲜花,也非毒果——论优生学在近代中国传播与发展的特殊性》,《自然辩证法研究》2010 年第 10 期。

12. 段平、王歌欣、王晓莉:《105 个项目县妇女产前保健现况分析》,《中国公共卫生》2002 年第 2 期。

13. 伍燕:《古代各国的避孕方法》,《人口与计划生育》2003 年第 6 期。

14. 大水:《人类妇女避孕历程》,《现代妇女》1997 年第 1 期。

15. 天音:《避孕套的知识》,《人口与计划生育》2000 年第 3 期。

16. 刘小章、岳焕勋:《全球男性节育方法的应用状况》,《中国计划生育学杂志》2012 年第 4 期。

17. 田艳霞、焦培民:《中国古代堕胎考略》,《医学与哲学》2007 年第 3 期。

18. 简·A. 莫尔斯:《美国妇女运动的杰出战士:贝蒂·弗里丹访谈录》,《交流》1995 年第 3 期。

19. 安云风:《科技时代性伦理问题的新向度》,《首都师范大学学报》2002 年第 1 期。

20. 赵功民:《遗传学的发展及其社会伦理问题的思考》,《北京工业大学学报》(社会科学版)2002 年第 1 期。

21. 刘长秋:《人类辅助生殖技术的刑法学思考》,《东方法学》2008 年第 2 期。

22. 涂肇庆:《生育转型、性别平等与香港生育政策选择》,《人口研究》第 2006 年第 3 期。

23. 杨来胜:《生育文化涵义及其特征新解》,《西北人口》2002 年第 2 期。

24. 宇汝松:《道教生育文化论》,《宗教学研究》2003 年第 4 期。

25. 郭松义:《清代男女生育行为的考察》,《中国史研究》2006 年第 2 期。

26. 方流芳:《罗伊判例:关于司法和政治分界的争辩——堕胎和美国宪法第 14 修正案的司法解释》,《比较法研究》1994 年第 1 期。

27. 段琦:《西方教会的堕胎之争》,《世界宗教文化》1996 年第 3 期。

28. 释慧敏:《佛教之生命伦理观——以复制人与胚胎干细胞为例》,《中华佛学学报》2007 年第 15 期。

29. 郭明瑞：《权利冲突的研究现状、基本类型与处理原则》，《法学论坛》2006 年第 1 期。

30. 王肃元：《论权利冲突及其配置》，《兰州大学学报》（社会科学版）1999 年第 1 期。

31. 刘作翔：《权利冲突的几个理论问题》，《中国法学》2000 年第 2 期。

32. 张斌：《现代立法中利益衡量基本理论初论》，《国家检察官学院学报》2004 年第 6 期。

33. 徐国栋：《出生与权利——权力冲突》，《东方法学》2009 年第 2 期。

34. 黄金兰等：《权利冲突中的少数主义原则》，《北京行政学院学报》2004 年第 5 期。

35. 葛明珍：《权利冲突论》，博士学位论文，中国社会科学院，2004 年。

36. 张伟：《人工生育子女法律地位初探——兼议未来克隆人技术引起的法律难题》，《当代法学》2003 年第 6 期

37. 张翠莲：《试管婴儿技术的国内外发展概况及展望》，《河南医学研究》2001 年第 1 期。

38. 符淳、林秋华：《试管婴儿的发展及相关问题》，《医学与社会》2002 年第 6 期。

39. 费艳颖、范青：《物权之特殊客体——人体器官和遗体的法律规制》，《大连海事大学学报》（社会科学版）2004 年第 12 期。

40. 徐国栋：《体外受精胎胚的法律地位研究》，《法制与社会发展》2005 年第 5 期。

41. 李小红、李尚为：《配子捐赠实施的现状及其相关的伦理和法律问题》，《中国医学伦理学》2013 年第 1 期。

42. 田晓华、陈冬丽、赵邦霞：《无精子症患者夫妇对人工授精技术的伦理态度》，《中国医学伦理学》2010 年第 3 期。

43. 杨芳、姜柏生：《死后人工生殖的民法问题研究——兼谈台湾地区人工生殖立法新趋向》，《河北法学》2006 年第 11 期。

44. 李淡等：《死后生殖问题的生命伦理学思考》，《医学与哲学》2007 年第 8 期。

45. 陈小君、曹诗权：《浅沦人工生殖管理的法律调控原则》，《法律科学》1996 年第 1 期。

46. 倪正茂：《足龄男女采行人工生殖技术的权利义务》，《上海市政法管理干部学院学报》2001 年第 4 期。

47. 汤擎：《单身女姓生育权与代际平等——评经〈吉林省人口与计划生育条例〉第 30 条第 2 款的非合理性》，《法学》2002 年第 12 期。

48. 许莉：《供精人工授精生育的若干法律问题》，《华东政法学院学报》1999 年第 4 期。

49. 刘志刚：《单身女性生育权的合法性——兼与汤擎同志商榷》，《法学》2003 年第 2 期。

50. 元光：《单身女性生育权的法哲学思辨》，《医学与社会》2005 年第 6 期。

51. 刘引玲：《论生育权的法律限制》，《甘肃政法学院学报》2005 年第 5 期。

52. 冯寿林等：《艾滋病的"两性"与艾滋病的立法难点问题初探——以云南省为例》，《井冈山医专学报》2006 年第 3 期。

53. 蔡高强、徐徐：《论艾滋病病人的人权保护》，《中国艾滋病性病》2007 年第 3 期。

54. 黎作恒：《艾滋病立法与国际人权保障》，《西南政法大学学报》2005 年第 3 期。

55. 杜珍媛：《人类胚胎干细胞研究的伦理准则与法律监管政策研究》，《科技管理研究》2011 年第 17 期。

56. 谢正福：《国内外干细胞研究及临床应用监管状况》，《生命的化学》2013 年第 4 期。

57. 王向丽、邹宏强等：《浅谈人工授精适德问题》，《医学与哲学》1997 年第 6 期。

58. 刘成明：《谁是试管婴儿的法律父母？——人工体外授精子女的法律地位认证》，《青海社会科学》2006 年第 3 期

59. Kees Waldijk：《欧洲国家同性婚姻立法的发展趋势》，庄素娟译，《金陵法律评论》2006 年春季卷。

60. 方金刚编译：《日本、美国热点法治事件》，《环球资讯》2008 年第 1 期。

61. 张晓玲：《人工生殖法律问题研究》，山东大学法学院 2006 博士学位论文。

62. 孟威：《"代孕"现象背后的伦理冲突》，《赤峰学院学报》2007 年第 1 期。

63. 蓝燕：《卫生部权威人士有关专家解释为什么禁止"借腹生子"》，载《中国青年报》2001 年 3 月 27 日第 5 版。

64. 黄邦道：《代孕行为引起的法律问题探究》，《重庆交通学院学报》（社科版）2004 年第 1 期。

65. 肖华林：《代孕合同之法律问题探微》，《怀化学院学报》2007 年第 6 期。

66. 郑莉：《代孕法律关系初探》，《景德镇高专学报》2007 年第 1 期。

67. 赵念国：《法国地下代孕市场禁而不止》，《检察风云》2007 年第 8 期。

68. 颜厥安：《国家不应禁止代理孕母的法理学与宪法学根据》，《应用伦理研究通讯》1997 年第 4 期。

69. 乾坤：《商业代孕——善举还是恶行》，《医药保健杂志》2006 年第 15 期。

70. 杜旭宇：《剥削范畴及其功能作用的重新界定》，《科学社会主义》2005 年第 2 期。

71. 鲁克俭：《当代西方剥削理论评析》，《教学与研究》2003 年第 8 期。

72. 徐国栋：《民法私法说还能维持多久——行为经济学对时下民法学的潜在影响》，《法学》2006 年第 5 期。

73. 罗满景：《代孕合同合法性之立法比较研究——兼评中国现行规定》，《内江师范学院学报》2009 年第 9 期。

74. 扈海鹏：《市场经济与生人伦理——走进契约化生存》，《唯实》2005 年第 1 期。

75. ［英］特萨·梅斯（Tessa Mayes）：《租借子宫的职业妇女》，石冬旭译，《国外社会科学文摘》2001 年第 12 期。

76. ［美］露依丝：《生育权与代理母亲合同：法律和道德的争论》，刘应民译，《科技与法律》1991 年第 2 期。

77. 郭志刚：《商业代孕，中国伦理不能承受之重》，《社会工作》2005 年第 7 期。

78. 张燕玲：《论代孕母的合法化基础》，《河北法学》2006 年第 4 期。

79. 张丹妍：《出生缺陷的研究进展》，《中国优生优育》2010 年第 16 期。

80. 阮芳赋：《优生学史：一种新的三阶段论》，《优生与遗传》1983 年第 1 期。

81. 张皎燕：《古代中医妊娠护理的成就》，《南京中医药大学学报》2002 年第 3 期。

82. 沈红：《古人对优生优育的认识》，《中医药文化》2006 年第 6 期。

83. 刘春援、胡福泉：《论古代优生理论在儿科临床中的意义》，《江西中医药》2004 年第 11 期。

84. 杨匀保、范仁忠：《试析祖国医学中的优生学思想》，《安徽中医学院学报》1996 第 4 期。

85. 蒋功成：《新旧优生学的区别及其社会建构》，《淮阴师范学院学报》2008 年第 2 期。

86. 项夏景：《计划生育工作重心应适时从控制人口向保障优生优育转移》，《中外医疗》2008 年第 15 期。

87. 王灏晨、郭超：《强制婚检政策取消前后我国出生缺陷发生率变动的 meta 分析》，《中国计划生育学杂志》2013 年第 2 期。

88. 李小红：《恢复强制婚检制度的立法建议》，《当代法学论坛》2011 年第 2 辑。

89. 王怀章：《婚检制度改革的背景、缺陷、完善及发展趋势——从政府与社会分权的视角》，《行政法学研究》2005 年第 2 期。

90. 王文科：《关于婚检与孕检的策略构想》，《人口与经济》2010 年第 5 期。

91. 罗明忠、杨永贵等：《免费婚检、孕检的投入产出分析——以广东某区为例》，《南方人口》2009 第 3 期。

92. 章志远：《制度变迁、利益冲突与管制重塑——立足于婚检管制模式演变的考察》，《法学家》2007 年第 6 期。

93. 蔡春华等：《武汉市江汉区实施免费孕检成效的探讨》，《中国妇幼卫生杂志》2011 年第 4 期。

94. 高艳：《"不当出生"导致医疗损害赔偿的法律研究》，南京师范大学 2007 年硕士学位论文。

95. 郭静波：《残婴不当出生谁该担责——医疗科技引发的新纠纷》，《社会观察》2010 年第 6 期。

96. 刘永弘：《医疗关系与损害填补制度之研究》，硕士学位论文，东吴大学，

1996 年。

97. 苏力：《〈秋菊打官司〉案、邱氏鼠药案和言论自由》，《法学研究》1996 年第 3 期。

98. 樊林：《生育权探析》，《法学》2000 年第 9 期。

99. 单陶峻：《论述育权》，硕士学位论文，南京师范大学，2004 年。

100. 胡冠军：《论生育权》，硕士学位论文，四川大学法，2004 年。

101. 王克金：《权利冲突论——一个法律实证主义的分析》，《法制与社会发展》2004 年第 2 期。

102. 贾晓惠 、梁沂滨：《走向理性的城育革命——中国计划生育科技成就大观》，《科学中国人》1995 年第 4 期。

103. 张孔文、张虹：《中国古代优生思想文献考》，《中医文献杂志》1997 年第 1 期。

104. 于学军、郭维明：《国外人口政策法规概观》，《人口学刊》2000 年第 2 期。

105. 涂肇庆：《生育转型、性别平等与香港生育政策选择》，《人口研究》2006 年第 3 期。

106. 史成礼：《建国以来计划生育工作概况》，《西北人口》1980 年第 6 期。

107. 楼超华、彭猛业等：《男性参与计划生育状况及其影响因素分析》，《生殖与避孕》2004 年第 3 期。

108. 李尚仁：《男性避孕药成为可能》，《科技发展》2007 年第 1 期。

109. 辛丹、彭志良：《四川省彭县实行节育技术责任制的经验》，《人口研究》1982 年第 12 期。

110. 宗沪滨：《沉重的生育——超生女性的生育体验，1979—1999》，硕士学位论文，南京大学，2013 年。

111. 杨菊华：《生育政策的地区差异与儿童性别比关系研究》，《人口研究》2006 年第 5 期。

112. 黄启璪：《黄启璪同志谈：性别观点纳入决策主流》，《妇女研究论丛》1996 年第 3 期。

113. 闵冬潮、刘薇薇：《质疑 挑战 反思——从男女平等到性别公正》，《妇女研究论丛》2010 年第 5 期。

114. 邱红燕：《男性节育避孕方法的综合评价研究》，博士学位论文，北京协和医学院，2011 年。

115. 白双勇等：《云南省男性节育者计划生育知识和态度调查》，《中国健康教育》2009 年第 6 期。

116. 张学军：《对于弱智女性实施强制性绝育的民事法律制度研究》，《当代法学》2006 年第 3 期。

117. 曾争志：《智障者生育权的保护与限制——从一起智障少女子宫被切案出发》，

《厦门大学法律评论》2002 年第 11 辑。

118. Elizabeth Adell Cook. Between Two Absolutes: Public Opinion and the Politics of Abortion. Boulder, CO: Westview, 1992.

119. Guido Pennings Legal harmonization and reproductive tourism in Europe. Journal of medical ethics, 2002.

120. AlbapM. A. Counseling about Genetic Disease: An Eslamic Perspective. Eastern Mediterranean Health Jlournal, 1999, (6) .

121. Juencst Eric, T. Walters Leroy. Gene therapy: ethical and social issues, Reich Warreu Encyclopēdia of Bioethics, 1995.

122. Grubb A, "Surrogate contract: parentage Johnson v. Calvert", Medical Law Review, 1994, (2) .

123. Jeremy L. Fetty. "A 'Fertile' Question: Are Contracts regarding the Disposition of Frozen Preembryos Worth the Paper upon Which They are Written ?" L. Rew, M. S. U. -D. C. L. , 2001.

124. Norman L. Cantor. The Relation Between Autonomy-Based Rights and Profoundly Mentally Disabled Per sons. 13 Annals of Health Law. Winter 2004.

125. Elizabeth S. Scott. *Sterilization of Mentally Retarded Persons: Reproductive Rights and Family Privacy.* Duke Law Journal. November 1986.

126. John Seymour, Ms Sonia Magri, A. R. T, Surrogacy and Legal Parentage: A Comparative Legislative Review. Victorian Law Reform Commission. 2004.

后　记

现代生殖医疗技术正在引领生育行为进入魔法时代。人类的生殖正在挣脱性交—生育的单一链条。正如一些俏皮的评论所言，"人们早已知道怎样性交但不制造婴儿，如今他们发现了怎样不经性交而制造婴儿"。技术为生殖提供了种种可能性。生命科技赠予我们的这个匣子，是充满灾难的潘多拉之盒，还是打开美丽新世界的钥匙？

生殖技术的发展应用，已经不是法律闭目就能够回避的问题。对于其如何应用，既需确定统摄全局、契合法理的基本原则，又需制定明确易行、方便操作的规则。否则任由市场野蛮生长，其结果将不会是人们所期望的。

生殖医疗技术的应用是诸多利益和权利纠结编织的网。为理顺网中复杂的关系，本书提出了医疗生殖技术规制应遵循的四项原则：医疗需要原则、负担衡量原则、少数主义原则和权利均衡原则。医疗需要原则出于对过度使用医疗生殖技术的防范和对生殖医疗正当性的证明而被置于首位。负担衡量原则和少数主义原则作为对功利主义利益分析法的矫正而提出，强调在生殖领域，公正是优于效率的价值。权利均衡原则的提出则是针对生殖技术应用中的权利冲突而作出的选择。在原则指引下，本书探讨了助育、代孕、孕检和节育技术规制的问题。

法律在新问题面前往往难免踟蹰。此种郑重，本是法律应有的品质，是法律作为社会防火墙的要求。然踟蹰过久，难免被诟病。本书的成文，是作者在此问题上"踟蹰"的结果。因踟蹰良久，所以有些观点可能不够新锐；又因踟蹰得不够久——花更多的时间，对于这个问题研究也还是不充分的———一些见解未必周详，在此也诚恳期盼诸君赐教。

本书的写作、出版得到了许多热诚帮助：教育部社科基金项目资助了本课题的研究；中南民族大学法学院与本人所在的"本土资源视阈下当代中国法治的理论与实践"学术团队资助了本书的出版；中国社会科学出版社政治与法律出版中心任明主任为本书出版给予了大力支持；学界同人的研究成果也给予我诸多助益；同事、友人、家人都提供了无私的帮助，在此一并感谢。

周　平

2014 年春于武汉